KiWi
Paperback

KiWi

754

Über das Buch:
Ahne lebt in Berlin. Is so! Gerhard Schröder lebt auch in Berlin und Frau Ziervogel vom Konnopke Currywurststand ebenfalls. Igel schmatzen ziemlich laut, das Sozialamt hat zu, und manchmal kommt sogar ein amerikanischer Präsident vorbei. Was das alles miteinander zu tun hat? Lesen Sie Ahnes Geschichten, und Sie werden sich seiner alles-zusammen-denkenden und dann wiederum alles-zersetzenden Logik nicht entziehen können. Der Sinn, der uns in unserem Leben so oft abhanden kommt, hier finden wir ihn, wenn auch in unerwarteter Form.
Woche für Woche liest Ahne in Berlin und sonstwo einem entgeisterten Publikum irgendwas vor. Es beginnt meist einfach, ja banal: Uhrzeit, Möbelstücke, die Sonne scheint. Dann stirbt Gilbert Bécaud. Ahne erzählt, und alles klingt ganz einleuchtend und plausibel. Schön wär's. Die Geschichten drehen ab, doch da kann Ahne nun wirklich nichts für. Denn was als normal und alltäglich gilt, ist noch lange nicht in Ordnung. Mit skurrilem Humor und einem Sog ins Absonderliche betreibt Ahne geschickte Realitätsverschiebungen. Seine Geschichten tragen Titel wie: »Vermutlich is noch nich mal der Ball rund« oder »Wie ich mal doch noch erkannt hab, dass die ganzen Schallplatten mir selber gehörten« oder »Mein Bruder kann heute noch nicht thailändisch essen«. Sie sollten sie lesen und wenn nicht, dann wenigstens nicht rumjammern. Is so!

»Endlich ein Buch von Ahne. Wurde Zeit.«

Junge Welt über »Wie ich einmal die Welt rettete«

Der Autor:
Ahne, am 5. Februar 1968 in Berlin-Buch geboren, ist gelernter Offset-Drucker und kann schießen. Weil er mit der SED nicht klarkam, kam 1989 die Wende und er wurde arbeitslos. Darüber hat er sich gefreut und ein Haus besetzt. Seit 1994 ist er Vater und liest seit etlichen Jahren bei der »Reformbühne Heim & Welt« sowie den »Surfpoeten« seine Geschichten vor.

Weitere Titel bei Kiepenheuer & Witsch:
»Wie ich einmal die Welt rettete« (KiWi 609)

Ahne

Ich fang nochmal von vorne an

Kiepenheuer & Witsch

1. Auflage 2003

Umschlaggestaltung: Barbara Thoben, Köln
Umschlagfoto: © Katja Becker
Gesetzt aus der Garamond Stempel
Satz: Buch-Werkstatt GmbH, Bad Aibling
Druck und Bindearbeiten: Clausen & Bosse, Leck
ISBN 3-462-03233-X

Inhalt

Is schon wirklich schwer ein Künstler zu sein 11
Liebe 13
Zwiegespräch mit Gott heute: Gott kommt nich klar mit die, die unter ihm wohnen 14
Die Bande 15
Schlafzimmerblick 19
Urlaubstipps – Reiseziele (I) 22
Wie ich einmal die Freundin von Christian Anders und ihn selber getroffen habe 26
Wenn ein Mensch erst kurze Zeit lebt 29
So ist das Leben 31
Keine Macht für niemand 32
Schweineschnitzel 35
Verliebt, betrunken und ohne Glück 38
Missglückter Versuch 39
Lasst die Knospe erblühen! 40
Television 44
Schreibtisch ›Robin‹ und Hochbett ›Nattland‹ 49
Hölle, Hölle, Hölle 52
Kurzgeschichte 55
Wie ich mal was über Arosa schreiben wollte 56
Episode ohne Namen (Ging alles zu schnell) 58
Wie ich mal ein Nazi war 59
Proletentechno 62
Wie ich mal so ’n Buch geschenkt gekriegt habe, wo die ganzen Länder drin sind 66
Vermutlich is noch nich mal der Ball rund 72
Es war in Schöneberg 76
Ein gut bezahlter Hilfeschrei eines einsamen Mannes 80

Resümee (Authentisch) am 21. August ca. 18.00 Uhr in der Gastwirtschaft »Mahlzeit« in Weißensee 83
Besser mal mit wenigstens einem Bein auf 'm Boden bleiben 84
Mein Bruder kann heute noch nicht thailändisch essen 87
Wichtige Möbelstücke in meinem Zimmer
Der Nachttisch (IV) 90
100 000 Volt 91
Doch was passiert in Leipzig? 94
Rummelsburg 101
Vögel und Spaßvögel im November 104
Jablonskistraße 105
Religion 106
Ingo 109
Stempel 112
Einstürzende Neubauten 115
Eigentlich 117
Mit der TAROM unterwegs 120
Wie ich mal doch noch erkannt hab, dass die ganzen Schallplatten mir selber gehörten 124
Frühlingsgedicht italienisch 126
Clarissa kommt 127
Wie ich mal was sogar noch unter revolutionär abbuchen konnte 130
Frühlingsgedicht 132
Hygiene 133
Freiheit 136
Die Spritze 139
Dankesgedicht an die Natur 141
Wie mal in dem Zeug, wo keiner weiß, was das ist, was lebte, drin 142

Alexanderplatz 145
Ein Mann kommt aus der Kaufhalle mit einer Einkaufstüte voller Sachen 147
Mutti, lies das mal! 149
Wichtige Möbelstücke in meinem Zimmer (IV) (Der Spiegel) 150
Mein Leben mit Eberhard Diepgen 153
Dis Buch ›Jenseits der Nation‹ von Heiner Müller konnt ich leider nich lesen, weil, immer wenn ich irgendwas zu lesen anfange, werd ich davon immer so müde 155
Ratten darf man nicht mit Menschen vergleichen, bei großer Hitze kann es aber schon mal sein, dass es einem aus Versehen passiert 156
Dialog zweier Schreiberlinge in München 158
Philosophie wird wieder Kult 159
Das Märchen von dem Kaninchen und der Schlange 163
Schreibversuch. War gar nicht alles so schlecht (Die 24-Stunden-Reportage) 167
Der Sieger 169
Kabunkel-Blues 173
Pogo laufen 179
Man lernt nie aus 183
Frühlingsgedicht 3 185
Wie ich mal lebte (Eine autobiographische Autobiographie in Teilen). Teil 1. Der Anfang 186
Zivilisationskritisches Frühlingsgedicht auf Sächsisch 188
Wie ich mal im Bett lag und begann eine neue Geschichte zu schreiben 189
Ich bin eine spirituelle Niete 192
Noch ’n Frühlingsgedicht 194

Wie ich mal so jung war, wie ich mich fühlte 195
Geschichte ohne Schwäne, dafür mit Taube und Gott 199
Geschichte, die noch einen Titel braucht 202
Tag 22 der neuen Zeitrechnung 204
Rock 'n' Rollleben 206
Spaßgesellschaft ade 207
Is so! 210
Sag mir, wo die Blumen blühn 213
Verrücktes Hamburg, Jesus liebt dich oder so 216
Frühlingsgedicht römisch 4 219
Überall blühen Rosen 220
Die Ballade von Torsten und Irina und Karsten undsoweiter 223
Erfahrung 226
Gemeine Welt 227
Die Hitparade der Unfälle, die, wo ich mal mit dabei war 229
Im Eilzugtempo durchs Gehirn 235
Wichtige Möbelstücke in meinem Zimmer (I)
Der Stuhl 238
Traurigkeitskräftemessen 240
Wichtige Möbelstücke in meinem Zimmer (III)
(Der Computer) 241
Manchmal gibts sogar Hitzefrei 245
Damals wars 247
Im Zug 250
Flug LH-2231 nach Dortmund 252
Weiß jemand die Telefonnummer von Sir Bald Diddley, dann kann er sie mir mal geben 256
Zu viel Zeit gehabt
(Warum kein Abi nur nich geschafft) 260
Legende 263

Is schon wirklich schwer ein Künstler zu sein

Hamburg, Köln, Moskau, New York. Alkohol, Kokain, Heroin. Als Künstler hat man es schon schwer. Liege abends um 11 auf meiner blauen Matratze, oder is sie rot, grün, oliv, durchsichtig, und handel Punkt für Punkt Verschwörungstheorien ab. Verantwortung delegieren strengt ganz schön an. Muss mir unbedingt eine neue Matratze zulegen. In der Mitte is schon eine nicht wegzudiskutierende Delle entstanden. Die Freimaurer, Fragezeichen? Jeden Morgen erwache ich aufs Neue mit Rückenschmerzen. Habe kürzlich mal jemanden eingeladen zwecks Test. Selbes Resultat. Dabei sieht die Matratze, zumindestens von weitem, noch ganz gut aus. Nicht ein Strauch ist bisher aus ihr rausgewachsen. Man sieht weder Falten noch Pickel. Auch nörgelt sie nicht herum, wie man das sonst so von Alten gewohnt ist. Man denke nur an die katholische Kirche oder an die Oma von dem einen Kind, das immer als Letztes noch bei uns auf 'm Spielplatz in dem Berg von Einwegspritzen herumwühlt. Naja, Berg von Einwegspritzen hab ich jetzt mal etwas drastisiert. Naja, drastisiert gibts auch wahrscheinlich gar nicht als Verb. Hab ich mal speziell jetzt für diese Geschichte erfunden. Damit die deutsche Sprache nich so verarmt. Damit es endlich mal neue Verben gibt. Ich drastisiere, du drastisierst, er, sie, es drastisiert, wir drastisieren undsoweiter. Schön, oder? Vielleicht sollt ich mir mal 'n paar Pillen einpfeifen um von der Stelle zu kommen. Is schon schwer ein Künstler zu sein. Wie gut habens doch die, die jeden Tag arbeiten gehen. Zu einer festen, geregelten Arbeitszeit. Die einen Chef haben, der sie in den Arsch tritt, und auch mal Pause. Als Künstler, da hat man ja nie Pause. Wenn man so herumliegt den lieben langen Tag, dann ist das Teil der Kunst. Schöpferisch wertvolle Zeit. Anstrengend. Man muss verzweifelt Gedanken zerstören um wieder Platz für neue Gedanken zu schaffen. Schließlich bringt es doch nichts, wenn man ständig überlegt, wer denn wohl den Mannschaftswettbewerb bei den Weltmeisterschaften in der nordischen Kombination gewinnen wird. Und wer 10., also Vorletzter wird. Die USA oder Estland. Estland hat ja immerhin schon eine Goldmedaille. Beim Klassisch Skilaufen. Obwohl, der Typ, der soll ja an gewissen Punkten, wo niemand so richtig aufgepasst hat, da soll der ja 'n paar Mal seine Bretter auch so seitlich rausgestellt haben, wie man das so in der Skiläufersprache sagt. Das is ja verboten. Das darf man ja nicht. Aber hat ja keiner so richtig aufgepasst. Sonst hätten die ihm ja später die Goldmedaille wieder weggenommen. Obwohl, muss ja doch einer richtig aufgepasst haben, sonst wüsst ich das ja gar nicht. Verwirrend. Na, wahrscheinlich wird die USA Vorletzter werden im Mannschaftswettbewerb und Estland nur Letzter. Wenns nach mir ginge, könnte auch die Sowjetunion Letzter werden. Die macht allerdings gar nicht mit. Die gibts ja auch gar nicht mehr. Ganz im Gegensatz zu Kuba. Kuba gibts ja noch. Kuba wird's sicher auch noch 'ne Weile geben. Zumindestens so lange, bis der Meeresspiegel so stark gestiegen ist, dass da mal 'ne Welle über die Karibikinsel drüberschwappt und nich mehr weggeht und also eben dableibt und dann ist dann ja auch Kuba weg. Zumindestens kriegt dis keine Luft mehr. Is unter Wasser und wird dann wohl eher eine Rolle spielen als Gefahr für die internationale Schifffahrt. Für die, die da lang wollen und nich wissen, dass da bis vor kurzem noch der Erzfeind der USA rumlungerte, und die dann da in dem ehemaligen Zuckerrohrparadies stecken bleiben. Es sei denn, es sind

Luftkissenboote, die kommen da natürlich drüber. Die haben ja keinen ›Kiel unterm Mast‹, wie man in der Schifffahrtssprache sagt. Schifffahrt übrigens mit drei F. Weiß zwar nich, ob das jetzt noch so geschrieben wird nach der neuen Rechtschreibreform, aber sieht gut aus. Erotisch. 3 kleine f hintereinander. Als ob da gleich was passieren würde. Wenn ihr mal in der vertrackten Situation seid, Geschlechtsverkehr praktisch ausüben zu müssen, obwohl ihr gar nich geil seid, dann hier mal ein kleiner Tipp. Einfach auf eine in jedem einschlägigen Kindertafelgeschäft problemlos erhältliche Kindertafel mit Kreide 3 kleine fs hintereinander schreiben. Wirkt wie Viagra, oder wie das jetzt für Frauen heißt, weiß ich nicht. Vielleicht gibts das auch gar nicht für Frauen. Frauen brauchen das ja auch nicht. Frauen sind ja immer geil. Jedenfalls die deutschen. Hat mir mal ein Marokkaner in Marokko erzählt. Marokko, das es genau wie Kuba, aber anders als die Sowjetunion immer noch gibt. Das aber anders als sogar Kuba auch sogar Skilangläufer zu den nordischen Ski-Weltmeisterschaften delegiert hat. Allerdings anders als Estland keine zur nordischen Kombination. Somit wird wohl die USA den vorletzten Platz im Mannschaftswettbewerb einnehmen. Schade, dass Sport in der Literatur niemanden interessiert. Sonst könnte man mal was darüber schreiben. Is schon wirklich schwer ein Künstler zu sein.

Liebe

Sinn und Unsinn
Form und Verstand
draußen und drin
Herz und Hand

Zwiegespräch mit Gott heute: Gott kommt nich klar mit die, die unter ihm wohnen

A: Na, Gott. Wat is? Wat macht dit Leben?
G: Ach, plätschert so vor sich hin. Bin ja nich mehr der Jüngste. Aber wat mich grade nervt, unter mir, da sind ja jetzt so welche eingezogen, ich kann dir sagen, die hören Musik, also Musik, Musik kann man dazu schon eigentlich gar nich mehr sagen. Kein Wunder, dass die dann so losrennen, mit abgesägte Kalaschnikows, und Lehrer abknallen. Also, bei der Musik. Ich hab auch schon 'n paar Mal geklingelt.
A: Und?
G: Nichts und. Die hörn ja dis Klingeln nich mal.
A: Na, und wenn de einfach mal … Ich meine, du bist schließlich Gott. Du kannst doch, also …
G: Hah, stellst du dir so einfach vor! Weißt du, wie lange dis her is, dass ich mal … Bin ja auch nich mehr der Jüngste. Nee, wenn ich dafür schon, also, ich mein, ich hab ja letzte Woche, hab ich ja mal wieder versucht, wegen dem ganzen Hunger in der Welt …
A: Haste versucht, oder?
G: Ja. Na und? Siehste ja! Ist der Hunger weg!?
A: Was man so hört, wohl nich.
G: Eben! Ihr stellt euch das immer so einfach vor, ihr Menschen. Morgens mal Hunger inner Welt wegmachen, abends Frieden schaffen ohne Waffen und dazwischen, so um Mittag rum, marschier ick mal kurz 'n Stockwerk runter und sorg dafür, dass die Satanisten da lieber Simon & Garfunkel auf Zimmerlautstärke hörn, oder was? Alter Schwede, wär ick damals mal lieber wie der Honecker Dachdecker geworden oder wenigstens nich hier inne Choriner.

A: Ach, Gottchen, gibt ooch schöne Sachen. Haste jesehn, draußen die Bäume sind wieder grün. Die Bienen und Mann, ich hab ma sogar wieder valiebt.

G: Ja, dafür reichts grade noch. Hoffentlich freuste dich!

A: Klar, 1000 Dank, Gott! Und wenn ick ma wat für dich tun kann, also …

G: Na, kannst ja ma 'n Stockwerk tiefer klingeln, falls dit irgendwie …

A: Mach ick, keen Ding! Und, nur so als Tipp, jeh doch ooch ma so 'n bisschen raus, die Vögel, die Sonne und so. Da sieht dit Leben gleich janz anders …

G: Ma sehn. Haste ja vielleicht auch Recht, auf deine Art, irgendwie.

Die Bande

Kranich, den alle Kranich nannten, weil er kuckte wie ein Kranich, raffte sich auf zu einem letzten Versuch: »Was is nun. Sprengen wir die Bank, ja oder nein?!« »Na klar«, rief das kleine Peterlein, das sich unbemerkt in die erste Reihe vorgeschlichen hatte. »Wir sprengen die Bank und dann gehen wir noch was trinken.« »Das kleine Peterlein, dass ich nicht lache. Du hast doch die Hosen voll, bevor du sie überhaupt anhast. Nichtsdestotrotz bin ich natürlich ebenfalls dafür die Bank zu sprengen. Allerdings sollten wir vorher nochmal über das Motiv reden. Wir brauchen unbedingt ein Motiv. So macht man das heutzutage. Was sollen wir denn sonst in unseren Bekennerbrief reinschreiben?« Der dicke Bernd, den man das Gehirn nannte, weil er gerade mit dem Abi fertig geworden war, versuchte Debatten möglichst in die Länge zu ziehn, denn so konnte er wichtigtuerisch sein Wissen in die Waagschale werfen. »Wir brauchen auch erst mal einen Namen für unsere Bande und ein Zeichen, was wir überall an die Wände kritzeln können.« Sebastian, den sie Sebastian nannten, weil er so hieß, meldete sich ordentlich wie in der Schule. »Mann, meld dich nich so ordentlich, wir sind hier nicht in der Schule«, meckerte der Kranich ihn an. »Ach so.« Sebastian hatte es ganz vergessen. »Schon gut. Was is denn?« »Ach nichts. Ich dachte nur. Ich hätte da vielleicht. Ich wüsste. Vielleicht könnte man ...« Sebastian war etwas schüchtern. Er war als Letzter zur Bande gestoßen und auch nicht grad der Hellste, obwohl man wiederum auch nicht sagen konnte, dass er dumm war. Wer war schon wirklich dumm? Es gab welche, die wussten eben auf dem einen Gebiet mehr, und welche, die eben auf einem anderen Gebiet mehr wussten. Andere wiederum konnten sehr gut Menschen zeichnen. Richtig dumme gabs eigentlich keine. Es gibt natürlich geistig Behinderte. Aber die sind auch nicht dumm. Die sind krank oder geschädigt. Sebastian war weder das eine noch das andere. »Nun sag schon, du Vollidiot, was könnte man?!« Das war Bruno, der Stärkste und gleichzeitig der Ungeduldigste der Truppe, den man wegen seiner aufbrausenden Art auch Bruno Unruhno nannte. Aber nur ganz selten. Eigentlich hatte es nur Felix Müller einmal zu ihm gesagt. Felix Müller, der leider letzte Woche verstorben war. Mysteriöses Ding das Ganze. Angeblich hätte ihn ein Holzschuh erschlagen, der wohl zufälligerweise gerade just in dem Augenblick von einem Hausdach oder so runtergefallen wäre. Vielleicht wegen Wind. Jedenfalls fand man Holzsplitter in seinem Matschekopf, später. Für die Polizei ermittelte Kommissar

Schmid. Ein Liebhaber schneller Aufklärung und gleichzeitig Vater von Bruno. Er fand heraus, dass jemand aus Holland seinen Holzschuh vermisste, na, da war es ja wohl klar, wahrscheinlich betrunken und hier in die Stadt gefahren und auf 'm Dach liegen gelassen. Diese Ausländer. Mysteriös nur, dass es schon seit Wochen keinen Wind mehr gegeben hatte und man sowieso auch nur mittels Hubschrauber auf das Dach von dem Hochhaus raufgekommen wäre und Felix Müller mit seinem zermatschten Kopf auch ganz woanders aufgefunden wurde. Naja, ein Fall vielleicht für Akte X, man weiß es nicht.

»Sag was, du Vollidiot, oder ich hau dich mit dem Knüppel.« Bruno war schon wieder ganz außer sich. »Lass ihn doch. Wir ham doch Zeit.« Chrissi zog an seinem Joint. »Erzähl ruhig, du wolltest doch was sagen. Wir hören dir alle zu. Die Ruhe, wir sind die Ruhe selbst.« »Naja, mit wegen dem Zeichen«, begann Sebastian von neuem. »Also, ich hab mir gedacht, man könnte ja da, also für unser Zeichen, könnte man ja einen Kreis nehmen und dadrinne dann noch so 'n A, so 'n großes A reinmachen.«

Der Kranich schlug sich sofort mit der flachen Hand gegen die Stirn. »Sag mal, was soll das hier eigentlich? Zum letzten Mal. Sprengen wir nun die Bank oder nich?!«

»Also, ich bin ja dagegen die Bank zu sprengen. Was kann denn die Bank dafür? Die is schon so lange in unserer Stadt. Die Menschen lieben sie. Besonders die Alten. Sie identifizieren sich mit dieser Bank. Sie werden es nicht verstehen, wenn sie einfach so weggesprengt wird.« Timur, den sie alle nur Timur nannten, weil er sich gerne für andere einsetzte, besonders für alte Menschen, war grundsätzlich gegen Zerstörung. Warum er dann überhaupt bei der Bande mitmachte, konnte sich keiner erklären. Man hatte schon vermutet, er wäre ein Spitzel des Systems, aber dann hatte man ihn gefragt und er hatte geschworen, dass er kein Spitzel sei. Außerdem hatte er noch gesagt, er könne gar kein Spitzel sein, weil … An den Rest kann sich keiner mehr erinnern. Timur war jedenfalls sauber, so viel war klar. »Im Gegenteil. Wir sollten vor der Bank den Leuten umsonst die Schuhe putzen. Das würde unserer Bande ein gutes Image geben. Dann bräuchten wir überhaupt nichts mehr kaputtzumachen. Dann könnten wir bei den nächsten Wahlen antreten. Wir könnten so viel Gutes tun.«

»Lasst uns diese Scheißbank wegsprengen. Wer brauch den Dreck denn. Lasst uns am besten gleich mit der ganzen Mischpoke aufräumen!« Bruno war wieder voll in seinem Element. »Aber vorher bau ich noch einen«, seufzte Chrissi, der irgendwie keine richtigen Böcke auf Action hatte, jedenfalls heute nicht. Der dicke Bernd mahnte nochmal das Motiv an und Sebastian meldete sich schon wieder. Diesmal hatte er eine noch bessere Idee, obwohl er einen Kreis mit großem A auch schon gut fand, aber dieses Kreuz mit so Häkchen dran, das musste die Kameraden einfach überzeugen. Der Kranich schlug sich wieder mit der flachen Hand gegen die Stirn und so drehte sich alles weiter im Kreis. Die Bande in einer Art Zeitschlaufe, so wie wir alle wahrscheinlich in einer drin sind. Mysteriös.

Und in der Bank werden zur gleichen Zeit alte Menschen zu wohlschmeckenden und nur im Tiefkühlfach erhältlichen Lebensmitteln verarbeitet. Wenigstens sie holt man da raus.

Schlafzimmerblick

Frühling in Berlin. Die Sonne scheint. Ich bin müde. So schrecklich müde. Kind zum Kindergarten gebracht. Krokusse baumeln bedrückt in Beeten. Desillusionierte Bürger haben sie vor ihren Häusern in Stellung gepflanzt. Gucke sie an. Blau sind sie und gelb. Ich gähne. Jedes Jahr dasselbe. Fahre mit der U2 zum Kaiserdamm. Leute drängeln sich in der U-Bahn. Lesen Zeitung. Der Papst ist tot oder so ähnlich. Vielleicht auch nicht. Was weiß ich. Muss meinen vorläufigen Reisepass abholen. Der dritte vorläufige in 5 Jahren. Mir gelingt es einfach nicht irgendwas Dauerhaftes auf die Beine zu stellen. Amseln piepsen im lauen Wind. Sie wollen Liebe machen. Mann, bin ich müde. Eine dicke Frau legt ihren schweren Kopf auf meine Schulter. Sie riecht nach Arbeit. Es gibt kein Recht auf Faulheit, hat der Kanzler gesagt. Der Versace-Kanzler, der Gucci-, der Armani-, der Havannazigarren-Kanzler. Mir fallen die Augen zu. Träume von einer besseren Welt. Bis U-Bahnhof Deutsche Oper zumindestens. Da steigt ein Obdachloser zu. Brüllt was, von wegen er hätte psychische Krankheit und Caritas und hat nur 30 Mark die Woche und … na, wenigstens will er keine Zeitungen verkaufen. Recht auf Faulheit. Ich geb ihm zwei Mark. Bin zu müde um zu überlegen, ob das richtig ist. Älterer Mann murmelt energisch ›Arbeiten gehen‹ in seinen Bart. Energisch murmeln geht wahrscheinlich gar nich. Mir doch egal. Ich schreib, was mir passt. Bart hatter auch nich. Is mir auch wurscht. Komm her, ich reiß dir 'n paar Haare vom Kopf und kleb sie dir um dein Maul, du Nervtöter. Los, du und die Frau mit dem dicken Kopf, ihr seid jetzt verheiratet. Ihr liebt euch. Is doch Frühling schließlich. Ihr seid jetzt ein Paar und glücklich und dann hältst du deine Fresse und lässt mich schlafen! U-Bahnhof Kaiserdamm, bin zu faul zum Aussteigen. Fahre einfach weiter nach Ruhleben. Was für ein schöner Name. Ruhleben. U-Bahnhof Ruhleben. Könnte auch U-Bahnhof Ausruhen heißen. Ausruhen, o ja. 20 Jahre Ausruhen. Kanada. Ich will nicht nach Kanada. Wie komm ich nur darauf? Ach so, ja, wegen dem Pass wahrscheinlich. Mutti, Mutti, Mutti, wie schön wars in deinem Bauch. Da gabs alles umsonst da drin. Steige doch Kaiserdamm aus. Ob ich alles nur geträumt habe? Sehr realistischer Traum. Vielleicht bin ich selbst zum phantasievollen Träumen zu müde. Muss zu so 'ner komischen Straße und so 'nem komischen 5. Stock. Die andern wolln alle Bus fahren. Sie haben Koffer und schwere Taschen mit. Keuchen und stöhnen unter der Last. Möchte ihnen zurufen: »Macht mal Pause, Leute.« Komisch. Habe doch nur daran gedacht ihnen das zuzurufen. Warum gucken die dann alle so. Ach so, Hose is offen. War zu faul sie nach dem Pullern zuzumachen. Bin immer noch zu faul. »Glotzt nich so, ihr Spießer. Fahrt lieber Bus. Wird euch eh nich gelingen vor euren Problemen abzuhauen. Die verfolgen euch, ob in Hamburg, Kanada oder auf 'm Mond. Ja. Mach 'n Mund zu. Noch nie 'ne offene Hose gesehen, du weiblicher Macho!« Hihi, weiblicher Macho. Mann, bin ich müde. Dicker Junge fährt mit mir Fahrstuhl zur Passstelle. In den 5. Stock. Er hört harten Hip-Hop. Lächelt dazu. Hoffentlich bleiben wir nicht stecken. Ich zwinge mich nicht daran zu denken, wie dieser dicke Mittelschichtjüngling im Schwarzenghetto von Los Angeles nach allen Regeln der Kunst zu Matsch verarbeitet wird. Gelingt mir nicht ganz. Er blutet am Kinn. Nich in Los Angeles, sondern hier im Fahrstuhl in Charlottenburg. Muss der sich etwa schon rasieren? Hat bestimmt nur mal

geübt. Hab ich damals ja auch. War ja selber so 'n Spätentwickler. Hab immer künstlich versucht tief zu sprechen. Hab auch gedacht, wenn man sich den Milchbart öfter wegrasiert, dann kommt der richtige Bartwuchs schneller. War aber nich so. Oder vielleicht doch. Vielleicht wärer sonst noch später gekommen. Mann, war das immer peinlich. Auch unter der Dusche. Konnte ja noch nich mal jemand verhauen, wenn er gelacht hat. Konnte ja nur mit Worten umgehen. Dis nützt dir aber nichts, wenn de keine Haare am Sack hast, jedenfalls in dem Alter. Später vielleicht schon. Aber da hat man ja dann auch Haare am Sack. Meistens jedenfalls. Ach, dicker Junge, du hastes bestimmt nich einfach. Na, wenigstens haste genug zu essen und einen Walkman. Wär nur schön, wenn de den mal ausmachen könntest. Oder leg doch mal was Beruhigendes ein. Ob Rapper jemals müde sind? Die müssen doch statt Blut Kaffee in ihren Adern haben. Die alten Rapper. Teufelskerle. Immer auf Hochspannung. Voller Energie. Immer so mit Pistolen rumfuchteln und überall dauergeile Girls an jedem Finger und jedem Fußnagel. Na, für mich wär das nichts. Ich bin mehr so 'n Bad-Saarow-Typ. Schön in so 'm Schlammbad liegen und danach Entspannungsmassage und dann schlafen. Wochenlang.
Frühling, wat haste nur aus mir jemacht. Ick weeßet nich, ick weeßet nich. Vielleicht is ja ooch ja keen Frühling.

Urlaubstipps – Reiseziele (I)

Ägypten: Hat ähnlich wie Zypern ein Y im Namen. Liegt in Nordafrika und ist im Durchschnitt von der Temperatur her wärmer als wie zum Beispiel Schweden. Hauptstadt von Ägypten ist auch nicht Stockholm, sondern Kairo. Hier gab es einmal eine Volkszählung, bei der die Stadtväter nach 18 Millionen aufgehört haben weiterzuzählen. Sie konnten sich einfach nicht vorstellen, dass so viele Menschen hier wohnen könnten. Doch wenn man nach Einbruch der Dunkelheit durch die Straßen der Stadt flaniert, kann man sich das durchaus vorstellen. Ich hab einmal zum Spaß mitgezählt und siehe da, ich war nach 'ner halben Stunde schon bei 30 Millionen. Kann natürlich sein, dass der eine oder andere mir mehrmals durchs Blickfeld huschte. Kann auch sein, ich hab mich verzählt. Vielleicht hab ich auch einfach nur geschätzt, so genau weiß ich das heute nicht mehr. Positiv an Ägypten sind die vielen Saftbars, wo es unter anderem leckeren frisch gepressten Erdbeersaft gemischt mit Milch gibt oder zum Beispiel Zuckerrohrsaft mit Bananenmus. Negativ ist der Terrorismus, der ab und zu Cafés in die Luft sprengt oder Blutbäder anrichtet. Negativ auch die viele heiße Sonne, weshalb man schwitzt und bekloppt wird. Positiv, die viele heiße Sonne, weil man nich friert und keine dicken Sachen oder Stiefel braucht, die den Rucksack so schwer machen. Ansehenswert, die einzige Synagoge Kairos im Zentrum, wo immer Panzerwagen vor stehen und Soldaten mit Maschinenpistolen. Direkt daneben liegt das Hotel ›Central‹ im 5. Stock eines Hochhauses. Da muss man klingeln bei jemand, der so ähnlich wie El Fatah heißt und der, egal welche Tageszeit gerade ist, im Schlafrock und mit weißer Schlafmütze einem öffnet. Im

Hotel ›Central‹ kostete eine Übernachtung damals 15 Mark mit Frühstück. Wobei das ›Continental‹ genannte Frühstück aus einem tiefen Teller gefüllt mit Honig, einer Tasse Kaffee und zwei Croissants bestand. Man schläft mit mehreren Leuten in einem Zimmer auf irgendwas, was grad so frei ist. Wenn man Pech hat, auf 'ner Decke auf 'm Fußboden. Dafür kann man aber auch kommen und gehen, wann man will. Das erklärt möglicherweise auch, warum Herr El Fatah sich gar nicht erst die Mühe macht die Kleidung zu wechseln. Er nutzt optimal jede freie Minute. Ebenfalls ansehenswert, der etwas außerhalb gelegene Friedhof, auf dem über eine Million Menschen leben, Tote nicht mitgezählt. Sie erkämpften sich vor 7 Jahren sogar Wasser und Elektrizitätsanschluss. Bei einem Besuch desselbigen sollte man immer jede Menge von Mumpki-Pen genannten Buntstiften bereithalten, die von den ansässigen Kindern als Zahlungsmittel akzeptiert werden. Trotzdem muss man sich nicht wundern, wenn man mit einem Steinhagel sowohl begrüßt als auch wieder verabschiedet wird. Das is hier eben so. Nicht ansehenswert in Kairo sind die Pyramiden. Werden zwar auch mit Y geschrieben, trotzdem nur Touristennepp. Gauner und Scharlatane versuchen einen urplötzlich auf Kamele genannte Dromedare zu hieven und lachen sich dann kaputt, wenn man waghalsig wieder herunterspringt und sich dabei den Fuß verknickst. Die Pyramiden selbst sind erstaunlich klein, verglichen mit den links und rechts sie beschattenden Hochhäusern. Die Eintrittspreise dagegen gigantisch und man muss darüberhinaus fette englische Touristen in kurzen Hosen ertragen. Kann aber auch sein, dass ich einfach nur keinen Bock hab auf Museen und alte Steine im Allgemeinen. Für Leute, die das Abenteuer lieben, denen rate ich auf dem großen Basar einen der vielen Nepper, Schlepper und Bauernfänger nach Marihuana zu fragen. Ich garantiere unvergessliche Stunden, wenn nicht gar Jahre. Dort sind übrigens auch recht viele Goethe-Institut-Mitarbeiter unterwegs, die sich wie wahnsinnig freuen endlich einmal mit Deutsch sprechenden Menschen kommunizieren zu können, um einem hinterher edelsten Schmuck vom Cousin des Vaters einer Kollegin aufzudrängeln. Schlecht, wenn man sich dann nicht entscheiden kann. Sofort gehört man zu den, na, sagen wir, weniger beliebten Touristen. Auf jedenfall mitmachen muss man eine Busfahrt. Die Busse im Zentrum haben nicht nur Zielorte in arabischer Schrift, sondern auch noch persische Nummern und sie halten nie richtig an. Selbst alte Omas müssen im Fahren aufspringen. Ein Abenteuer also, welchen Bus man grade erwischt. Hat man es durch Zufall dann aber doch geschafft, muss man nur einmal laut sagen, wo man aussteigen will. Irgendjemand, der eigentlich erst 4 Stationen später zugestiegen ist, schmeißt einen genau am richtigen Ort wieder raus. Fährt man in Kairo Bus, is man auf jedenfall einer von ihnen. Ein Kairoer. Allerdings rate ich empfindlichen Naturen davon ab, da man schon fit wie eine ägyptische Oma sein muss, um überhaupt in den Bus reinzukommen. Auch lustig ist es mit einem Taxi zu fahren und den Fahrer zu provozieren, er wäre 'ne ziemlich lahme Ente. Aus dem Kreisverkehr mit 70 Sachen falsch rum in eine Einbahnstraße, gerade so zwischen 2 Lastern durchgeschossen, ein bis 6 Fußgänger auf der Kühlerhaube, ein Metropolenerlebnis der ganz anderen Art. Außerhalb von Kairo ist Ägypten, ja, wie soll man sagen, schon etwas anders. Ruhiger auf jedenfall. Die Frisöre schlafen des öfteren in ihren Frisörstühlen. Die Kinder sind scheuer, manche gucken sogar nur aus der Ferne und es kann schon mal passieren, dass man minutenlang nicht beachtet wird. Oder zumindestens unauffälliger. Vorsicht allerdings vor paradiesisch einsam wirkenden Stränden. Es könnte sich um Übungsgelände der ägyptischen Armee handeln. Und wer wird schon gerne durch eine das Gesicht zerquetschende Panzerkette geweckt?!

Zum Schluss noch was zur Halbinsel Sinai: Sie gehört nicht wirklich zu Ägypten. Die hier lebenden Beduinen haben nichts gegen die Juden aus Israel. Schließlich haben die ihnen eine ordentliche Infrastruktur hingeklotzt. Der Staat Ägypten wird gemeinhin ignoriert. Man zahlt keine Steuern und baut Hotels, wie man grad lustig ist, ohne nach Sonnenschein zu fragen. Als Deutscher wird man nur selten mal mit »Heil Hitler« begrüßt. Es gibt neben Apfel-Honig-Tabak sogar Bier. Dafür allerdings auch jede Menge Aussteiger und Alternativ-Touristen, die die Gegend mit Pizza-Hütten und Phil-Collins-Musik verschandeln. Die oft anzutreffenden amerikanischen Soldaten, naja, lassen wir das, es ist zu billig amerikanischen Soldaten irgendetwas vorzuwerfen, das erweckt schnell den Anschein, na, lassen wir das. Im Roten Meer übrigens gibt es gefährliche Fische. Die sind rot oder schwarz und haben so Stacheln auf dem Rücken mit Gift drin, die sie abschießen können. Einen hab ich mal gesehn, im Fernsehn. Ägypten im Allgemeinen ist ein schönes Land, wenn man Ägypten gut findet. Falafel kostet nur 25 Pfennich, Busfahren in der Hauptstadt 8½ Pfennich und Brot fast gar nichts. Fast wie in der DDR, nur dass deswegen in die DDR kaum Touristen gekommen sind. Merkwürdig?! Warum nur? Ein Rätsel tut sich auf. Egal. Das war der Reisetipp Ägypten, das nächste Mal gibt es den Reisetipp Japan. Eins kann man da schon verraten, in Japan ist Busfahren etwas teurer.

Wie ich einmal die Freundin von Christian Anders und ihn selber getroffen habe

Dienstagnacht. Langsam kehrt Ruhe ein in die Welt. Zumindestens in die Welt, wo jetzt grad Nacht ist und wo jetzt eben langsam Ruhe einkehrt, sag ich mal so. Zum Beispiel in den Krankenhäusern, in denen ausreichend Schlaftabletten zur Verfügung stehen, oder auch bei uns zu Hause. Da kehrt auch Ruhe ein. Der Topf mit dem Kräuterquark dämmert im Kühlschrank vor sich hin, der Abwasch gähnt verstohlen und der Staubsauger, ach nee, den hatten wir ja schon vor Monaten entsorgt. Der hatte ja gar keinen Motor mehr drin, irgendjemand muss den Motor von unserem Staubsauger geklaut haben. Schade, er war uns als zuverlässiger Kamerad gerade so ans Herz gewachsen, doch nun ohne Motor, da isser natürlich wertlos etwa wie ein Auto ohne Räder, wir haben ja auch kein Auto. Wir können ja auch kein Auto fahren, obwohl Laster zum Beispiel sehr nützlich sind. Mit Lastern, besonders mit großen Lastern kann man sehr viel transportieren, zum Beispiel Kisten. Obstkisten oder Gemüsekisten oder Brotkisten. Kann man auch was reinmachen in die Kisten, zum Beispiel Obst in die Obstkisten, oder Obst kann man auch in die Gemüsekisten reintun. Das geht. Ich hab das schon mal gemacht. Das Obst wird nicht unbedingt schlecht, wenn man das in Gemüsekisten reintut. Hauptsache, man lässt das Obst nicht mehrere Wochen darin bei Bullenhitze und Regenwaldfeuchte. Da wirds dann schlecht in Gemüsekisten, aber da würde es wahrscheinlich in Obstkisten auch schlecht werden bei so 'nem Klima. Ich hab ja neulich den Christian Anders am Flughafen getroffen. Den bekannten Schlagersänger, der auch Bücher über Erleuchtung schreibt. Ich hatte mein Flugticket in Berlin vergessen und er hatte seine Freundin dabei. Sie sah sehr hübsch aus, obwohl das Gesicht, bei dem Gesicht, das sah so aus, als ob da bei einer Schönheitsoperation, dabei der Mund so extrem versehentlich nach vorne gerutscht wäre. Wie bei einem Pferd in etwa. Ich mag ja Pferde. Ich bin schon mal auf einem Pferd geritten, so im Kreis herum. Immer im Kreis, stundenlang. In der Mitte stand jemand, der hat so 'n Seil gehalten, dis war an dem Kopf, glaub ich, von dem Pferd festgemacht und der hielt dis so, dass das Pferd immer schön im Kreis herumlaufen konnte. Einmal wollte dis auch schneller, da wär ich beinah runtergefallen, aber dis muss dis mitgekriegt haben, dann isses dann wieder langsamer gleich geworden. Und so nach Stunden dann ist dis Pferd dann plötzlich stehen geblieben, weil es Nacht war vielleicht, und da konnte ich dann aussteigen, da hat mich dann der eine da runtergehoben, aus dem Pferd davor herunter. Seitdem bin ich ein richtiger Pferdenarr. Ich könnte praktisch gar nicht mehr leben ohne Pferde. Ich ess ja auch sehr gerne Pferdewurst. Die schmeckt sehr gut, ein bisschen süßlicher als zum Beispiel Huhn oder Rind. Ein guter Freund sagte mal, Pferdefleisch würde so schmecken wie Menschenfleisch, doch der gute Freund wusste wahrscheinlich nicht, wovon er redete, denn bei allem Respekt, er war ja schließlich kein Kannibale. Sicher wollte er nur mal angeben. Heute kenne ich ihn gar nicht mehr. Er wohnt in der Zionskirchstraße und heißt Peter. Wenn ihr mal bei Peter zum Beispiel zum Frühstück vorbeikommen wollt, ruft einfach vorher bei mir an, ich bin gerne bereit die Telefonnummer von ihm diskret zu vermitteln. Zionskirchstraße Nummer 3 bei Peter. Lange klingeln, manchmal sitzt er auf seinen Ohren.

So, die Freundin von Christian Anders, die hatte es ja schon mal mit Singen probiert. Hab ich gesehen, war ganz gut, glaub ich, aber dis war zwar ganz gut, aber die konnte einfach nicht so richtig singen. Die Töne bei dem einen Lied, die klangen so wie andere Töne aus anderen Liedern. Aus vielen verschiedenen Liedern und das war schon ziemlich experimentell. Ein Puzzle vielleicht aus Tönen, aus den bekanntesten Tönen mehrerer unbekannter Lieder. Sicher ist die Zeit noch nicht reif für derartige, nun ja, ich weiß jetzt nicht, wie ich dazu sagen soll. Sie wird garantiert ihren Weg machen. Sie schreibt ja auch Geschichten. Sie hat mir erzählt, dass sie schon 140 Seiten A4 geschrieben hat, und sie sucht jetzt einen Verlag. Es ist ja schwer heutzutage einen Verlag zu finden. Die Verlage sind meistens voll oder sie sind zwar leer, aber sie wollen nicht, weil sie denken, ihnen werden bald gebratene Täubchen in den Mund flattern. Alle wollen einen Harry Potter, niemand die Freundin von Christian Anders. Dabei war Harry Potter auch mal eine kleine Freundin von Christian Anders, bildlich ausgedrückt. Ja, Harry Potter war auch mal 140 Seiten A4. Es wurden erst mehr Seiten, als dann noch mehr Seiten geschrieben wurden, und das kann die Freundin von Christian Anders unter Garantie auch. Sie wird ihren Weg machen, da bin ich mir ganz sicher. Leider hatte auch sie kein Flugticket für mich übrig. Es war zum Wurzelnausreißen. Ich musste mir ein neues kaufen. Vielleicht bin ich einfach in dieser Gesellschaft noch nicht so richtig angekommen. Ganz anders als Christian Anders und zum Beispiel auch der Castor-Transport. Er is ja nun doch angekommen in Gorleben. Da hat alles Einbetonieren nicht geholfen. Der Zug fuhr eben nicht nach nirgendwo, er wusste schon, wo er hinwollte. Er hatte ein Ziel vor den Augen. Traurig. Jetzt kriegen alle da in Gorleben und Umgebung Krebs und die Strahlung spürt man schon bis hierher nach Berlin. Mir is jetzt schon irgendwie ganz schwummerig. Und eine seltsame Ruhe is auch da. Man hört sie kaum, die Ruhe in der Lottumstraße. Es ist Nacht in der Lottumstraße.

Wenn ein Mensch erst kurze Zeit lebt

Anna-Sophie heißt sie. Ist 2500 Gramm schwer und is jetzt hier auf der Welt im Krankenhaus Friedrichshain im Bettchen in dem Zimmer mit der lustigen Nummer 131 oder so. Da is sie nun also und lebt. Geboren am 28. März per Kaiserschnitt.

Ein Mädchen, obwohl ihr sechsjähriger Cousin Oskar sich so sehr einen Jungen wünschte, weil er ja schon eine Cousine hat. Base sagt man wohl im Deutschen, aber ich sag Cousine, weil, Base klingt so doof. Klingt wie Blase und Blase klingt auch doof. Da is sie nun also und trinkt sogar schon Milch. Das kleine Mädchen, das von ihrem Cousin eine Cousine ist. »Was sie wohl denkt?« Sicher denkt sie noch nicht viel, weil, sie is ja noch viel zu klein zum Denken. Sie soll mal erst noch mehr Milch trinken, bevor sie anfängt zu denken. Denken kann man später auch noch. Wenn man groß ist und nich mehr so viel Milch trinken muss. Dann denkt man dafür mehr. Laufen kann sie ja auch noch nich. Is ja auch noch zu klein zum Laufen. Is ja grad mal 'n paar Stunden alt. Wär auch schlimm, wenn die schon alle laufen könnten, die kleinen Babys, dann müsste man die ja ständig suchen. Müsste man immer aufpassen, dass die nich zufällig mal zu 'ner andern Frau ins Bettchen klettern. So wie die Pferde immer aufpassen müssen oder Schafe, Ziegen, Kühe. Die müssen ja alle immer höllisch aufpassen, obwohl die ja zumindestens keine Bettchen haben. Die laufen ja auch schon alle sofort wieder herum nach der Geburt, die Mütter von den Pferden, Schafen, Ziegen, Kühen. Das geht ja beim Mensch nicht, wenigstens nicht nach einem Kaiserschnitt. Da isses schon gut, dass die Babys noch nicht laufen können. Is schon ganz vernünftig eingerichtet, die Welt. Gott hat gut daran getan Krankenhäuser zu bauen, wo die dann alle so herumliegen können, die Mütter und die Babys, bis die dann alle wieder laufen können, die Mütter. Schön auch, dass die Sonne scheint und dass kein Krieg ist, hier zumindestens. Krieg bringt doch immer eine gewisse Unruhe mit sich. Und Unruhe ist etwas, das Mutter und Kind am allerwenigsten gebrauchen können. Lärm, herumfliegende Mauerbrocken, Chaos, Gewalt, zerfetzte Körper. Das ist etwas, woran sich weltentrückte Expressionisten, spätpubertäre Brachialrocker oder Möchtegern-Mann-Männer aufgeilen, für Mutter und Kind und Vater auch, wollen wir die Väter bitteschön nicht vergessen, ist das nichts. Für sie ist Frieden super. Schöner Frieden mit Lächeln, Sonne und Gleichgewicht im Allgemeinen. Prima Gleichgewicht. Prima Frieden. Frieden, Frieden und nochmals Frieden, da hatte Erich Honecker schon Recht. Mit vielem anderen hatte er ja nich so Recht, aber mit dem Frieden schon. Ich steh auf Frieden, was nicht heißt, dass ich alles so lassen will, wie es ist, aber Frieden will ich schon so lassen. Dis andere, da kann man vieles ändern, doch den Frieden bitte nicht ändern! Ich sag das hier mal, damit das alle kapieren. Man kann ja schließlich auch reden oder sich zum Beispiel einbetonieren in Eisenbahngleise, man muss ja nich gleich, wenn einem was nich gefällt, zur Kaufhalle los und sich 'n Gewehr kaufen und Leute umballern. Und wennschon dennschon wenigstens die Richtigen und wer weiß schon, wer die Richtigen sind. Meistens sind es ja die Falschen, die denken, dass sie wissen, wer die Richtigen sind. Na, zum Glück muss sich die kleine Anna-Sophie noch keine Gedanken darum machen. Die is ja noch so klein. Die trinkt ja noch viel lieber Milch. Die hat ja noch gar keine Zeit sich darum Gedanken zu machen. Kleines Ding. Friede sei mit dir.

So ist das Leben

Mittwoch, 6. Juni. Die Sonne scheint. Der Papst lebt immer noch. Das Jahr geht auf seine längsten Tage zu. Viele Menschen bereiten sich darauf vor in den Sommerurlaub zu fahren. Sie packen Badehosen in ihre Koffer und Mückenspray. Einige andere bereiten sich darauf vor auch diesen Sommer wieder hier zu bleiben. Sie packen keine Badehosen in ihre Koffer und auch kein Mückenspray. Sie packen gar nichts ein, denn sie müssen ja nichts einpacken, denn sie bleiben ja hier. Sie sparen die Zeit, die sie ansonsten für Mückenspray-Einpacken verwenden müssten, und haben dadurch schon einen ganzen Haufen Zeit beiseite gelegt. Sie überlegen, was sie mit diesem Haufen Zeit so anfangen könnten womöglich und so geht dann die Zeit vorbei. Bald schon ist es Herbst. Die Sommerurlauber trudeln langsam wieder ein und packen zu Hause die Badehosen und das Mückenspray aus ihren Koffern wieder aus. Der Papst lebt immer noch und das Laub fällt von den Bäumen und dann packen auch schon wieder die Ersten lange Unterhosen und Skiwachs in ihre Koffer für den Winterurlaub. Andere wiederum … Ja, ja.

Keine Macht für niemand

Habe heute im Kindergarten meines Sohnes eine fünfjährige anlässlich Faschings als Pippi Langstrumpf Verkleidete gefragt, ob sie als Hexe gehe. Bin dafür von der Mutter unangespitzt in den Boden gerammt worden. Mit Blicken natürlich. Habe der Kleinen tröstend gesagt, dass es ja auch gute Hexen gebe, worauf die noch mehr zu heulen anfing. Als ich nachmittags meinen Sohn wieder abholte, war der Fasching gerade am Ausklingen. Harry Potter hatte eine Donnerbüchse in der Hand, der Indianer ein Laserschwert, die Teletubbies allesamt Polizeimützen auf und unsere feine Pippi Langstrumpf, was mussten meine entzündeten Augen da sehen, Tatsache, hielt doch ein Hexenzauberbuch in ihren Pranken. Meine Bitte an die Erzieherin, doch mal für Ordnung zu sorgen, wurde geflissentlich ignoriert. Stattdessen fragte sie mich, wo denn mein Beitrag für den Kuchenbasar abgeblieben wäre. »Kuchen is schlecht für die Zähne«, kam es von mir zurück. »Und überhaupt. Wer sagt mir denn, dass Sie nicht bei der Stasi waren.« Offensive Verteidigung nennt man so was wohl. Ich nahm Madame Langstrumpf ihr Zauberbuch weg und blätterte etwas darinnen. »Eene meene Butterbrot, alle Ampeln sind jetzt rot.« Solche und ähnliche Zaubersprüche führten die Hexen von heute also mit sich. Moderne Technik und moderate Ideen hatten Einzug gehalten. Plus ein bisschen Zivilisationskritik. »Alle Ampeln sind jetzt rot« sollte wohl heißen: ›Leute, lasst euer Auto stehen, die Umwelt wird es euch danken. Eure guten Hexen von der grünen Partei.‹ Oder sollte es gar heißen: ›Schert euch nicht um die Farbe, die von einer Ampel blinkt. Verbote sind dazu da, dass man sie übertritt?! Eure antiautoritären Hexen von den Revolutionären Zellen?!‹ Behände nahm ich einen Zauberkuli zur Hand und schrieb zwischen die Zeilen einige konservative Hexensprüche. ›Eene meene schwippschwapp, Kopp ab.‹ ›Eene meene Hühnerschiss, faule Zähne im Gebiss‹, ›Wolfsgeheul und Froschgewimmer, bald wird alles noch viel schlimmer‹, ›Mösenschleim und Pimmelkäse gibt die schönste Mayonnaise.‹ Nein, das Letzte natürlich nicht. Ist ja streng genommen auch kein Hexenspruch, zumindestens kein konservativer, is wohl eher Pubertärquark, um mal nicht Pubertärmayonnaise zu sagen. Trotzdem sollten die lieben Kleinen eigentlich solche Sprüche kennen. Damit kann man prima Eindruck schinden, bei den Älteren, wenn man in die Schule kommt. Da werden die dann vielleicht nich so oft verprügelt, die Kleinen. Weil die ja praktisch schon mit allen Wassern gewaschen sind. Obwohl, weiß ich auch nicht. Vielleicht wird in den Schulen von heute ja auch gar nicht mehr geprügelt. Gibt ja überall schon Montessori-Klassen. Sicher hat man es geschafft, dass die Rabauken von heute ihre Aggressionen dahingehend abbauen, dass sie einfach weiter die alte Rechtschreibung benutzen oder heimlich Radiergummis in die Biomülltonne werfen. Obwohl man so was auch nicht auf die leichte Schulter nehmen sollte. Wie man ja damals anno 68 gesehen hat und wo das dann hinführen kann durchaus. RAF und so. Na, is ja zum Glück alles anders gekommen. Is ja zum Glück gut geworden. Der Fischer ist jetzt Minister und nich mehr Terrorist. Wenn man damals bei dem Hitler auch etwas flexibler reagiert hätte, vieles wäre dem deutschen Volk erspart geblieben. Die Mauer zum Beispiel. Na, die is ja jetzt auch so weg, zum Glück. Aber war schon eine schwere Zeit damals. Keine Südfrüchte und auch für die, die in Freiheit waren, die hattens ja auch nicht leicht. Die Kontrollen im-

mer von Westdeutschland nach Westberlin und die Autobahnabschnitte. Die waren ja dermaßen holprig. Die waren ja nich so gut ausgebaut. Das war schon schwer alles früher. Schön, dass es heute überall Montessori-Klassen gibt. Auch im Osten. Und Südfrüchte.
Mein Sohn is ja zum Fasching als Cowboy gegangen. Und der alte Mann, der im Kindergarten immer sauber machen muss, hat sich Kopfhörer aufgesetzt, weil ihn die Kinder so nerven. Jeder macht, was er will, und das ist gut so. Keine Macht für niemand! Aber aufpassen muss man trotzdem, glaub ich zumindestens.

Schweineschnitzel

Mittwoch, 19.00 Uhr. Noch 'ne halbe Stunde, dann muss ich los. Aber für eine kleine Geschichte müsste es eigentlich noch reichen. Was aus der Vergangenheit vielleicht. Kindheitsgeschichten, das kommt immer an und noch auch mit Tieren dazu. Mit 'ner Schildkröte vielleicht. Die sind ja dermaßen süß. Die sind ja auch meine Lieblingstiere, genau wie Igel. Böse Menschen, die Schildkröten essen! Oder Igel! Obwohl ich noch nicht gehört habe, dass irgendjemand Igel isst. Bis auf Rüdiger Nehberg eventuell. Der isst doch alles. Wohlstandsrobinson. Hat wohl nüscht zu tun, der Idiot. Na, wolln wir ihn mal nich gleich verteufeln. Is vielleicht früher mal vergewaltigt worden oder is schwul und kann sich nich mit abfinden und versucht nun eben irgendwie aus dem ganzen Dilemma rauszukommen. Muss man jedem zubilligen, seinen eigenen Weg zu gehen. Soll er durch den Schlamm robben und in Baumhöhlen schlafen, soll er nur, wenns ihn glücklich macht. Aber Hände weg, Rüdiger, von den Schildkröten! Ach, wahrscheinlich hört er gar nicht zu. Was soll er auch hier in der Zivilisation. Die macht ja alles nur schlimmer und schlimmer. Da wird er wieder an den ganzen Scheiß erinnert. Nee, ich lass den mal in Ruhe.

Ich wollt ja eigentlich 'n Schlach aus meiner Kindheit erzählen. Ich bin ja in Karlshorst zur Schule gegangen. Karlshorst is ja zwar Berlin, aber trotzdem auch bisschen Natur. Da gibts ja viele Tiere. Fliegen und Mücken und Eichelhäher, die die Fliegen und Mücken fressen. Ja, die Natur ist nicht mit Perwoll gewaschen. Die Natur ist hart und brutal. Aber das is normal. Normalbrutal. Früher gabs ja noch viel mehr Tiere. Die sind jetzt aber ausgestorben. Säbelzahntiger und Dinosaurier. Aber nicht in Karlshorst. Jedenfalls nich, als es da schon Häuser gab in Karlshorst. Jedenfalls nich in meiner Kindheit. Aber in meiner Kindheit, da gabs in Karlshorst auch noch Tiere, die's jetzt nich mehr da gibt. Nämlich einmal hab ich ein Reh da gesehen. Dem gab ich einen ganz kleinen Stips und da war es aus Gips. Nee, dis hab ich jetzt grade geklaut von jemand, der mal in München einen Tabakladen hatte. Nee, dis Reh war wirklich da in echt in Karlshorst. Dis stand neben der Straße an so 'ner Art Park. Und da hat dis so geguckt. Hat wahrscheinlich jemand gesucht. Obwohl, vielleicht gucken Rehe immer so, als ob sie jemanden suchen. Weiß ich nich, ich glaub aber, dis hat wirklich jemand gesucht. Weil, dis war ja ganz alleine. Also, sicher warn auch 'n paar Fliegen und 'n paar Mücken da, war ja schließlich Sommer, und ich war ja auch da, aber als Reh, mein ich, als Reh war dis durchaus, kann man so sagen, alleine. Jedenfalls in der Nähe von dem Reh hab ich kein anderes Reh gesehn. Und dis stand also so da und guckte und suchte jemand und dann isses weggehoppelt. Ab da wusste ich, dasses hier in Karlshorst, dasses da auch Rehe gibt. Zumindestens eins. Heute gibts, glaub ich, gar keins mehr. Schlimm dis alles. Ich hab auch mal, in meiner Kindheit, einen Wellensittich gesehen in Karlshorst. Der saß bei uns im Garten auf 'm Komposthaufen. Ich hab erst gedacht, dis gibts doch nich. Aber dann, als ich so nachgedacht hatte, saß der dann immer noch da rum. Da musste dis wohl wahr sein, dass es in Karlshorst auch Wellensittiche gibt. Der war gelb-grün. Ich hab mir dann überlegt, dass ich ja schon immer mal ein Haustier haben wollte, zwar nie einen Wellensittich, aber egal, meine Mutter würde sich bestimmt trotzdem ärgern. Also bin ich mit dem

Nachttopf von meiner kleinen Schwester, die ich damals

ziemlich cool Schwelle genannt habe, ein Slangausdruck, der, glaub ich, heutzutage fast vollständig in Vergessenheit geraten ist, jedenfalls bin ich mit dem Topp da raus in den Garten und auf den Komposthaufen zu und hab dann, und da is der Wellensittich dann weggeflogen. Ich hab den dann nie wieder gesehen. Auch keinen anderen. Wellensittiche sind meiner Meinung nach in Karlshorst mittlerweile vollständig ausgestorben. Noch viel schlimmer ist allerdings das Ding mit den Flusskrebsen. Da gabs ja den einen kleinen Bach in Karlshorst, der floss da direkt hinter diesem einen Teil von dem Heizkraftwerk Rummelsburg. Das, was damals immer so viel Dreck gemacht hat. Weshalb ich auch bis heute noch nich Fenster putze. Weil dis damals sowieso umsonst gewesen wäre und heute is dis eben so geblieben, hat sich praktisch vererbt. Na, jedenfalls gabs da so 'n Bach und da tummelten sich lustigerweise ganz viele von diesen Flusskrebsen. Und ich bin da immer zusammen mit meinem Kumpel André Morgen, mit dem ich auch mal 3. bei den Kreismeisterschaften im Tischtennis-Doppel geworden bin, mit dem bin ich da immer hin, und da haben wir die dann gefangen und er hatte so ein Aquarium, und da sind die dann nach einer Woche meistens drin gestorben. Wir haben auch mal welche in 'n Kochtopf geworfen um zu sehen, ob die auch wirklich wie im Fernsehen rot werden, obwohl man das damals im Fernsehen noch gar nicht sehen konnte, denn wir hatten ja alle keine Farbfernseher. Nur Erich Honecker hatte einen. Der hatte ja sogar einen Videorecorder, wo der immer seine perversen Sexfilme angeguckt hat. Hätten wir das damals gewusst, dann hätten wir die friedliche Revolution sicher noch viel früher gemacht. Nur dass sie dann wahrscheinlich nicht so friedlich geworden wäre. Naja, aber wir waren ja noch Kinder. Wir waren so naiv. Ich kann mich auch gar nicht mehr erinnern, ob denn nun die Flusskrebse im Kochtopf, ob die überhaupt rot geworden sind. Auf jedenfall brauchten wir natürlich immer wieder neue. Und dann auf einmal geschah es. Wir standen da, erstarrt wie zu einer Salzsäule. Da hatten sie doch tatsächlich über Nacht an unsern Flusskrebsebach hinter dem Heizkraftwerk eine Tankstelle hingebaut. Na, vielleicht nich über Nacht, war ja schließlich DDR, vielleicht hats auch 'n halbes Jahr gedauert, vielleicht warn wir zwischendurch 'ne Zeit nich da, vielleicht warn grade Fußballweltmeisterschaften, jedenfalls hatte man uns im Prinzip belogen und betrogen. Zumindestens hatte man uns nichts gesagt. Um die Tankstelle, da war ein Zaun. Und als wir drüber warn, kam ein böser Mann, der uns hauen wollte, der sah jedenfalls so aus. Und deshalb sind wir dann später, als es schon dunkel war, nochmal dahin mit Taschenlampe und haben da so in den Bach reingeleuchtet, und da huschten die Flusskrebschen alle putzmunter, wieselflink und pudelwohl so durchs Wasser, dass es eine wahre Lust war, denkste, die waren natürlich alle tot und schwammen bäuchlings an der Oberfläche. Schade eigentlich!

So, die halbe Stunde is um. Feierabend. Ich geh jetzt Schweineschnitzel essen.

Verliebt, betrunken und ohne Glück

Scheiß-Dreck
Schlüssel weg
5 Uhr
im Hausflur
zu viel Bier
denk an dir

Missglückter Versuch

Vor einer Tür eines Büros sitze ich und hör das gleichmäßige Geklapper, das Finger verursachen, die eine Computertastatur bearbeiten. Ich sitze da, einen Strauß roter Rosen in meiner Hand, sitze da und träume. Ich träume von einer grünen Wiese, rot mit gelben Butterblumen übersät am blauen Meer in einer schwarzen Nacht, in der der Mond sein weißes Licht über die orangenen Berge streifen lässt. Mein Mund ist ausgetrocknet, die Lippen rau, wann hatte ich eigentlich den letzten Schluck Wasser zu mir genommen? Ich wusste es nicht. Es musste letztes Jahr so um dieselbe Zeit gewesen sein, in etwa. ›Halleluja‹, rief ich in die leere Bahnhofshalle hinein, in der ich mich nicht befand, denn ich saß ja vor diesem seltsamen Büro. Ich rief auch nicht Halleluja, in Wirklichkeit war ich still. Ein stiller Typ auf dem Fußboden irgendwo in Deutschland. Woanders mochte gerade irgendwas Aufregendes passieren, hier nicht. Hier war schon lange nichts Aufregendes passiert, mal von der Herausgabe irgendeiner sinnlosen Volksaktie abgesehen. Ich sitze vor einem Büro und singe leise vor mich hin. Ein Lied aus wahrscheinlich einer Fernsehserie, die ich nicht leiden kann, die ich mir allerdings immer wieder angucke, Masochismus eventuell. Bestimmt, wird schon Masochismus sein. Oder was? Is ja auch egal. »Es is halb drei nachmittags. Nataša*, wenn du arbeitest, sitz ich vor deiner Tür und hör dir zu. Verdammt, ich weiß, ohne Fleiß kein Preis, doch wenn du arbeitest, sitz ich hier faul herum und hör dir zu.« Ich wippe mit meinem Kopf dazu immer im Takt hin und her, so wie ich das im Radio mal bei einem bekannten Popstar gesehen hatte. Im Radio kann man das zwar nich sehen, is mir aber egal, ich bin so durchgeknallt, dass ich das sehen kann. Basta, Pasta! Ich kann noch viel mehr, die Gesellschaft soll gefälligst froh sein, dass ich nich alles mach, was ich kann. Sonst würden sich einige hier ziemlich umgucken. Die Uhr an der Wand rattert wie eine defekte Orangensaftpressmaschine voran. Die Zeit vergeht. Die Rosen verwelken in meiner Hand. Sie sind nur vorgesehen für den Augenblick, in die Geschichte werden sie unter Garantie nicht eingehen. In Wahrheit gibt es sie gar nicht, diese Rosen. So wie in etwa die Oktoberrevolution in Russland 1917, nur dass die trotzdem in die Geschichte eingegangen ist. Mein Herz klopft allerdings wirklich. Logisch, ich bin ja schließlich noch nicht tot. Man kann mir die Hand schütteln oder mich ohrfeigen und muss dann damit rechnen, dass ich reagiere irgendwie. Vermutlich würde ich wenigstens fragen: »Warum?« Doch von Vermutungen kann keine Geschichte leben. Noch nich mal diese hier. Schade eigentlich.

Lasst die Knospe erblühen!

Erster Weltkrieg. Die Barbarei des Faschismus. Zweiter Weltkrieg. Dann 40 Jahre belogen und betrogen. Die Wirren der Wende, schließlich zwei gebrochene Rippen wegen spätpubertärer Anwandlungen. Doch einmal muss Schluss sein mit der Zeit des Darbens und der Genügsamkeit. War deswegen heute schön essen in einem Restaurant, wo es sogar Tischdecken gab. Alleine. Denn alleine, da kann man den Luxus viel besser auskosten. Da lenkt einen keiner ab. Da spürt man die Sonnenstrahlen schön auf seiner Haut knistern und genießt den zarten Windhauch, der einem sachte das Haar kräuselt. Außerdem kann man auch beobachten, wie sich um einen herum die Welt verändert. Wie sich Menschen verlieben, Babys kriegen, diese heranwachsen, sich selber wieder verlieben undsoweiter. Natürlich ist auch der Tod mit dabei. Ganz klar. Er sitzt am Nebentisch und trinkt Kaffee. Er muss fit bleiben, wach, um schnell schalten zu können, um zu erkennen, welches Opfer als Nächstes seiner Zuwendung bedarf. Der Tod gehört zum Leben dazu wie die Butter zum Butterbrot. Er ist nichts Besonderes. Einer wie du und ich. Er hat Jeans an und trägt blaue Rollkragenpullover. Manchmal ist er auch oben ohne oder sogar ganz nackig, am FKK-Strand zum Beispiel. Der Tod kennt sich aus in den Gepflogenheiten der Menschen. Er will nicht provozieren, eher untergehen in der Masse. Man kann sich mit ihm unterhalten, er ist gebildet, seit jüngster Zeit liest er sogar Stuckrad-Barre*. Doch genug vom Tod, den ja sowieso jeder von euch noch kennen lernt. Weg vom Tod hin zum Leben. Schön, wie die Sonne scheint, und die Liebe, die Liebe, die is auch da. In meinem Bauch. Ich bin verliebt. In meinem Bauch, da fahren 30-Tonner Diesel kreuz und quer durcheinander, da rotieren lustige Öko-Windräder und Flugzeuge sind natürlich auch da. In meinem Bauch. Wie in dem einen Lied von dem Typen, dem in so kurzer Zeit hintereinander Bruder und noch jemand weggestorben sind, der aber trotzdem tapfer weitersingt. Respekt vor diesem Mann und vor der Liebe sowieso. Sie schafft es, dass man jeden Morgen aufsteht und Liegestütze macht und sich wäscht und Zähne putzt und das alles ohne Klagen und Murren. Sie sorgt dafür, dass man Handygebimmel erträgt, dass man im Schlusssprung über Kleinwagen hüpft, ganz kleine Kleinwagen natürlich, ich will nicht übertreiben, dass man alle 151 Pokémon-Figuren auswendig lernt, um zum Spaß Kindergartengruppen zu imponieren, dass man Blumen pflanzt und erntet, Silberfischchen glänzend poliert, Abiture schafft, Lesen und Schreiben lernt, Gesellschaftssysteme verändert, ja sogar ab und zu mal sauber macht. Die Liebe ist ein seltsames Spiel. Sie steckt in uns allen drin als Knospe und wartet darauf zu erblühen. Lasst sie erblühen! Gebt ihr euch hin! Macht Sex oder auch nicht, aber lasst die Liebe erblühen! Das ist ein Appell. Vor lauter Liebesübermut habe ich mir doch heute im Restaurant, dem mit den Tischdecken, tatsächlich Tintenfisch bestellt. Für 17 Mark 50. Das muss man sich mal vorstellen. Ich glaub, ich bin verrückt. Verrückt vor Liebe. Sie is schon ein wunderbares Wunder, die Liebe. Der Tintenfisch war klein geschnitten in so ganz viele Ringe, und die schmeckten alle nach gar nichts, aber hatten eine Konsistenz wie Gummi. Man konnte stundenlang auf ihnen herumkauen, alle Liebesnächte und -tage nochmal in Ruhe Revue passieren lassen, die 30-Tonner Diesel im Bauch auftanken, Vor- und Nachteile der Erdanziehungskraft ausdiskutieren mit seinen diversen anderen Ichs und dann hatte man immer noch Zeit aufs Clo zu gehen, bevor man bemerkte, dass man diese Gummiteilchen nie und nimmer auf den Weg in den Verdauungstrakt schicken würde, sondern dass sie allenfalls dazu geeignet waren, lustige Muster auf der weißen Tischdecke zu sein abzugeben zu können. Ich versuchte es zuerst mit dem Anti-Atomkraftzeichen, was aber mangels Menge misslang. Somit schieden auch Hausbesetzer- und Kampflebenszeichen sowie Hakenkreuz aus. Ich ließ die Politik hinter mir und werkelte an der stilisierten Darstellung des weiblichen Geschlechtsorgans. Und siehe da, einwandfrei. Zwar schien der Kellner, ein netter, freundlicher Herr aus dem Süden, nicht sonderlich begeistert, er knüllte die Tischdecke samt und sonders den Gummiteilchen zusammen und haute sie mir links und rechts um die Ohren, aber was macht so was einem Verliebten. Gar nichts ... Ich gab ihm ein fürstliches Trinkgeld und schenkte ihm ein Lächeln, woraufhin er gleich nochmal die Kassette mit der süßlichen italienischen Musik umdrehte, zum dritten Mal, glaub ich. Ich mag ja diese Kassetten mit diesen Liedern, die mit an Sicherheit grenzender Wahrscheinlichkeit bei einem italienischen Restaurant als Erstes da sind. Erst komm' die Kassetten, dann der Gipsbrunnen und dann guckt man mal, ob es in der Großfamilie auch jemanden gibt, der weiß, wie man Pizzateig knetet, oder der zumindestens Gummiringe warm machen kann. O sole mio, Felicità, und der Henry-Maske-Marsch, ich kann sie alle schon mitsingen. Lieder der Liebe, glaub ich. Das Feuer der Leidenschaft, die Sonne des Südens, Squadra Azzura, Mafia, Fiat. Hach, ist das schön, wenn man verknallt ist. Als ich rausging auf die Straße, haben jedenfalls alle geklatscht, wenn ich mich nicht verhört habe. Ich drehte mich um und winkte nochmal zum Abschied, aber da taten sie so, als wäre nichts gewesen. Diese Italiener. Sehr diskret.

Draußen auf der Straße traf ich dann noch jemanden. Es war nicht der Tod, obwohl er ihm ähnlich sah. Es war ein Mann im schwarzen Ledermantel, wirrer Frisur und mit Bierbüchse in der Hand. Er fragte, ob ich wüsste, wo hier seine Kumpels sind. Er sei nich aus Berlin und wolle die hier treffen, Hohenschönhauser Straße oder so. Dis seien so Schnorrer. Hippies und Punks. Ich wüsste doch bestimmt, wo die hier rumhängen. Die machen so Musik mit Hunden auch.

Ich gab dem Mann ’ne Mark, obwohl er ein Auto hatte. Ich war ja so verliebt. Ich wünschte, es könnte für alle die Zeit des Darbens vorbei sein. Er stieg in sein Auto, ich ging meiner Wege. Der Traum ist noch lange nicht aus.

Television

Berlin. Sommerzeit. Zart glitzert der Schnee auf den schmutzigen Straßen der Hauptstadt. Autos hupen. Das Kaffeewasser kocht. Selbst das Telefon klingelt. Alle Gegenstände wollen einem irgendwas vermitteln. Nur der rosa Plastiktopf mit dem Reissalat steht stumm und reglos auf dem Küchentisch und schmollt. Niemand hat ihn bisher beachtet. Er ist immer noch bis zum Rand gefüllt, seit zwei Tagen schon. Na warte, Reissalat, ich nehm mir jetzt mal ’n Löffel und dann ess ich dich mal auf. Muss, wie ich da so den Reissalat esse, unwillkürlich an den Castor-Transport denken. Der is ja immer noch nich in Dannenberg, jedenfalls zurzeit. Der sitzt ja immer noch da irgendwo 20 Kilometer davor herum auf der Schiene und wartet. Atomkraftgegner von Greenpeace und Robin Wood haben sich an die Gleise gekettet oder sogar ins Gleisbett einbetoniert. Das muss man sich mal vorstellen. Was, wenn man den Zug einfach zurückfahren würde irgendwo anders hin und die armen Menschen da einfach in Beton gegossen, als Mahnmal sozusagen hinterließe. Als Denkmal für unsere Kinder und Kindeskinder. Dann könnte in einer möglicherweise völlig verstrahlten Zukunft niemand von denen mehr sagen, damals wir, wir hätten nichts getan. Dann würde es ja Beweise geben. Und die Mutanten von denen müssten jeden 27. März, falls es da überhaupt noch einen Kalender gäbe, zu dieser Stelle, 20 Kilometer vor Dannenberg, in Scharen pilgern um zu gedenken, falls die dann überhaupt noch gedenken können. Na, was mach ich mir Gedanken. Ich hab doch genug zu essen. Einen ganzen rosa Plastiktopf mit Reissalat voll. Ich kann mich nicht beschweren. Mir gehts gut. Sogar das Telefon klingelt. Immer noch. Als ich abhebe, ist niemand dran. Wahrscheinlich werde ich überwacht. Man will nur wissen, ob ich noch da bin. Oder ob ich möglicherweise schon auf dem Weg bin, mich irgendwo einzubetonieren. Da kann ich euch beruhigen, Überwacher, ich bin noch hier. Schön, dass man ab und zu mal an mich denkt. Der Staat hat ja auch eine gewisse Sorgfaltspflicht, sag ich jetzt mal so. Der muss sich ja 'n bisschen kümmern um seine Schäfchen. Wir sind ja schließlich eine große Gemeinschaft. Wir, die BRD. Wer mir wohl den rosa Topf mit dem Reissalat auf den Küchentisch gestellt hat? Wars die Mutter, wars der Vater, wars gar der Vater Staat? Mann, da wär ich plaatt. Naja, reimt sich nich so gut. Außerdem weiß ich ja, wer dis war. Aber ich verrats nicht. Ein bisschen Privatsphäre muss doch bleiben. Sonst wär ich ja irgendwann der gläserne Mensch, wie der, der im Hygienemuseum in Dresden herumsteht. Ich war ja neulich in Leipzig. Auf der Buchmesse. Die, die jetzt da is, weil die andere Messe, die Frühjahrsmesse oder wars die Messe der Meister von morgen, na, egal, jedenfalls is jetzt dafür die Buchmesse da. Sehr schön, und da war ich in einem modernen Hotel, direkt am Hauptbahnhof, und da hab ich zum ersten Mal so ein Bezahlfernsehen geguckt. Das kostete 21 Mark 50. Ich hab das gemacht aus Neugier, sag ich jetzt mal so. Da gab es mehrere Programme. Zwei davon, nämlich die Nummer 2 und die Nummer 4, die hatten irgendwas mit Blue im Namen, Blue Channel oder so. Blue is ja Englisch und heißt blau oder traurig, je nachdem. Ich wusste aber, dass das Programm irgendwas mit Sex zu tun hat. Das hatte ich mal auf der Straße aufgeschnappt. Die Straße, die is ja oft eine bessere Schule als wie zum Beispiel die Universität. Leipzig hat ja auch eine Universität. Leipzig hat ja auch einen Hauptbahnhof und ganz in der Nähe davon lag mein Hotel. Und ungefähr in der 1. Etage lag ich auf dem Hotelbett herum und drückte heimlich den Knopf auf der Fernbedienung, wo 2 draufstand. Vorher hatte ich natürlich das Zimmer abgeschlossen und den einen Schrank, der eigentlich gar kein so richtiger Schrank war, obwohl doch, man konnte schon Schrank dazu sagen, na jedenfalls hatte ich das Gerät davorgeschoben, vor die Tür. Damit da auch keiner hereinkommen konnte, selbst mit Schlüssel nicht. Weil, ausschließen kann man ja heutzutage gar nichts. Aber abschließen, zumindestens. Scheiß Wortspiele! Nun gut. Ich drückte also Knopf 2. Nein halt, vorher machte ich erst mal den Fernseher an. Auf Programm 1 kam ja ARD. Was über den Castor-Transport. War sehr interessant. Da regte sich eine in die Jahre gekommene Frau darüber auf, dass die Jugend von heute, zumindestens die, die auf den Anti-Atomkraft-Demos ist, immer die Fahnen der Regierungspartei Bündnis 90 – Die Grünen herunterreißen würde. Dabei hätten die, als sie damals schon gegen Radioaktivität und Strahlenbelastung und Atomkraft sowieso gekämpft hätten, da hätten die, und ihre Stimme überschlug sich fast vor Empörung, da hätten die doch alle noch in die Windeln geschissen. Der Reporter wollte gerade die nächste Frage stellen, als im Hintergrund eine dieser rotzfrechen Gören auftauchte und im Vorbeigehen kaum hörbar: »Halts Maul, Oma« sagte. Ich fand das interessant, deutete sich hier doch bereits der nächste Generationenkonflikt an. Jedoch mehr als Generationenkonflikt interessierte mich nun der Kanal Nummer 2. Ich drückte also erst mal auf Pay-TV, was Englisch ist und Bezahltelevision heißt, ach, da fällt mir ein, dass ich ja gestern zum ersten Mal so ein Ratequiz gesehen hab, und da musste jemand auf die Frage, wie hieße es eigentlich, wenn man Gegenstände durch geistige Anstrengung angeblich hin und her bewegen könne, a) weiß ich jetzt nich b) Telekinese c) weiß ich auch nich d) Television oder e) weiß ich jetzt erst recht nich, antworten. Person selbige entschied sich für: »Natürlich Television« und ließ sich auch durch mehrmaliges Anzweifeln der Moderatorin, unter anderem dem Hinweis, sie solle mal dran denken, wo sie sich hier eigentlich befände, nicht umstimmen. Aber das nur mal so zwischendurch. Ging auch nur um 5000 Mark. Pay-TV kostet ja 21 Mark 50. Hab ich, glaub ich, schon erwähnt. Ich drückte also darauf und dann auf Kanal 2. Und da zeigten sie dann so erigierte Penisse und Vaginas und Popolöcher und wie die alle so Verbindungen miteinander eingingen. Ziemlich langweilig. Ich kam höchstens 2-mal. Zwischendurch versuchte sich übrigens die Putzfrau Einlass zu verschaffen, was allerdings wegen des schrankähnlichen Ungetüms misslang. Zur Beruhigung rief ich: »Tschuldigung, aber ich schlafe noch fest, wenn Sie in einer Stunde nochmal wiederkommen, bin ich wach und kann den Schrank von der Tür wegschieben.« Sie kam dann auch später nochmal und das war mein Glück, denn da war es kurz vor 12 Uhr mittags und bei Pay-TV verhält es sich nämlich folgendermaßen, dass nach 12 Uhr mittags, da muss man dann automatisch nochmal für den nächsten Tag bezahlen. Egal, ob man erst 5 vor 12 angemacht hat. Und egal, ob man vielleicht gar nicht mehr interessiert ist an den dargebotenen körperlichen Kontakten. Summa summarum also 43 Mark. Als ich jedenfalls auscheckte, was auch Englisch ist und übersetzt, glaub ich, Telekinese heißt, zwinkerte mir der Freund an der Rezeption kumpelhaft zu. »Na, einmal Fernsehn 21,50«, sagte er und ich: »Jawollo.« Und er: »Und einmal Doppelzimmerzuschlag 38 Mark«, und ich: »Ach so?«, und er: »Und 'ne Flasche Wasser und 'n Piccolöchen, 22,50, macht zusammen 81 Mark 50«, und ich: »Nö, wa?!«, und er: »Tja, irgendwie schon.« Und da war ich dann doch froh, dass ich auf 'm Zimmer keine Überstunden gemacht hatte, denn in meinem Portemonnaie befanden sich noch lächerliche 84 Mark 67 und der Weg zu einer goldenen Visa-Card war für mich noch weit, möglicherweise so weit wie der des Castors nach Dannenberg, obwohl man das sicherlich nicht vergleichen kann. Die Buchmesse in Leipzig auf jedenfall, die kann man nur jedem empfehlen. Und wenn ihr schon mal da seid, geht in 'n Bäcker und kauft euch ein Stück Plunndor*. Plunndor, was für ein schönes Wort.

Schreibtisch ›Robin‹ und Hochbett ›Nattland‹

Mir is langweilig. Gerade habe ich ein Hochbett und einen Schreibtisch aus dem Absurditätenkabinett von Ikea zusammengebaut und jetzt ist mir langweilig. Das heißt, eigentlich habe gar nicht ich das Hochbett zusammengebaut, sondern jemand, den ich kenne. Einen, den ich neulich zufällig auf der Straße getroffen habe. Einen Bruder nämlich von mir. Und der hatte ja auch schon mal was an seinem Fahrrad repariert und das hat dann sogar so zusammengehalten und da hab ich mir gedacht, Mann, fragste doch einfach mal den. Dein Bruder. Steffen heißt der. »Steffen«, hab ich gefragt, »du bist doch mein Bruder. Was hältste denn davon für mich mal 'n Hochbett und 'n Schreibtisch zusammenzubauen.« Und da hat der dann ›Ja‹ gesagt. Was sollte er auch anderes tun. Seine Freundin stand ja neben ihm, und der hätte es bestimmt übel aufgestoßen, wenn er mir so pardauz die helfende Hand verweigert hätte. Die is ja auch nich von gestern. Die hätte dann bestimmt gedacht: ›Mein lieber Scholli‹ oder so ähnlich. Frauen sind ja da ziemlich sensibel. Nee, also konnte mein Bruder gar nicht anders und musste mir das aus unzähligem individuellen Krimskrams bestehende Dingsdabums zusammenfriemeln. Und ich hab ihm dabei zugeguckt. Hab natürlich auch mal mit irgendwo angefasst, aber dis war dann immer falsch und deswegen hab ich dann losgelassen und dann is dis dann runtergefallen, was auch falsch war. Und so war dis Hochbett dann irgendwann fertig. Ich hab schon gestaunt, manchmal, was es so alles für Handwerkszeug gibt. Einen Hammer kannte ich ja noch. Aber eine elektrische Maschine, die wie ein Schraubenzieher funktioniert, bloß millionenmal schneller, praktisch die Concorde unter den Schraubenziehern, oder wie Klugscheißer sagen würden, Schraubendrehern, das war mir neu. Auch diese anderen Dinger hier, diese …, na, fällt mir jetzt nicht ein. So was Schwarzes, nicht rund, mit 'n paar Ecken, was so ähnlich …, nee, weiß ich jetzt auch nich, wie ich das beschreiben soll. Auch ein Gerät eben, aber ohne elektrisch. Vielleicht Batterie? Na, kann ich mich jetzt nicht erinnern. War mir auf jedenfall neu. Also, ich muss auch mal was zu den Zeichnungen sagen, die Ikea da wegen dem Zusammenbauen auf Papier aufgemalt hat. Also, ohne Übertreibung, also, mein 6-jähriger Sohn kann das besser. Also, ich hab da jedenfalls nicht gewusst, was da jetzt wie wo irgendwie gemacht werden soll. Vieles war auch widersprüchlich. Also an diesem einen Bein, zum Beispiel, da sollte von der einen Seite, sollte da so was ran, so 'n Querdings, und dis sollte drüben, auf der anderen Seite, an dis andere Bein auch rein, und da war'n ja auch zwei Löcher, aber auf der anderen Seite drei und dis wär ja auch noch gegangen, aber wenn dann später, da mussten ja auch noch von der anderen Seite so 'ne Zwischendinger und dann noch zusammen mit dem Brett, da sollten ja Schrauben rein und Dübel, in der Mitte Dübel, dis ging aber gar nicht, weil, dis hätte man so drehen müssen und dann hätte man vorher diese Querdinger, dis wär ja nicht möglich gewesen, na, um das jetzt mal abzukürzen, zum Glück war mein Bruder da. Der hat das schön zusammengebaut. Ich hab ihm deswegen Fischstullen geschmiert. Das ging leicht. Fischdose, Sardinenfilets in Tomatensauce übrigens, an so 'nem Ring, der is leider abgebrochen, aber mit hier Büchsenöffner aufgemacht. Warum sind diese Fischbüchsen eigentlich immer aus so weichem Blech hergestellt. Die verbiegen ja total, wenn man die mit 'm Büchsenöffner aufmacht. Und dann quillt die schöne Tomatensauce immer an den Seiten raus und auf die Hose und auf den Teppich. Na, zum Glück haben wir anders als zum Beispiel die eine Familie im Fernsehn keinen Teppich in der Küche. Da konnte man das ganz gut wegwischen. Wir haben ja nur noch so 'n Lappen, wo mittendrin so ein riesiges Loch ist und nur außenrum hält dis noch zusammen. Aber trotzdem kein Problem. So viel war dis ja auch nich von der Sauce. Dis meiste war ja sowieso Blut. Weil, die blöde Fischbüchse, die hat ja so einen scharfen Rand. Ich weiß auch nich, warum die nich mal andere Fischbüchsen herstellen können? Wahrscheinlich, weil alles nur in die Rüstung gesteckt wird. Naja, aber ich bin ja nich so 'ne Heulboje. Augen zu und durch. Ich hab dann trotzdem noch die zwei Stullen, dis mit dem Blut fällt ja bei dieser roten Tomatensauce nich weiter auf. Hat ihm auch geschmeckt. Ich hab ja neulich auch 'n Aidstest machen lassen.

War positiv für mich, war negativ. Is mir ganz schön ein Stein vom Herzen geplumpst. Kein Aids und 'n nigelnagelneues Hochbett und 'n Bruder, auf den man sich verlassen kann im Ernstfall. Der einem beisteht in der Not und der schön seine Stullen aufisst.

Leider is ja nich überall so alles in Butter. In Israel nich. In Tschetschenien, in der Mongolei, aber auch bei uns, wir brauchen gar nicht mal weit weggucken, viele, die unter unwürdigen Verhältnissen leben müssen. Selbst, wenn man mal ehrlich ist, direkt bei sich zu Hause in der eigenen Wohnung gibts was zu bemängeln. Bei mir sinds zum Beispiel die Fenster. Die sind seit Jahren nich geputzt. Genau genommen hab ich die noch nie geputzt, und außerdem is mir langweilig. Aber alles Gute is eben nie beisammen. Hauptsache, man is zufrieden.

Hölle, Hölle, Hölle

Von unten aus der Küche dröhnt angesagte Lounge-Musik zu mir. Es riecht nach Reis. Mein Sohn liegt nebenan im Zimmer und dämmert so vor sich hin. Er hat Husten und Fieber und Schnupfen und weiß der Geier. Er ist selbst zum Heulen zu schwach. Hat mich von sich aus rausgeschickt, damit er schlafen kann. Dabei steigt heute die große Party von Simone, da kann er sowieso nich schlafen. Hab ich ihm allerdings nich gesagt. Schließlich isser krank und so viel heulen, das strengt einfach höllisch, wie sagt man so schön, an, ja, so sagt man, an. Da wird der nachher noch mehr krank und das ist ja auch nicht gut, weil, der soll mal lieber gesund werden. Der soll ja auch bald mal, der kann ja noch immer nich, abwaschen. Neulich war ich bei seinem Kumpel Milan. Der is auch 6 Jahre alt. Und da hab ich mit eigenen Augen gesehen, dass der schon abwaschen konnte, sogar. Der stand auf so 'nem kleinen Hocker und hat richtig schön abgewaschen. Ganz ordentlich. Mit Schaum im Wasser und Bürste und so. Und hat dabei gelächelt. Dis hat dem richtig Spaß gemacht. Dis kommt ja auch darauf an, wie man den Kindern die Hausarbeit nahe bringt. Man kann natürlich seufzen und ihnen sagen, das Leben sei nicht nur fein. Es gebe eben Dinge zwischen Himmel und Erde, die seien notwendig, wolle man nicht im Dreck ersticken. Man kann auch sagen: »Schau mal, der Papa is k. o. von der Arbeit. Die er im Übrigen nur für dich macht, die beschissene Arbeit. Nur damit du zu fressen hast und Schnuller und Windeln, die du voll kacken kannst! Also nimm jetzt die verdammte stinkende Bürste, steig auf den Hocker und ran an die Buletten, sonst knallts!«

Oder aber man versucht es auf die andere, die weiche Tour. Zäumt den Bock von hinten auf oder so ähnlich. In etwa so: »Wer zuerst zu Hause ist, darf auch den Abwasch machen«, und dann rennt man so schnell man kann nach Hause, jedenfalls ungefähr die ersten 5 Mal, na, sagen wir wenigstens 3 Mal. Dann muss man natürlich beim Abwaschen auch so tun, als ob einem das höllischen Spaß machen würde. Vielleicht ein bekanntes Lied dazu pfeifen. Einen Hit. Was von Wolfgang Petry vielleicht. Genau, das eine, das wir mal als Fußballfans vom BFC für die Omas im Zug nach Leipzig singen mussten. Das, wo dann im Refrain immer vorkommt: »Hölle, Hölle, Hölle«. Da haben wir von den Omas dann dafür ihre Stullepäckchen bekommen. Lecker, und eine Plastikbüchse mit sauren Gurkenvierteln ging auch auf die Reise und als der Schaffner kam und alle riefen: »Erich Mielke* hat für uns bezahlt, Erich Mielke hat für uns bezahlt!«, da haben sich die Omas sogar noch richtig ins Zeug gelegt. Dass man die jungen Leute doch mal verstehen müsse. Und die seien doch jung, die jungen Leute, und so sympathisch, und wie toll die vorhin gesungen hätten, und der Herr Schaffner solle mal heute ruhig mal fünfe grade sein lassen und ob er vielleicht noch hier 'ne Leberwurststulle, naja, nischt für ungut, ja, das nächste Mal, ja, nächstes Mal machen wir auch Käse rauf. Die Omas. Keine Macht ist eben stärker als die zauberhafte Wunderwelt der Musik. Hölle, Hölle, Hölle!!! Das Lied, das könnte man beim Abwaschen pfeifen. Singen natürlich nich. Da kommt nämlich außer Hölle auch noch, glaub ich, das Wort geil drin vor, wenn nicht gar in Verbindung mit dem Wort verdammt. Das ist nichts für Kinder. Der Wolfgang Petry, der is schon verdammt geil, aber für Kinder, nee. Der is nichts für Kinder, obwohl bei dem auf den seinen Konzerten ja auch die Clos immer total sauber sind. Da kontrolliert der immer höchstpersönlich. Der legt sich ins Zeug für seine Konzertbesucher, die er Freunde nennt, wie die Omas für uns im Zug. Die mit den Wurststullen. Wahrscheinlich ham die das auch daher. Der geht immer in diese Mietclos mit 'm weißen Handschuh rein und dann wischt der in der Schüssel da unten, mit dem Zeigefinger fährt der so einmal unter dem Rand, da, wo die normalen Clobürsten nich hinkommen, fährt der da so lang, mit dem Finger, und wenn da an dem weißen Handschuh auch nur die winzigste Kackspur dran ist, dann nimmt der Wolfgang persönlich zieht der den Konzertveranstalter, das is dieser mit den langen Haaren, den nimmt der, zieht der den persönlich zur Verantwortung und nimmt den, und putzt mit den seinem Kopf so lange die Clos, bis der Handschuh einwandfrei blütenreinweiß sauber bleibt. Der hat extra immer 100 Paar von den weißen Handschuhen mit. So setzt der sich ein. Aber für Kinder ist das trotzdem nichts. Als Vorbild schon in puncto Sauberkeit, aber von der Musik her, da kommt ja, wie gesagt, schon mal das Wort geil vor. Schade eigentlich. Verdammt schade.

Aber zum Glück hat der liebe Gott ja auch das Pfeifen erfunden. Man pfeift also fröhlich dieses ›Hölle, Hölle, Hölle-Lied‹ und tut so, als hätte man dieses eine Spülmittel aus der Werbung. Fit* war's nicht, weiß ich auch nich mehr, wie das hieß, jedenfalls wo die alle immer total gerne abwaschen. Und hält, wenn man zum Beispiel mit einem Teller fertig ist, dann hält man den so ins Licht und macht so Zeichen, Peace-Zeichen oder was grad angesagt ist bei den Gangsta-Kids von heute, und macht dazu dann so Sprüche wie »Cool, genau wie Batman, nee, sogar noch

besser wie Batman. Guck mal.« Und dann hält man den blitzblanken Teller dem zu verführenden Bengel vors Angesicht, wenn der dann noch da ist, was natürlich reine Utopie bleibt. Der sitzt logischerweise schon längst irgendwo im Sessel und spielt Gameboy. Aber, dann hat mans zumindestens mal versucht auf die weiche Tour. Klappt eben nich bei jedem. Vielleicht haben sie Milan auch unter Drogen gesetzt? Hölle, Hölle, Hölle!!
Ich werd mal mit der Jugendfürsorge reden, oder ich geh jetzt runter auf die Party. Wird laut werden. Wirst du deine liebe Müh und Not haben zu schlafen. Kleiner, süßer Fratz. Träum gut und das mit dem Abwaschen vorhin war nur 'n Scherz. Vorher lernen wir natürlich noch Fußboden schrubben. Alles zu seiner Zeit.

Kurzgeschichte

Streng pfeift der Wind durch die menschenleeren Gassen von Hohenschönhausen. Es herrschen unter null Grad im Plattenbaubezirk. Pankow ist weit weg. New York auch. Astrid wartet an der Haltestelle vom Bus. Der Bus kommt nich. Seit 10 Minuten kommt nun schon der Bus nicht. Astrid hat ihre Hände tief in die Jackentaschen vergraben. Ihre Nase läuft. Sie friert. Ihr Blick schweift die Hauptstraße hinauf bis zum Horizont und wieder hinunter. Kein Bus nicht. Nich mal ein Kleinbus. Überhaupt gar kein Auto ist auf der Straße zu sehen. Nur Leere. Gähnende Leere. Astrid kommt sich plötzlich vor wie im Film. Oder zumindest wie in einer Kurzgeschichte. ›Wahrscheinlich schreibt grade jemand mit‹, denkt sie bei sich und lacht.

Wie ich mal was über Arosa schreiben wollte

Es ist Mittwoch. Januar 17.00 Uhr. Langsam geht die Sonne unter in den Bergen rund um Arosa. Ich bin nicht in Arosa, aber ich find den Namen so schön. Ich würde gern mal wieder wegfahren. Warum nicht nach Arosa. Aber ach, es gibt so viel zu tun und ich weiß auch gar nicht, ob Berlin so einfach ohne mich auskommen würde. Das ist natürlich Quatsch. Logisch würde Berlin ohne mich auskommen. Es kommt ja schließlich auch ohne Boris Becker aus und sogar ohne Harald Juhnke, wenn der mal zufällig wieder weg ist. Wegen Termine oder Geschäft oder so. In Berlin leben ja so viele Leute, da fällt es gar nicht auf, wenn mal jemand weg ist. Da treten dann eben andere aus ihrem Schatten hervor. Erschießen jemanden oder singen Lieder oder werden Präsident, je nachdem, was sie können. Die Zeitungen haben immer was zu schreiben. Wenn es nichts Interessantes gibt, schreiben sie eben über uninteressante Sachen. Das macht nichts. Die Leute lesen jeden Scheiß. Sie haben sich daran gewöhnt früh eine Zeitung zu kaufen. Es gibt sogar viele, ich kenne einige von ihnen, die kaufen zwar jeden Morgen eine Zeitung, lesen aber nie nich darin. Sie haben vielleicht in ihrem privaten Haushaltsetat eine bestimmte Summe für Zeitungskauf festgelegt und es würde womöglich ein höllisches Kuddelmuddel geben, wenn da am Monatsende dieses oder jenes Talerchen im Geldbeutel übrig bleiben würde. ›Nein‹, sagen sie sich, ›keine sozialistischen Experimente.‹ Und stapeln zu Hause fein säuberlich Gazette auf Gazette. Ein riesiger Gazettenberg erhebt sich alsbald in ihrem Wohnzimmer. Bald reicht der Platz nicht mehr aus. Die Wohnung wird zu klein, das Haus wird zu klein, selbst die Stadt, sie ziehen um aufs Land mit einer Sattelschlep-

perkolonne im Rücken. Raus in die grüne Natur, dorthin, wo's kein Zeitungskiosk gibt und wo sich die Postboten, wegen dem einen Dackel, dem von Oma Peschke, der bereits 3 Sandalen zerbissen hat, nich mehr hintrauen.
Ein Dorf liegt in der Nähe von Arosa. Mehr verrat ich nicht, sonst kommt der Teufel noch auf die Idee und treibt höchstselbst übel Schabernack mit meinen Haupthelden, die ich hier Haupthelden genannt habe, weil mir kein besserer Name für sie eingefallen ist. Berlin hat zwei ehrenwerte Mitbürger weniger. Na und, dafür zieht die Regierung um, die allesamt, ach du Scheiße, Verbrecher sind. Na, wo hamma denn das damit verdient. Eine Verbrecherbande. Hamma ja gar nich verdient. Hamma doch selwa genuch. Kömma ja gar nich, hamma, wollma, ja wer hätte das gedacht?! Allesamt Verbrecha! So, ich möchte hier mal was sagen. Zum so genannten, was heißt hier so genannten, zum Jahr 1968. Ich verbitte mir fürderhin jedwede Diskriminierung der 68er. Sonst gibts was auf die Mütze. Frau Merkel, ick zieh dir die Schlüpper aus und jag dich nackig durch die Stadt, auf dass die Christen Sodom und Gomorrha wettern. Ich bin im Jahre 1968 geboren. Ich habe diesen Staat hier mit meiner eigenen Hände Arbeit praktisch aufgebaut. Zumindestens habe ich mal an einem Haus mitgebaut. Ich hab sogar so 'ne verfluchten Holzdielen abgeschliffen und mir davon eine Stirnhöhlenentzündung geholt. Ich bringe jeden zweiten Tag den Müll runter und neulich hab ich mir in der Straßenbahn sogar eine Fahrkarte gekauft. Ich lass mir das nicht von irgendwelchen dahergelaufenen Faschisten, ja, Frau Merkel Sie haben richtig gehört. Faschisten. Ich hab Sie soeben als Faschist bezeichnet. Vielleicht ärgert Sie das ein wenig. Das würde mich freuen. Von Faschisten wie Sie, Frau Angela Merkel, noch dazu unfrisierten, mit der

Vergangenheit eines leeren Blatts Papier in einer Papierfabrik, daherkommenden, von solchen lass ich mir mein Geburtsjahr nich kaputtmachen. Sie können meinetwegen über die 75er, nee, halt, die 75er auch nich, aber über die 76er und von mir aus auch über die 89er herziehen. Das können Sie, obwohls Unsinn ist. Sie können von mir aus auch Schlammcatchen machen mit Ihrer Mutti, falls die noch lebt. Sie können zum Mond fliegen oder Grünkohl kochen, aber Finger weg von den 68ern. Und sagen Sie das auch den andern Faschisten. Viel Spaß noch weiterhin.
So, jetzt gehts mir schon ein wenig besser. Was für 'n Scheiß aber auch. Ab und zu muss man sich den ganzen Ärger ja mal von der Seele schreiben, sonst kriegt man womöglich noch Seelenkrebs hinterhergeschmissen oder wie die Krankheit heißt. Ach, Arosa, bei dir ist sicher schon die Sonne hinter den Bergen verschwunden. Und jetzt gehst du bald zu Bett, wie deine niedlichen kleinen Bergbewohner. Vielleicht komm ich ja mal vorbei demnächst mit der Bimmelbahn, aber vorher, vorher muss ich hier noch, ach, vergiss es einfach.

Episode ohne Namen (Ging alles zu schnell)

Jemand auf der Straße pfeift eine bekloppte Melodie. Man kennt seinen Namen nicht. Vielleicht wird man diese Melodie nie wieder hören. Vielleicht ist diese Melodie gar nicht mal so bekloppt. Vielleicht ist sie nur etwas ganz, ganz Neues. Etwas, das uns erschreckt, weil wir es noch nicht verstehen. So wie man sich damals vor der ersten Lokomotive erschreckt hat oder vor der Sinuskurve. Man möchte ihm hinterherlaufen und ihm erklären, dass man aufgeschlossen sei für alles Neue. Allein, man hat ja so viel anderes zu tun.

Wie ich mal ein Nazi war

Mittwoch, 24. Januar. Die ersten Blättlein in Zartgrün sprießen langsam noch nicht aus den Knospen von Bäumen und Sträuchern. Es ist Winter. Auf dem Fußweg gegenüber tragen zwei Männer mit Vokuhila-Frisur und Schnauzbart eine zerfledderte Couch in Bleichbraun irgendwohin. Wahrscheinlich dahin, wo sie wohnen. Sicherlich wird es da heute eine große Einweihungsparty geben mit Büchsenbier und Schnäpperken. Der hintere von beiden ist lediglich halb so groß wie der, der die Richtung vorgibt. Die Armlehne der Couch versperrt ihm die Sicht. Er vertraut dem Führer, so wie es früher in Deutschland schon einige vor ihm taten. Ich möchte ihm zurufen: »Halt ein, lustiger kleiner Gesell. Lauf nicht in dein Verderben. Geh du voran. Der andere ist viel größer. Der kann über die Armlehne blicken. 4 Augen sehen mehr als zwei.« Doch der dichte Vorhang aus Dauerregen verschluckt meine Worte, die ich leider sowieso nicht gesagt habe. Aber hier in der Geschichte sag ich einfach mal, ich hätt die gesagt. Is ja schließlich keine Reportage, is ja nur 'ne Geschichte. Sie soll ja keine wahre Begebenheit dokumentieren, sie soll lediglich die Intentionen des Autors einer ungewissen Anzahl von Menge von Leuten nahe bringen, die das hier womöglich erreicht vielleicht. Also, um jetzt nochmal zusammenzufassen: ›Ich lehne Führerkult und blindes Vertrauen ab, auch wenn es nur um den Transport von zerschlissenen braunen Couches geht.‹ Jaja, das wird einigen nicht schmecken, ich weiß. Das wird einigen übel aufstoßen, als hätten sie grade frittierte Katzenpfötchen in Dillpampe zu sich genommen. Werden sie wahrscheinlich meinen Namen als Nummer eine Milliarde zwölf unter ihre schwarze Liste setzen. Hach, das gefällt mir, denn da bin ich dann wichtig. Zwar nur Nummer eine Milliarde zwölf, aber immerhin. Gibt ja schließlich 6 Milliarden von unsrer Sorte. Wenn ich jetzt noch sage: ›Nazis sind mit schnödem Hausstaub gefüllte Drecksäcke in Aspik‹, und hinzufüge, dass Aspik eines der wenigen zur Nahrung bestimmten Atomhäufchen ist, die ich absolut eklig finde, dann werde ich garantiert ins obere Sechstel der schwarzen Liste vorstoßen, womöglich noch vor den einen, den ich neulich mal getroffen habe, und der mir mit Stolz in der Stimme verkündete, er habe schon mal einem Nazi die Zigarette verweigert, die dieser so sehnlich begehrte. Ich habe ihn gefragt, woran er denn erkannt habe, dass dieser welchiger ein Nazi sei, worauf jener entgegnete, das sähe man eben und was so 'ne dumme Frage soll, und ob ich vielleicht was auf die Fresse wolle oder auch 'ne Zigarette. Zum Glück wollte ich weder das eine noch das andere. Ich bin ja auch Nichtraucher. Zum Glück! Früher hatte ich manchmal nicht so viel Glück. Ich war schon mal ein Nazi, als ich zu DDR-Zeiten mit zwei Frauen gleichzeitig einen FDJ-Jugendclub in der Greifswalder Straße verließ, den wir vorher zwecks Tanzvergnügens betreten hatten, und wo wir draußen auf der Straße einem mittelschwer angeheiterten Bauarbeiter begegneten. Dieser befragte mich, welche der beiden Frauen meine Ische* wäre. Und als ich ihm antwortete: »Keine von beiden, wir sind alle drei befreundet«, stellte er mich vor die Wahl: »Mach kein Scheiß, die oder die, zweie sind zu viel für einen oder bist du ein Nazi?!« So war ich dann also wohl oder übel ein Nazi und musste den ungleichen Kampf mit diesem heldenhaften, durch jahrelange Schwerstarbeit auf im Bau gestählten Antifaschisten aufnehmen. Zum Glück war jener Zivilcouragist durch

Teufel Alkohol etwas unsicher auf den Beinen und sowohl auf dem rechten wie auf dem linken Auge leicht sehbehindert, zumindestens trafen seine Schläge nur sehr selten ihr Ziel, was jedoch ausreichte mir zumindestens ein blaues Auge zu verpassen. Meinerseits traf ich wohl häufiger ins Schwarze, was ihn wiederum nicht so zu stören schien. War allerdings auch wirklich lächerlich mit meinen damals noch dünneren Ärmchen überhaupt zuzuschlagen. Die Treffer dienten wohl eher dazu ihm die Schwachstellen seiner Deckung zu offenbaren. Genau genommen hatte er gar keine Deckung. Nach etwa 5 Minuten Slapstick-Boxen rannte ich dann mit meinen zwei Begleiterinnen einfach weg. Er schrie uns noch was Undefinierbares hinterher, war aber ansonsten scheinbar zufrieden die braunen Horden in die Flucht geschlagen zu haben. Die beiden netten Begleiterinnen habe ich übrigens danach aus den Augen verloren. Von der einen hatte ich noch eine Telefonnummer, aber zum Anfang ging keiner ran und dann später kam immer: ›Kein Anschluss unter dieser Nummer.‹ Der Bauarbeiter und ich dagegen sind heute gute Freunde. Nee, das is natürlich Quatsch, aber es wäre zumindestens ein schöner runder Schluss. Halt! Noch runder wär natürlich, Antifa-Bauarbeiter-Schläger Horst und ich säßen zusammen auf der braunen zerschlissenen Couch und ließen uns von den beiden Schnauzbartträgern zum Festessen anlässlich des endgültigen Sieges über den Faschismus tragen. Und wirklich traumhaft, ja geradezu perfekt wäre, wenn es dort frittierte Katzenpfötchen in Dillpampe geben würde. Aber wir wollen mal nich gleich übertreiben. Ein bisschen Dauerregen zum Abschluss reicht schließlich auch. Und nicht vergessen, immer wachsam bleiben.

Proletentechno
(Mit Zitaten von den Kassierern*, Verlorene Unschuld* & Lenin*)

Ich bin 34 Jahre alt geworden. Links oben auf der Stirn ist ein Pickel und der eine Zeh sieht auch komisch aus, aber sonst, toi, toi, toi. Ich kann noch laufen, und wenn mich jemand was fragt, bin ich in der Lage zu antworten. Das heißt nicht, dass ich auf alles eine Antwort weiß. Das nun wieder nich. Manchmal müsste ich eigentlich ehrlicherweise mit den Schultern zucken, aber allein, dieses fällt mir doch beträchtlich schwer. Ich bin nun mal ein Besserwisser vor dem Herren. Schön, wenn man das weiß. Schön, wenn man das besser weiß als andere. Das verschafft einem einen gewissen Vorteil. Hat man sich mal allzu sehr verrannt, sich auf astrophysische oder weiß der Truthahn was für Diskussionen eingelassen und steht plötzlich mit dem Rücken zur Wand vor einem Abgrund, an dessen Boden es vor zähnefletschenden Alligatoren nur so wimmelt, so kann man sich immer noch in letzter Sekunde retten, indem man einfach entwaffnend lächelt und sagt: »Tja, ich glaub, ich hab wieder eine Menge Unsinn erzählt, aber ich bin nun mal ein notorischer Besserwisser, tut mir Leid.« Schon tut es allen Leid und die anwesenden Frauen beginnen sich ihrer Sachen zu entledigen. Schwächen einzugestehen kommt immer gut an, gerade in der heutigen, brutal auf Sieg setzenden Gegenwart, der heutigen Zeit, meine ich. Wer mag ihn nicht, den Vierten im Hundertmeterlauf, der eine Hundertstelsekunde an der Bronzemedaille vorbeigeschlittert ist und der im Interview dann erklärt, er habe eigentlich gar nicht damit gerechnet zum sechsten Mal hintereinander Vierter bei den Europameisterschaften der ›Nochnie-Medaillengewinner‹ geworden zu sein. Hat

jetzt eigentlich gar nichts miteinander zu tun, klingt auch nicht gut, ich wollt das nur mal so erwähnen, weil es doch nichts Schöneres gibt, als mal ab und zu was zu erwähnen, was man schon immer mal erwähnen wollte.
Wo wir schon dabei sind, ich hab zu Hause noch 'n Glas eingeweckten Knoblauch rumzustehen und Hildegard Knef* ist gestorben und der Winter ist ja wohl ungewöhnlich mild. Direkt frühlingshaft mild. Der is so mild, neulich wollte die eine Taube, die vor meinen Füßen rumstand, noch nich mal wegfliegen. Da musste ich über die rübersteigen, so mild, frühlingshaft mild, ist der Winter dieses Jahr. Ich hab mir auch eine Schallplatte von den Kassierern gekauft. Da sieht man vorne auf der Vorderseite von der Schallplatte drauf einen Mann, der sitzt auf einem gynäkologischen Stuhl und hat nur so 'ne Turnhose an, wo so 'n bisschen seine Geschlechtsteile links und rechts rausbaumeln, und dann is da noch so 'n Typ im Doktorkittel und der hält ihm ein Stethoskop auf 'n Bauch. Soll wohl andeuten, dass der vielleicht ein Kind erwartet. Und richtig, auf der Rückseite hat er dis dann auch entbunden, aber dis Kind is nur so 'n blutiger Broiler ohne Kopf. Dis hält der vermutliche Arzt so angewidert hoch und der Turnhosenpatient schlägt die Hände überm Kopf zusammen, was wohl ausdrücken soll, dass es nicht gerade sein Wunschkind sei, was ihm soeben aus dem Po geflutscht is. Dementsprechend ist auch die Musik auf der Platte. Die Titel heißen zum Beispiel ›Außerirdischer, wo ist dein After‹, ›Mach die Titten frei, ich will wichsen‹ oder ›Ich töte meinen Nachbarn und verprügel seine Leiche‹. Mein Lieblingslied ist ja neben der Coverversion von Gilbert Becauds ›Überall blühen Rosen‹ die Hymne ›Proletentechno‹. Die geht so, dass da immer jemand »1, 2, 3 Prole-

tentechno« ruft, und dann is da so 'ne Art Dr. Motte, der verkündet: »Prolls und Außerirdische, vereinigt euch.« Und dazwischen fragt immer eine junge, der Stimme nach zu urteilen bildhübsche Frau: »Wo sind denn nun die Prolls?« Das Ganze wird unterlegt von 1a Rumgestampfe mit mindestens 690 Bi-pi-em. Wahrscheinlich ein echter Disco-Kracher. Ein Schlag in die Fresse jeder Liebesparade. Oder das genaue Gegenteil. Was weiß ich. Ich will nicht immer alles besser wissen. Ich bin jetzt 34 und hab rechts auf der Stirn einen dicken Pickel. Ich muss endlich mal erwachsen werden. Sonst wird das nie was mit der Riester-Rente. Ich geh jetzt in die Meditation und kriege eine Erektion. Dann muss ich wieder raus. Draußen steht Klaus.

Was soll ich denn nur machen, was soll ich denn nur tun?! Soll ich mit den Bullen raufen oder soll ich mich besaufen?! Verlorene Unschuld. 1981 oder weiß der Truthahn. Ich will nicht immer alles besser wissen. Ich bin jetzt 34 Jahre. Hab noch nie meine Fenster geputzt und noch nich mal Kabelanschluss. Selbst ARD geht Scheiße rein. Manchmal isses ganz gut, und dann wieder mitten in der Lindenstraße, gerade wenn die eine merkwürdigerweise berlinernde Sächsische-Schweiz-Keltenkreuzträgerin, wenn dis Blondlockenköpfchen erzählen will, warum die deutschen Frauen immer weniger Kinder kriegen, gerade dann, ratsch, krissel, rausch, is weder mehr was zu hören noch zu sehen und heute hab ich sogar gelesen, dass jetzt bald dis Fernsehen über Zimmerantenne sowieso total abgeschafft werden soll, dann muss man sich für 400 Mark irgend so 'n bekloppten Decoder dazukaufen. Nein, sie wollen, so viel scheint klar zu sein, die totale Kontrolle. Das System. Sie wollen uns alle überwachen und uns zwingen ihre Scheinwelt zu akzeptieren. Aber da haben sie die Rechnung ohne uns gemacht. Auf, Dynamo! Bürger runter vom Balkon! Es lebe die Kommune! Und überhaupt, Proletentechno! Vorher geh ich aber erst mal ins Bad und guck, wie groß der Pickel inzwischen geworden ist. Oder um mit Lenin zu sprechen: »Sowjetmacht + Elektrifizierung des ganzen Landes = Kommunismus.«

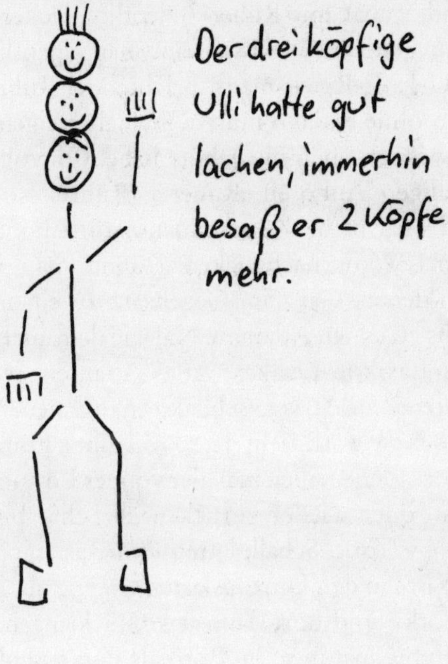

Wie ich mal so ’n Buch geschenkt gekriegt habe, wo die ganzen Länder drin sind

Endlich mal wieder in der Kiezkantine essen gewesen. Einiges hat sich zum Glück nicht verändert, anderes zum Unglück auch nicht. Essen, das es früher in der DDR nicht gegeben hat, sollte man hier jedenfalls auch weiterhin meiden. Putenbruststreifensalat oder Gemüsecremesuppe, dis is nich dis Wahre. Dagegen schmecken Schweinsroulade und Spinat mit Rüherei ziemlich lecker wie immer. Fällt mir grade auf, wie schreibt man eigentlich Rüherei? Mit R-Ü-H-E-R, wie mans spricht, oder Rühr so von rühren, also ohne e, dann müsste man aber eigentlich Rührei sagen, was ick noch nie gehört habe. Obwohl, jetzt beim nochmaligen Anhören, Rüherei, Rührei, so viel anders klingt dis gar nicht. Könnte man natürlich mal im Duden oder im Lexikon nachgucken. Könnte man, ich hab aber nix von denen. Ganz im Gegensatz zu einem Atlas oder heisst dis zu einem Atlanten. Na, wie dem auch sei, Duden-Duden, Lexikon-Lexikas, Atlas-Atlanten, jedenfalls hab ich heute einen Atlas geschenkt bekommen. Von jemand, der nach New York zieht. Ja, so was gibts. Einfach mal nach New York ziehen, nich mal hier vonner Lottum in die Spiekermann oder wieder zurück nach Schwäbisch-Gmünd, nein, New York. Schallplatten und Rasierapparate in die Kiste, Kiste in den Umzugslaster, Klappe zu, Affe dot und New York. Und dort dann das Glück machen. Arbeiten von früh bis spät in so ’m Büro als Putze, schließlich Aufstieg zum Tellerwäscher und dann in Hollywood wieder Putze. Is natürlich nur ein Beispiel, aus der heißen Luft gegriffen. Die, von der ich jetzt den Atlas, den hab ich ja auch nur auf Umwegen geschenkt bekommen, die kenn ich ja gar nicht persönlich selber. Hab ich da zufällig jemand getroffen, auf der Straße mit Fahrrad und da auf dem Fahrradgepäckträger hintendrauf saß ein kleines Teufelchen. Synonymisch. Ein synonymisches Teufelchen in Gestalt eines, Scheiße, was war denn da noch drauf?! Ein Spiegel wars nicht, na, egal, jedenfalls auch ein Atlas unter anderem. Und da hab ich gesagt: »Mensch, ein Atlas!«, und da stellte sich heraus, dass der Jemand von dem der Freund, der weibliche Freund, also die Freundin kurz ausgedrückt, dass die mal eben nach New York zieht, weil sie da angeblich dis Klima vermutlich, die in New York haben ja maritimes Klima, während wir hier in einer Mischzone zwischen maritimem und kontinentalem Klima liegen. Dis haben sie mir jedenfalls mal, ich wollt ja mal eigentlich Meteorologe werden. Dis is ganz interessant, vor allem weil ja jetzt diese Flutkatastrophe war. Wir schreiben das Jahr 2002. Da war ja wohl diese Flutkatastrophe. Und alle Welt, jedenfalls die Welt in Deutschland plus angrenzender Gebiete, rätselt darüber, was dabei jetzt, was da die Gründe, warum dis so passiert ist. Und ich wollte ja mal Meteorologe werden. Da fragen selbstverständlich viele Menschen, die fragen und ich ›selbstverständlich‹ antworte. Ich bin ja damals da, als die Bewerbung, man musste sich ja in der 8. Klasse bereits bewerben. Ich wollte ja eigentlich immer Naturforscher werden, wie Heinz Sielmann oder Onkel Dittmeyer. Ich hab ja damals merkwürdigerweise gedacht, Onkel Dittmeyer, der wäre Naturforscher, vielleicht weils bei uns keine Apfelsinen und der stand ja immer in so Apfelsinenbäumen, also genauer gesagt, davor und hat dann was gesagt. Für mich klang dis so ähnlich wie das, was der Sielmann gesagt hat, obwohl dis Werbung war. Ich hatte ja in der 8. Klasse ziemlich lange Haare und die wurden immer so schnell fettig und meine Lieblingsgruppe war, glaube ich, noch AC⚡DC, meine Mutter hatte ja einen anderen Musikgeschmack, die sang in einem Chor und sie musste nur mal eben mit zu dem Bewerbungsgespräch, weil sie ja ein Elternteil war. Mein anderes Elternteil war da, glaube ich, schon von uns weggezogen, aber nicht nach Amerika, sondern in den Gleyeweg. Das heißt, eigentlich ist er dort geblieben und wir sind weggezogen. Umgezogen, damals noch mit Handwagen. Oldscool. Meine Mutter fand ja nich nur AC⚡DC nich so gut, sondern auch meine langen, fettigen Haare. Sie meinte, sie würde nur mit zu den Meteorologen kommen, wenn ich mir vorher die Haare abschneide und 'ne Hose ohne Löcher anziehe. Ja, ich weiß, heute hält man andere Erziehungsmethoden für besser. Gehirnwäsche und so, aber sie meinte dis damals und so war das eben. Aber deswegen hab ich natürlich noch lange nich dis gemacht. Ich hatte ja keine Angst vor meiner Mutter. Sie war nicht so stark und außerdem glaube ich nich, dass sie hauen würde. Sie war ja schließlich keine Alkoholikerin. Ich weiß, ich weiß, nich alle Alkoholiker schlagen! Und es gibt auch Kiffer, die schlagen, aber die treffen natürlich nie, weil in der langen Zeit, die sie fürs Zuschlagen brauchen, ihre Sprösslinge längst erwachsen geworden und verheiratet und selbst wieder Kinder und oftmals leider auch Alkoholiker. Naja. Meine Mutter kam dann jedenfalls doch mit. Wir hatten einen Kompromiss ausgearbeitet, die Haare blieben, wie sie waren, dafür musste ich mir die Beine rasieren und 'ne Badehose anziehen. Nein, Quatsch, ich hatte ja noch gar keine Haare an den Beinen. Die Gruben, aus denen die Haare wachsen sollten, waren noch vegetationslos. Ich hatte auch keine Badehose, wir gingen immer nackig, aus Protest gegen den Einmarsch der Russen wahlweise in die Tschechoslowakei oder nach Afghanistan, kam auf die Jahreszahl drauf an. Nein, ich zog mir ’ne Hose ohne Löcher an, irgendwas, wahrscheinlich Cord. Dann sind wir zusammen nach Potsdam, wo es Meteorologen gab, mit den Sputnik. Der Sputnik heißt heute wahrscheinlich Regionalexpress. Dis war so ’n Doppelstockzug, der Ostbahnhof losfuhr, dann über Karlshorst, wo wir zustiegen, dann weiter Schönefeld, Potsdam, Brandenburg, Werder. Heute fährt der sicherlich noch weiter bis New York. Aber damals noch nich. Die Militärblöcke waren noch durch einen Eisernen Vorhang voneinander getrennt. Armeen standen sich bis an die Zähne mit Atomraketen bewaffnet gegenüber. Die Angst regierte hüben wie drüben, nur dass die drüben Bananen und Matchboxautos hatten und natürlich Freiheit, während wir eine Amiga-Lizenzpressung der österreichischen Zumutungsband ›Erste Allgemeine Verunsicherung‹ in unseren Händen hielten und krampfhaft Schlagersüßtafeln in uns reinstopften. Die werden ja heute auch wieder ganz gerne gegessen, besonders von Studenten, pfui Teufel. Und wir hatten natürlich keine Freiheit. So viel zu den Unterschieden. Hätte der Sputnik also wirklich von Ostbahnhof kommend bis New York fahren wollen, er wäre erstens wahrscheinlich an mobilen Betonblöcken jämmerlich zerschellt und hätte zweitens schlimmstenfalls ein atomares Inferno, wo dieser neue Ami-Schinken hier, der grade in den Kinos läuft, ein Scheiß-Dreck gegen is. Jedenfalls hätte man da wohl nich mehr mit seinem Mobiltelefon herumtelefonieren können. Ausgelöst, genau, dieses Wort fehlte noch. Nee, war schon besser, dass der damals nur bis Werder fuhr. Kann ja sein, dass der das heute immer noch so macht. Man hat ja schließlich auch schon Pferde vor der Apotheke kotzen sehen. Aber Sputnik heißt er bestimmt nich mehr. Dieser Name ist praktisch weltanschaulich überholt. Den benutzen vielleicht noch so verrückte Musikgruppen oder ein findiger Milchcafébesitzer sichert sich den Namen für seinen Abzockschuppen, vielleicht steht dis auch auf T-Shirts drauf oder im Internet, aber 'n Zug, nee, die nennt man jetzt anders, Goethe, Schiller oder Hindenburg, vielleicht auch bald Wolf Biermann, der ja immerhin sehr viel für die deutsche Einheit und auch für die Verständigung und die Verständigungsprobleme getan hat. Mag man über seine Wortstapeleien streiten, dafür hat er sich oft geäußert. Dis heißt eben auch Freiheit, man muss ja nicht alles gut finden. Jedenfalls hat meine Mutter damals 'ne S-Bahn-Fahrkarte gehabt, da konnte man damit auch mit dem Sputnik nach Potsdam fahren, aber sie hat gedacht, weil dis ja 'n Zug ist, da muss man dis nich vorher abstempeln, sondern da kommt dann eben der Schaffner, und der kam ja dann auch, nur dass man die Fahrkarte natürlich trotzdem vorher hätte abstempeln müssen und er praktisch nur noch als Kontrolle unterwegs war und er nun von uns jeweils 20, also zusammengerechnet 40 Mark erhöhte Beförderungsgebühr, die hieß damals natürlich anders oder wahrscheinlich hatte dis gar keinen Namen, jedenfalls einstreichen wollte. Und meine Mutter ging natürlich auf die Barrikaden, weil, wenn sie was nich leiden konnte, dann waren das lange, fettige Haare, Hosen mit Löchern und wenn ihr jemand unterstellen wollte, dass sie vorgehabt hätte zu betrügen. Das konnte sie ganz und gar nicht leiden und das machte sie fuchsteufelswild oder wie dieses Wort heißt. Der Sputnik erlebte ein Streitgespräch, das er wohl so schnell nicht vergessen konnte. Nur leider hab ich dis vergessen. Ich weiß nur, dass mir das sehr peinlich war vor den anderen Fahrgästen. So toll schien es also um meine Anarcho-Gesinnung doch nich bestellt gewesen zu sein. Letzten Endes ham wa natürlich doch die 40 Mark bezahlt, meine Mutter mit knirschenden Zähnen, ich mit ziemlicher Erleichterung. Also, ich mein, ich hab dis mit ziemlicher Erleichterung aufgenommen. Bezahlt hab ich nichts, logisch, ich hatte ja kein Geld. Ich wollte ja Meteorologe werden. Daraus wurde dann allerdings ebenso nichts. Die wollten mich nich, die hatten schon jemand. Eine Lehrstelle für annähernd 200 Bewerber, hallelujah, dis klingt ja wie heutzutage. Die wollten mich dann auch nich als Buchhändler oder Bibliothekar, als Offizier wollte ich dann nich, da bin ich dann eben aus Protest Drucker geworden und dis war dann ganz schön Scheiße anstrengend. Besonders die Zeitschrift ›Klinische Medizin‹, die zu drucken, einen Tag lang, immer ganz genau mit Fadenzähler gucken, ob die Fotos von vereiterten Vaginas oder überdimensional geschwollenen, entzündeten Eicheln, wenn möglich das Ganze auch noch von Kindern oder Greisen, ob diese Fotos vielleicht durch irgendeinen Farbpopel verunreinigt, dis war schon echt manchmal am Rande des Aushaltbaren. Da habe ich mir des Öfteren gewünscht, ohne Skrupel, vielleicht doch, oder nee. Aber Meteorologe, dis wär ich schon lieber geworden. Na, heute fragen sie natürlich alle, klar, die große Flut, entsetzlich, was für eine Katastrophe hier in China und so Bangladesch, aber heute isses zu spät. Der Zug is abgefahren. Und zwar weder nach Potsdam noch nach New York, sondern volle Kanne Richtung Lottumstraße. Da sitz ich jetzt meistens, schreib so vor mich hin und, na bitte, heute hab ich sogar ’n Atlas geschenkt bekommen. Da steht zwar nich drin, wie man Rührei schreibt, aber dafür isser schön bunt.

Vermutlich is noch nich mal der Ball rund

Bahnfahrt nach München. 205 Euro = 410 Mark und 50 Minuten Verspätung. Mit mir wartet noch eine Gruppe Rentner, die samt und sonders Rollerkoffer bei sich führen. Einer von ihnen scheint der Anführer zu sein. Er hat eine bunte Mütze auf dem Kopf und versichert alle naselang, dass man hier auf dem richtigen Bahnsteig sei. Ich denke an jemanden und das Lied ›Paint a vulgar picture‹ von den Smiths rotiert in meinem Kopf. Ein wenig Traurigkeit macht sich breit, doch für Tränen reichts nicht. USA-Präsident Bush ist noch in der Stadt. Vielleicht ja deswegen die Verspätung. Gestern haben sie sogar den Grund der Spree nach Sprengsätzen abgesucht. Möglicherweise sind heute die Bahngleise dran. Sicherheit geht vor. Alles kann eine Bombe sein. Schließlich is nich so ganz Frieden. Ich möchte mal wissen, wie man eigentlich den Krieg gegen den Terror gewinnen will. Mit einem Panzerangriff auf den Hass? Flächenbombardements auf die Verzweiflung? U-Boot-Attacken gegen den Neid? Die Minderwertigkeitskomplexe einkesseln und ausräuchern oder durch zielgenaues Anwenden taktischer Atomwaffen Angst, Armut und Fanatismus bekämpfen? Das Imperium schlägt zurück. Und ich hätte wahrscheinlich doch lieber eine Jacke mitnehmen sollen. In der Zeitung steht, dass es in München regnet, bei gerade mal 20 Grad. Im Zug isses auch schon recht frisch. Er ist auch merkwürdigerweise ziemlich leer. Trotzdem will mich jemand vertreiben. Hat meinen Sitz als Platzkarte. Ich gebe nach und trolle mich hinüber auf die andere Seite. Konnte ich vorher Deutschland durch das linke Fenster beobachten, so präsentiert sich mir nun in der Folge das Land der Dichter und Denker vor dem rechten Fenster. Ich kann keinen wesentlichen Unterschied zwischen links und rechts feststellen. Wiesen, Wälder, Flüsse, ab und zu 'ne Stadt und auch mal 'n Berg. Kann man sich gar nicht vorstellen, dass hier auch mal Krieg war. In dem komischen Stehcafé im Zug gibts bunten Sommereintopf. Ganz schön früh dran, die Bahn. Bunter Sommereintopf. Na, ich lass das mal lieber. Nachher is da noch 'ne Bombe drin oder Wirsing. Nehm ich mir lieber 'n Kaffee. Bahnhof Jena-Paradies. Der schönste Bahnhof der Welt. Sieht aus wie 'ne Behelfsbrücke. Kann ich mir gut vorstellen, dass sich Adam und Eva hier nackig 'n Apfel geteilt haben. Und dann losgelegt haben mit der Sünde und so. Thüringen, Wiege der Menschheit, Land der Rostbratwürste und Klöße. Die Wolken werden dichter. Und zwar nicht nur dichter, sondern auch Denker, haha. Blödes Wortspiel. Aber was soll man machen, wenn die schreibende Hand einfach nicht gehorchen will. Dumme Hand! Es beginnt zu regnen. Wie man es mir in der Zeitung vorhergesagt hat. Na wunderbar. Da werden sich die Blumen aber freuen. Muss kurz wieder an jemanden denken. Ich hab, glaube ich, gestern Nacht gesagt, dass ich noch mehr Kinder will. Scheinbar bin ich von allen guten Geistern verlassen. Stimmt aber. Is so. Is nich modern, aber ich mag Kinder. Kinder sind süß, wenn die klein sind. Und später, wenn die groß sind, kann man sich mit denen sogar unterhalten oder Fußball spielen oder sie mitnehmen zu Demonstrationen gegen Atomkraft. Noch später, wenn man alles richtig gemacht hat, helfen sie dir dann und schieben dich im Rollstuhl durch die Gegend. Besuchen dich im Altersheim und denken manchmal an dich, wenn du tot bist. Ich glaub, jetzt sind wir im Westen. ›Der Westen ist einsam‹ hat, glaub ich, mal Abwärts gesungen. ›Der Westen ist einsam, nur von Batman bewohnt. Der

Westen ist einsam, doch der Osten ist tot.‹ Ja, genau, so ging der Refrain von dem Lied. Hoffentlich schwirrt mir nich dis jetzt die ganze Zeit im Kopf rum. Noch 3 Stunden bis München. Irgendjemand hatte am 30. Mai Geburtstag. Aber mir fällt einfach nicht ein, wer das war. Aus der Familie wars keiner, so viel steht fest. Verdammt, ich weiß, dass ich mir das unbedingt merken wollte, doch dis is immer disselbe. Nie kann ich mir was merken. Da könnt ich wütend werden. Nee, ich kann nich wütend werden. Nee. Nee, ich werd nich wütend. Is doch nur 'n Geburtstag. Stirbt keiner von, wenn man den vergisst. Kriegt derjenige eben ein andermal was. An einem Tag, an dem er gar nicht mit rechnet. Als Überraschung. Wenn er am wenigstens mit rechnet, dann steh ich vor der Tür. ›Halli-hallo, hier ein Geschenk.‹ Es bedarf eigentlich nicht viel um einen Menschen glücklich zu machen. Dis is vielleicht auch ein ganz kleines bisschen ein Krieg gegen den Terror. Krieg mit friedlichen Mitteln. Ohne dass der Steuerzahler einen Pfennig löhnt.

Ob jetzt schon Pilze wachsen? Feucht isses. Warm isses. China is groß und im Winter fällt Schnee. Müsstes eigentlich schon Pilze geben. Die eine, die ich meine, die mag auch Pilze ganz gerne. Allerdings so 'ne anderen Pilze. So 'ne Pilze, wo man nicht sagen darf, um was für 'ne Pilze es sich da handelt, sonst kommt nachher noch die Polizei ins Haus. Is ja nich alles erlaubt. Gibt ja Sachen, die sind verboten. Ich finde, manche Sachen, die sind auch zu Recht verboten. Leute aufschlitzen, die nich aufgeschlitzt werden wollen, zum Beispiel. Oder mit dem Auto mit 180 Sachen durch die Fußgängerzone brettern. Dass so was verboten is, dis finde ich sinnvoll. Trotzdem wird dis natürlich immer mal wieder passieren. Dis is wie mit dem

Terror, Herr Präsident. Da nutzt auch kein Krieg was. Auch nich mit die geilsten Waffen von dis Universum. Dis könn Se mir glauben. Aber vielleicht wissen Sie das ja auch schon. Vielleicht ist dis auch alles nur ein Traum hier, und ich bin gar nicht in 2 Stunden in München, sondern womöglich im Bett, auf dem Planet der Affen, und dann muss ich die Original Münchner Brezen, die ich mitbringen soll, eben im Gladiatorenkampfe gegen unsichtbare Sumpfroboter erringen. Dis kann schon sein. Vermutlich. Vermutlich is auch noch nich mal der Ball rund, aber dis kann euch in Amerika ja sowieso egal sein.

Es war in Schöneberg

In meinen Gehirngängen krabbelt scheinbar eine winzige Kakerlake. Es kitzelt immer so, wenn ich nachdenke. Sollte vielleicht mal eine Operation machen lassen. Schädeldecke aufsägen, und dass dann mal jemand nachguckt. Die ham ja da im OP so kleine Spiegelchen, mit denen man selbst die winzigsten Kakerlaken orten kann. Die sind ja heutzutage in der Medizin schon dermaßen fortgeschritten, es raubt einem fast den Atem, so fortgeschritten sind die da. Wer hätte jemals gedacht, dass man im Gehirn mit so Zangen und so was einfach rumstochern kann, ohne dass deswegen gleich man irgendwie blöd wird. Da träumten ja seit Generationen von Jahren die Gelehrten all over the world davon.
Ich hab jedenfalls am Sonnabend bei einem Umzug mitgeholfen. Bei einer Frau, die man, ohne zu übertreiben, als die Hoffnung überhaupt für Schöneberg und Umgebung bezeichnen könnte. Sie selber ist ja eher bescheiden. Wenn man sie auf ihr gutes Aussehen und ihren überlegenen Intellekt anspricht, dann sagt sie meistens nur: »Was?«, und tut so, als wenn sie nichts verstanden hätte. Dazu lächelt sie ihr entwaffnendes Lächeln, und dann ist man gleich davon ganz entwaffnet. Jeder weiß natürlich schon, um wen es sich bei dieser Person handelt. Ganz klar, ich spreche von Frau Baniela Döhle. Ich hab jetzt hier für sie einen Tarnnamen verwendet. Sie mag es nämlich nicht so gerne, wenn in aller Öffentlichkeit ihr wahrer Name genannt wird. In Wirklichkeit heißt sie natürlich Daniela Böhle*. Aber weil sie nicht will, dass dieser Name, noch dazu in aller Öffentlichkeit, so direkt erwähnt wird, hab ich mir einfach einen Trick überlegt. Ich hab einfach den Anfangs-

buchstaben von ihrem Vornamen mit dem Anfangsbuchstaben von ihrem Nachnamen vertauscht. Das hört sich erst mal schwierig an, is aber im Prinzip popeleinfach. Das kann man letzten Endes mit jedem Namen so machen. Man kann zum Beispiel statt Robert Weber, Wobert Reber sagen oder statt Helmut Kohl, Kelmut Hohl oder statt Georg Gafron ... nee, geht doch nicht bei jedem Namen. Aber bei Baniela Döhle gehts. Das hat den Vorteil, dass keiner genau weiß, um wen es sich da eigentlich handelt, allerdings jeder so ein klein wenig irgendwas vermutet. Manchmal hat man ja auch so Ärger mit gewissen Personen. Also, man will über jemand die Wahrheit sagen, aber derjenige hört das gar nicht mal so gerne. Zum Beispiel in einer Diktatur oder in einer Demokratie. Da würde man da womöglich, wenn man die Wahrheit sagt, gleich geköpft oder müsste für irgendeinen Kasperleverein unentgeltliche Arbeitsstunden ableisten. Mit meinem Supertrick umschifft man nun gewieft diese Hürden. Seit ich mal in Marokko war, sprechen übrigens die dortigen Dissidenten, die zuvor lediglich kurzzeitig die Freiheit genießen konnten, nimmermehr von dem König von Marokko, der eine blöde Sau sei, sondern jetzt ist eben der Mönig von Karokko der doofe Arsch. Da kann die Polizei nur bedröppelt daneben stehen und mit den Schultern zucken, während sich der rebellische Mob, der gerade links und rechts die Läden demoliert, kaputtlacht. So untergräbt man die Autorität des Despoten und macht die Bahn frei für was weiß ich was, vielleicht für neue Gesetze, dass man in Zukunft die Anfangsbuchstaben von Vor- und Nachnamen nicht mehr vertauschen darf oder so. Na, zum Glück sind wir hier in einer Demokratie. Tausend Zungenküsse dem Grundgesetz. Ein Hoch auf unsere Reiterstaffel.

Viva! Zurück zum Umzug. Frau Baniela Döhle zog also um. Zum zweiten Mal in den letzten 6 Monaten. Wieder einmal von Schöneberg via Schöneberg nach Schöneberg. Auch die letzte Wohnung konnte sie also nicht halten. Angeblich lag es an ihrem Mitbewohner. Einem schüchternen Kerl, der mir nur mal kurz freundlich zuwinkte, als er, bekleidet mit Schlüpfer und sonst weiter nichts, tänzelnd im Bad verschwand. Angeblich soll der Typ total fies und gemein gewesen sein. Mit kochendem Wasser soll er sie bedroht haben und Baniela sollte die Kisten von ihrem letzten Umzug, die noch im Flur vor sich hin träumten, endlich auspacken. Er soll schlimme Sachen gesagt und das von ihr zubereitete Essen nicht genossen haben. Sie hat es, laut eigenen Aussagen, wieder und wieder versucht, das Klima zu verbessern, allein, seit nun auch die USA da in Kyoto ausgestiegen sind, und ihr Mitbewohner stieg wohl auch immer wieder aus. Er war wohl ein Arschloch, beziehungsweise er ist es immer noch, leider kenne ich seinen Namen nicht, sonst würde ich sogar mal die Anfangsbuchstaben von ihm vertauschen. Also, es gab jedenfalls kein Zurück. Sie wollte weg, einfach nur weg. Und wir halfen ihr dabei. Wir schleppten Kisten über Kisten, allein 98 Kisten voll mit Schuhen. Scheinbar mochte sie Schuhe ganz gerne leiden. Scheinbar war sie keine jener Frauen, die zeit ihres Lebens nur in einem einzigen Paar Gummistiefel herumstromern. Scheinbar mochte sie auch Pressspanplatten, die man mal zu irgendwas gebrauchen könnte. Und Stühle, auf denen man nicht mehr sitzen durfte. Alles musste mit. Hätte nur noch gefehlt, wenn wir am Ende jenen Mitbewohner, dessen Name mir nicht geläufig ist, in den Umzugslaster hätten stopfen müssen. Aber nein, solche Pointe ersparte sie uns. Nicht ersparen tat sie uns aber ihre vollautomatische Waschmaschine, die es wohl schon zu legendärem Ruhm gebracht hatte, eildiweil in jenem Moment, wo es ihr an den Kragen gehen sollte, die verfügbaren Helfer sich rätselhafterweise auf 2 Personen minimierten. Die anderen hatten wohl anderes zu tun. Es wäre ja möglich, dass sich in irgendeiner Ecke noch irgendein Schuh befand, der irgendwie mitmusste, sicherlich. Also stiegen wir zu zweit in den dunklen Keller hinab, in dem sich natürlich die Waschmaschine befand. Die vollautomatische natürlich. Halbautomatische gabs ja wahrscheinlich nur noch in der Ostzone*. In Schöneberger Kellern gabs nur vollautomatische und natürlich war das Licht kaputt. Natürlich alles stockdunkel, der Fußboden übersät mit Löchern. Ich nahm einen Stein zur Hand und ließ ihn in so ein Loch hineinfallen. Minutenlang war nichts zu hören, danach auch nichts, scheinbar war das Loch so tief, dass es bis zur anderen Seite der Erdoberfläche reichte. Dort war der Stein dann aller Wahrscheinlichkeit nach ins Weltall geplumpst. Ja, ich galt in Physik schon immer als eine Koryphäe vor dem Herrn. Es war also stockdunkel und der Keller von Frau Baniela Döhle furchtbar eng, dazu noch niedrig, hab ich fast vergessen. Wir schlugen uns die Köpfe blutig. Das Zeug verklebte uns die Augen, aber war ja sowieso finster. Wie zum Hohn gab uns die tolle Frau den Ratschlag vorsichtig zu sein. Haha, das war gut. Wir sollten in der Hölle vorsichtig sein, blind, wie wir waren, mit Schädel-Hirn-Trauma und nun auch noch ohne Fuß, denn ich war beim Anheben des Ungetüms umgeknickt. Dabei natürlich in die Knie gegangen und nun lasteten die 1500 Kilo auf meinem, naja praktisch Becken. Wäre nicht ihr furchtbarer Mitbewohner plötzlich aufgetaucht und hätte er nicht praktisch

alleine, im Mund eine Grubenlampe haltend, den Koloss nach oben gewuchtet, wer weiß, ob ich jemals in der Lage gewesen wäre, dies hier zu Papier zu bringen. Er verarztete uns dann auch noch auf die Schnelle, drückte Baniela einen Batzen Geldscheine in die Hand und versprach, wann immer sie es wolle, ihr beizustehen mit Rat und Tat, auch wenn er nicht wisse, was sie eigentlich gegen ihn habe.
Doch das war nur wieder eine von seinen Gemeinheiten, wie uns Frau Döhle hinterher aufklärte. Sie wohnt jetzt übrigens in der Hauptstraße bei einer Kleinfamilie, die ihr, wie man in jüngster Zeit hört, allerdings auch schon wieder gehörig auf die Nerven geht. Den nächsten Umzug plant sie für den Monat Mai. Helfer sind ebenso willkommen wie Angebote für eine Mitwohnmöglichkeit. Alleine will sie nämlich auf gar keinen Fall wohnen. Never.
Ich hab im Mai ja wahrscheinlich meine Gehirnoperation. Da suche ich auch noch jemand, der so ’ne Säge hat, die man dafür immer nimmt.

Ein gut bezahlter Hilfeschrei eines einsamen Mannes

Liege im Bett schon seit dem frühen Morgen. Eigentlich schon seit gestern Nacht. Aber seit dem frühen Morgen so richtig bewusst. Denke an die ganzen Menschen, die keine Zeit haben, den ganzen Tag im Bett zu verbringen. Wo bei denen der Wecker klingelt und der ihnen im übertragenen Sinne sagt: »Raus aus den Federn. Die Arbeit ruft. Du musst schuften und dich kaputtmachen, damit dein Leben einen Sinn erhält.« Und derjenige, der da so unsanft aus seinen Träumen gerissen wird, weiß natürlich, dass dieser

Wecker im übertragenen Sinne lügt und dass der ja eigentlich auch nur eine doofe Maschine ist, und es ihm wahrscheinlich auch schnurzpiepe egal ist, ob da jemand aufsteht oder nicht, allein, da existieren ja auch gewisse Zwänge, die sich nicht nur im Kopf abspielen. Geld, Geld wird gebraucht. Man muss essen und Essen muss man kaufen, es sei denn, man klaut es, doch das ist ja auch nicht ganz ungefährlich. Miete, Strom, so was, das kommt dann noch dazu und die Nachbarn, was sollen die denn denken, wenn man jeden Tag dasselbe Hemd, denselben Schlips, dieselbe Unterwäsche. Obwohl, Unterwäsche sehn sie ja nicht, es sei denn, man hat vergessen was drüberzuziehen oder ein Verhältnis erotischer Art zu seinem Nachbarn. Sicherlich selten, so was. Man riecht ja auch, wenn man immer dieselben Sachen anzieht. Das empfinden viele als unangenehm bei anderen. Da unterscheidet sich der Mensch doch ganz gewaltig von den Tieren. Ich hatte mal einen Freund, der hatte einen Hund, einen Schäferhundmischling, und als der so in die, was man bei uns Menschen Pubertät nennt, kam, da legte der plötzlich einen dermaßenen Geruch an den Tag, dis war echt gewöhnungsbedürftig. Aber den Hundemädels gefiels. Der hatte total oft eine Freundin, einmal sogar eine echte Dalmatinerin. Da hat sich die Besitzerin von der echten Dalmatinerin damals mächtig aufgeregt. Die dachte, der stank mit Absicht, nur um sie zu ärgern, so. Die war noch dööfer als 'n Wecker, glaub ich. Obwohl man ja Menschen nicht mit Geräten vergleichen sollte. Da begibt man sich wahrscheinlich schon wieder auf gefährliches Glatteis. Jedenfalls war der Stinkeköter, ich hab den eigentlich ganz lieb gehabt, der war jedenfalls plötzlich weg. Hatte aber, glaub ich, nichts mit der Dalmatinertante zu tun. Kann ich mir jedenfalls nicht vorstellen. Die war ja immer so schick angezogen. Glaub nicht, dass die 'ne Hundemörderin war. Die war bestimmt Architektin. Oder Physiotherapeutin für Reiche. So schick, wie die immer angezogen war. Da hat die bestimmt keine Sozialhilfeempfänger behandelt. Wahrscheinlich nur die Crème de la Crème der Körperklöpse. Bin ja selber so 'n Körperklops. War ja auch schon bei diversen Physiotherapeuten. Mal hier 'n Nerv wieder einrenken, mal da. Wenn man so viel im Bett rumliegt, da kriegt man ja auch oft Verspannungen. Kommt drauf an, wie man liegt. Gerade sollte man liegen, auf 'm Rücken oder auf 'm Bauch, dis is egal. Hauptsache grade. Nich so zusammengeknüllt wie 'n Baby im Mutterleib. Dis mach ich ja ganz gerne. Eingerollt. Kniee fast bis ans Kinn. Hab mal gehört, dis liegt daran, wenn man zu wenig Liebe hat. Wenn man sich einsam und verlassen fühlt. Hach ja, na, man soll nicht unzufrieden sein. Die Liebe kommt, die Liebe geht, Möbelstücke bleiben. Jedenfalls wenn man sie pfleglich behandelt. Ich hab zum Beispiel einen Stuhl, da setz ich mich fast nie drauf. Der hält jetzt schon seit über 10 Jahren. So lange hat es noch keine Frau bei mir ausgehalten. Na, man soll nich meckern. Wenn man zum Beispiel eine prima Matratze hat, so eine mit tierisch lange Garantie, mit so mehreren Kernen und Dingsda, was weiß ich, Kautschuk oder so, dann kann man sich auch mal ruhig einrollen wie 'n Baby. Dis gleicht die Matratze mit ihren prima Eigenschaften richtiggehend wieder aus. Weil die ja so prima Eigenschaften hat, wie mir mal ein Verkäufer versicherte. Hat man dagegen eine Matratze mit so vier Gebirgskämmen ringsum und inner Mitte 'n Loch, dann nützt da auch die größte Liebe nix, man mutiert binnen irgendeiner Zeitspanne unwiderruflich zum Körperklops.

Oder Körperklaus. Man kann auch Körperklaus sagen. Wir haben allerdings früher immer Körperklops gesagt. Dis bleibt aber jedem selbst überlassen, wie er dis nennt, wenn dis Zeug, aus dem man besteht, langsam den Bach runtergeht. Hui, dis reimt sich sogar.
Na, jedenfalls könnt ich vielleicht mal wieder ein gutes Buch lesen. Eine Reportage, was Fesselndes, wo man nich so merkt, dass der Tag vorbeigeht. Peter Scholl-Latour mag ich ja nicht so. Der tut immer, als ob sowieso schon alles zu spät wäre. Der hat bestimmt auch zu wenig Liebe in seinem Leben erfahren. Wahrscheinlich rollt er sich abends in seinem Bett auch immer zusammen wie 'n Baby. Und hat überdies 'ne Berg- und Talmatratze, getoppt noch von einer unfähigen Physiotherapeutin. Womöglich die mit dem Dalmatiner. Und dann komm' dann so 'ne Reportagen bei raus. Ein versteckter Hilfeschrei. Ein gut bezahlter Hilfeschrei eines einsamen Mannes. Na, so hat jeder sein Bündel zu tragen. Hauptsache, man riecht gut.

Resümee (Authentisch) am 21. August ca. 18.00 Uhr in der Gastwirtschaft »Mahlzeit« in Weißensee

Zwei ältere Männer sitzen am Stammtisch. Es geht um Politik. Dass alles immer schlimmer wird womöglich. Der eine schüttelt den Kopf. »Was soll denn noch kommen? Ich hab doch jetzt schon alles jehabt. Uff der Jeburtsurkunde 'n Hakenkreuz, denn hier Hammer, Zirkel, Ährenkranz und nun wieda 'n Adler. Wat soll da noch kommen?« Sein Gegenüber nachdenklich: »Na, vielleicht 'ne Eule von den Grünen?«
Beide müssen sie lachen. Ersterer: »Ja, haha, so weit kommts noch. 'ne Eule.«

Besser mal mit wenigstens einem Bein auf 'm Boden bleiben

Sonntag, Ende Februar. Weiß kein genaues Datum. Könnte Nachmittag sein. Die Sonne fällt nämlich schon wieder langsam vom Himmel runter. Glaub ich wenigstens erkennen zu können. Ich sitze in einem Restaurant. Eben hab ich noch geschlafen, nun sitze ich also in einem Restaurant. Das Leben geht schon merkwürdige Wege. Verschlungene Pfade, auf denen ab und an mal ein lustiges Gänseblümchen erblüht. Wenn es nicht gerade vom bösen Pferd aufgefressen wurde. Das böse Pferd. Man darf nicht so laut reden, das böse Pferd hört alles. Mit seinen bösen Ohren. Mit seinen großen, bösen Ohren. Das böse Pferd hat ja nämlich große, böse Ohren, mit denen es fast alles hören kann. Man muss flüstern. Man kann sich auch vom bösen Pferd was wünschen. Ich hab mir schon mal vom bösen Pferd was gewünscht. Einen Rasierapparat. Einen modernen Rasierapparat mit Stecker zum Reinstecken in die Steckdose, wo der dann so von selber angeht durch Elektrizität. Wie das Lenin schon sagte. Einen modernen Sowjetmacht-Rasierapparat, ohne Christentum, zum Rasieren. Hab ich mir gewünscht vom bösen Pferd, aber hab ich nicht gekriegt. Man kann sich ja nämlich was wünschen vom bösen Pferd, allein, man kriegt es nicht wirklich. Böses Pferd. Ich sitze also im Restaurant und esse einen Käse. Eigentlich hab ich mir Blutwurst mit Sauerkraut und Kartoffeln bestellt, gebracht hat man mir einen Käse. Na gut, hab ich mir gedacht, Brot von gestern is nich hart, gar kein Brot, das ist hart, hab ich mir gedacht und das Fischbesteck zur Hand genommen, und begonnen den Käse, einen echten Berliner Harzerkäse, in mich hineinzuplantieren. Hab ich mir gedacht: ›Zum Glück ist kein Krieg‹, und überhaupt: ›Wo ist eigentlich die Zeitung?‹ Da war ja überhaupt gar keine Zeitung auf meinem Tisch und da hab ich mir eben vorgestellt, dass da jetzt hier auf dem Tisch vor mir eine Zeitung liegen würde, die ich dann mal jetzt eben gierig schon mal beginnen würde zu studieren. Hab ich mir Nachrichten und Schlagzeilen und Fotos ausgedacht. Langweilige Nachrichten, mir war nicht sehr nach Aufregung zumute. Da war da so auf der Titelseite ein Foto von einem Baum und darunter stand: »Im Schatten von diesem Baum ist gestern nichts passiert.« Ringsrum um das Foto und auch noch auf Seite 2 und 3 waren lediglich so Ornamente, schwarz-weiße Ornamente. Zur Ausschmückung gedachte Kringel. Jugendstilelemente. Man hatte nicht gewusst, was man ansonsten in die Zeitung setzen sollte, es war einfach nichts los in der Welt und dann hatte man natürlich hin und her überlegt, na gut, man hätte ja auch einfach nochmal so Schreckensmeldungen von letzter Woche bringen können, aber die Abonnenten, die hatten ja schließlich die Zeitung abonniert, was es da wieder für Leserbriefe hageln würde, Gottchen nee, nicht auszudenken, dann doch lieber Ernteergebnisse. Dazu muss man wissen, der Chefredakteur war Ernteergebnisfan. Er war noch einer vom alten Schlag aus der alten DDR. Früher, da hatte er die ganze Zeitung von vorne bis hinten nur mit Ernteergebnissen voll gestopft. Selbst im Sportteil. Das hat er so geschickt gemacht, es is nie jemandem so richtig aufgefallen. Das kann allerdings auch daran gelegen haben, dass damals eh keiner die Zeitung wirklich gelesen hat. In der DDR war ja die gesamte Bevölkerung von früh bis spät besoffen. Total im Tee. Nur so konnte man die Diktatur ertragen. Lenin mit seiner Elektrizität und dann danach die Pleite mit dem Rat für gegenseitige Wirtschaftshilfe, der ganze

Personenkult um diverse Personen. Personenzüge, Personenkraftwagen, Personalabteilungen. Es war alles einfach zu persönlich. Viele fühlten sich auch beleidigt von den Ernteergebnissen. Es kam dann natürlich zu Ausschreitungen. Zuerst dachte man noch: ›Mann, die kriegen wir locker in den Griff‹, doch, wie jeder weiß, gab es ja auch schwarze Schafe und zu wenig Wölfe, die die schwarzen Schafe fressen konnten, erst jetzt gibt es ja wieder Wölfe in Brandenburg. Die kommen aus Polen und das böse Pferd war auch noch nicht geboren.

Naja, jedenfalls sitze ich jetzt hier im Restaurant, lese eine ausgedachte Langweiler-Zeitung und die Kellnerin ist klein und dick und sie hat ein christliches Nicki an. Mit vorne drauf Psalm 6, Vers 7 und drunter ist Jesus zu sehen ohne Kreuz und mit mehr Muskeln, als wie wenn er normalerweise immer abgebildet wird. Er macht auch ein Gesicht, als würde er sagen wollen: »In Wirklichkeit war ich nämlich Boxer und der ganze Glaubensquatsch geht mir voll am Arsch vorbei und überhaupt 7 Tage Regenwetter.« Verstehe ich eigentlich gar nicht, dass sie in einem iranischen Restaurant christliche Kellnerinnen haben. Vielleicht waren die anderen alle?! Oder sie ist gar nicht die Kellnerin, sondern so ein Spitzel vom Sozialamt. Die Claudia Pechstein* von der Fröbelstraße*. Unterwegs um schwarze Schafe zu enttarnen. Die ihre von den Steuerzahlern nur geliehene Sozialhilfe hier, haste nich gesehen, in bezahlbaren Berliner Käse investieren, der noch dazu überhaupt nicht schmeckt. Könnte sein.

Doch da kommt plötzlich das böse Pferd zur Tür herein und frisst alle, alle auf.

Ich habe jetzt übrigens hier kurz vor dem letzten Teil der Geschichte einen ganzen Absatz weggelassen. Deshalb versteht man den Schluss auch nicht. Ich dachte, das mache ich mal einfach, vielleicht hats ja so was noch nicht gegeben und dann wäre ich somit der Erste. Vielleicht hätte ich den Rest auch noch weglassen sollen, aber dis war mir dann doch zu avantgardistisch. Besser mal mit wenigstens einem Bein auf 'm Boden bleiben. Gute Nacht!

Mein Bruder kann heute noch nicht thailändisch essen

Mittwoch, 12. Dezember 2001. Habe geträumt, ich würde versuchen ein Telefonbuch zu zerreißen. Morgens aufgewacht mit Muskelkater. Zeitung gekauft, mich wieder ins Bett gelegt. Ein wenig die Bauarbeiter bedauert, die jetzt draußen im Nieselregen eine rauchen müssen. Beim Bedauern wieder eingeschlafen. Erneut aufgewacht, Morgenlatte gehabt. Versucht dem Abhilfe zu schaffen. Irgendwann mit Erfolg. Wieder mal mir Bandnamen ausgedacht. Tora Bora klingt doch irgendwie interessant. Oder wie wärs mit Hörsturz oder Pustekuchen. Genau, eine Heavy-Metal-Kapelle namens Pustekuchen. Erneut bedauert, dass ich nicht vorhabe eine Heavy-Metal-Kapelle zu gründen. In 12 Tagen is Weihnachten. 12 Tage Zeit sich zu ärgern, dass man nicht losgeht um Weihnachtsgeschenke einzukaufen. Dabei isses doch so einfach. Einfach aufstehen, einfach anziehen, es gibt kein schlechtes Wetter, nur unpassende Kleidung, einfach hin zur U-Bahn laufen, einfach zum Alexanderplatz fahren, einfach ins Kaufhaus rein, einfach dis ins Körbchen packen, was die andern auch alle ins Körbchen packen, da kann man nicht falsch liegen und dann noch einfach bezahlen, na gut, da fängts schon an.

Wie soll man ein grundsolides Einfamilienhaus in bester Wohngegend bezahlen, wenn man nur ’n Zwanni inner Tasche hat?! Also Einfamilienhaus raus aus dem Körbchen, dafür, tja, ’n Kochtopf, aber wer braucht schon ’n Kochtopf? Kocht doch niemand mehr. Also jedenfalls meine Mutter nicht. Die hat ja auch schon früher nicht gerne gekocht. Kartoffeln mit Hackfleischsoße, na gut, alles, was schnell ging. Bisschen Hackfleisch, bisschen Kartoffeln, Soße dazu, fertig. Aber gerne hat sie das nicht gemacht. Hatte eben Kinder. Kinder wollen essen. Was tut man nicht alles für seine Kinder. Uns hats doch schließlich geschmeckt. Wir kannten allerdings auch nichts anderes. Vielleicht kann ich mich auch nur an Kartoffeln mit Hackfleischsoße erinnern, weil ich die andern Gerichte, die sie für uns gekocht hat, lieber verdrängen will? Obwohl, Kartoffeln mit Hackfleischsoße will ich eigentlich auch verdrängen. Aber man kann eben nicht alles verdrängen. Wenn man alles verdrängt, dis gibt dann nachher bloß böse Konsequenzen. Womöglich wieder Faschismus, Gott bewahre. Nee, da will ich mich dann doch lieber an Kartoffeln mit Hackfleischsoße erinnern. Ich hab da ja heimlich immer noch ’n bisschen nachgewürzt. Wenn sich meine Mutter mal kurz umgedreht hat, schwupps, links den Pfeffer, rechts den Salzstreuer und dann gib ihm einen. Bloß schnell musste es gehen. Meine Mutter drehte sich nämlich immer bloß mal kurz um. Keine Sekunde. Sie hatte relativ wenig Vertrauen in ihre Brut. Sie drehte sich nur mal ganz kurz, und dann, ha, drehte sie ihren Kopf sofort wieder zurück. Dis war gar nicht mal so leicht in dieser einen Sekunde, das fehlende Pfeffer und Salz auf dis Essen zu streuen. Und dann musste man dann ja, wenn sie einen wieder streng anguckte, musste man dann ja wieder so ’n total normalen Gesichtsausdruck drinhaben, im Gesicht. Ich glaub, damals habe ich auch zum ersten Mal überlegt eine Heavy-Metal-Kapelle zu gründen. Weil, bei dieser Überlegung gelang mir der total normale Gesichtsausdruck immer am besten. Ich wollte ja auch damals schon eigentlich keine Heavy-Metal-Kapelle gründen. Man muss dazu wissen, dass ich auch als Kind schon ziemlich klug gewesen bin. Ich hab auch oft vor dem Spiegel Gesichter geübt. Hab geguckt, wie es aussieht, wenn ich mir vorstelle, dass ich schuld an einem die ganze Welt vernichtenden atomaren Inferno bin, oder wie es aussieht, wenn ich so tue, als wüsste ich Bescheid über meinen zuletzt geborenen Bruder, dass der eigentlich nur der Schussligkeit der DDR-Kondomprüfer zu verdanken war. Und da habe ich eben herausgefunden, Menschenskind, du alter Schockschwerenöter machst doch das normalste Gesicht, wenn du grade voll in den Überlegungen zur Gründung einer Heavy-Metal-Kapelle bist. Mein Bruder konnte nich so gut Gesichter. Dem hat man immer sofort angesehen, dass er gerade nochmal nachgewürzt hat. Der kann heute noch nicht thailändisch essen, weil ihm das zu scharf ist. Meine Schwester konnte auch nich so gut Gesichter, aber die hat auch nie nachgewürzt. Die war eher so verständnisvoll. Die hat ja auch mit Puppen gespielt. Wir haben ja lieber mit Panzern gespielt. Ohne Fernsteuerung natürlich. Fernsteuerung war immer ausverkauft. Gabs nur im Intershop für Westgeld. Doch unsere Westverwandten waren ja so geizig, dis kann man sich gar nicht vorstellen. Zu Weihnachten haben sie einem Selbstgebasteltes in die Pakete gelegt. Selbstgebasteltes, dis muss man sich mal vorstellen, Selbstgebasteltes aus dem Westen. Was haben wir gelacht. Natürlich so ein bitteres Lachen. Ein Lachen, das nur Men-

schen lachen können, die immer zu kurz gekommen sind. Die vom Leben gnadenlos enttäuscht wurden, ja ein Lachen, dis nur Menschen lachen können, über die das Leben selber lacht. Nur eben nicht so bitter, mehr so schadenfroh. Naja, jetzt gibts die Schandmauer nicht mehr, jetzt sind wir nicht mehr angewiesen auf unsere lieben Verwandten aus dem Westen. Jetzt tun wir einfach so, als ob wir sie nicht mehr kennen würden. Ihre Pakete machen wir gar nicht erst mehr auf. Die schicken wir einfach zurück, Adressat unbekannt. Solln sie sich doch ihr Selbstgebasteltes selber schenken. Wir könn uns jetzt auch alleine Fernsteuerungen kaufen. Sozialhilfe is schließlich auch Geld.
Meine Mutter jedenfalls, die kocht jetzt gar nicht mehr. Keine Kinder, keine Sorgen. Muss man nicht mehr kochen. Früh schön Schnittkäsestullen. Mittags Harte-Wurststullen. Abends dann wieder Schnittkäsestullen und kaum Abwasch. Was will man mehr.
Also Kochtopf wieder raus aus dem Einkaufskörbchen und lieber nochmal überlegen. Fernsteuerung? Na, sind ja noch 12 Tage Zeit.
Pustekuchen is, glaub ich, doch kein so guter Name.

Wichtige Möbelstücke in meinem Zimmer
Der Nachttisch (IV)

’ne rechteckige Platte aus Holz
vier kurze Beine drunter aus Metall
klarer Fall
is der Nachttisch von mir

100 000 Volt

Gilbert Bécaud ist tot. Gestorben durch Krebs genau wie Regine Hildebrandt. Gilbert Bécaud, Mister 100 000 Volt, wie ihn Verwandte, Bekannte, Freunde, Presse und wer weiß wer noch vielleicht nannten. Ich hab ihn immer Gilbert Bécaud genannt. Er war für mich wie ein Vater, sag ich jetzt mal so, obwohl das eigentlich gar nicht stimmt. Persönlich habe ich ihn ja gar nicht gekannt. Nur von Schallplatten her. Genau genommen nur von einer Schallplatte. Und die hab ich mir auch erst in diesem Jahr gekauft. Lieder wie ›Nathalie‹ und ›Überall blühen Rosen‹ waren da drauf. Auf Deutsch gesungen. Und ›China‹, ein experimenteller Bombasttitel, der sehr stark an die Einstürzenden Neubauten erinnert, bloß ohne Kreissägen und Schlagbohrmaschine. Ich hab ja durch Gilbert Bécaud meine Freundin kennen gelernt. Da war da so Disco und alle haben getanzt und ich hab mir gesagt: »Mensch, alter Junge, bewegste eben auch mal deine müden Knochen, wenn schon mal Disco is, dann, wozu is denn Disco, doch wohl deswegen damit, weil man da tanzen tut.« Und da bin ich dann auf die Tanzfläche gehüpft und erst mal geguckt, ob keiner guckt, und die warn aber alle mit sich selbst beschäftigt. Is ja auch nicht einfach, Beine und Arme und Kopf, dis miteinander zu koordinieren, dass dis auch nach was aussieht. Marschieren, dis kann ja schließlich jeder. Einfach so wie die andern vor dir, in der Vorderreihe. Hebt der Vordermann den Stiefel, hebst du eben auch den Stiefel. Knallt er ihn auf das Pflaster, knallst du ihn eben auch auf das Pflaster. Und, Heidewitzka, Herr Kapitän, so geht es dann eben, in den Krieg. Tanzen ist da schon wesentlich schwieriger. Klar, als 13-Jähriger, da bewegt man sich ähnlich wie beim Marschieren schon mehr noch genauso wie die andern. Da gilt es noch als uncool aus der Masse herauszustechen. Doch irgendwann, wenn die Frauen Frauen geworden sind und die Jungs zumindestens keine Jungs mehr sein wollen, da muss man sich dann schon entscheiden. Willste 'n bisschen anders sein als die anderen und wahrgenommen werden oder willste nur 'n guter Kumpel bleiben, aber letzten Endes allein. Da heißt es dann Gruppengefühle über Bord schmeißen und mal was Außergewöhnliches probieren. Zum Beispiel einen neuen Tanzschritt, mal nich 1, 2, 3, 4 Eckstein, sondern vielleicht 2, 4, 7, leichte Drehung nach links, 3, 6, 8 und Purzelbaum und in die Wiege und Schlenker. So was. Wo die Menge erst mal lacht, doch eine, da ganz hinten in der dunklen Ecke, die findet dis irgendwie süß. Die guckt dich an, und man merkt es zuerst noch nicht, doch später im Bett schmiedet ihr schon gemeinsame Pläne für, von wegen Bausparvertrag und so. Uns Deutschen wird ja nachgesagt, wir lernten uns eher beim Marschieren als wie beim Tanzen kennen, dabei stimmt dis gar nicht. Gibt ja noch nich so viele Frauen bei der Armee. Ich jedenfalls da voller Elan auf die Tanzfläche und dreh mich da wie ein Irrwisch um mich selbst und da seh ich da plötzlich eine Nase. Zuerst nur die Nase. Denk ich: »Mann, was für eine Nase.« Im Volksmund heißt es ja, Männer würden immer zuerst auf den Po oder auf die, ich sag mal Brüste, Titten klingt irgendwie so abgedroschen, na jedenfalls gucken. Bei den Frauen, mein ich. Das mag schon im Allgemeinen stimmen. Mir is aber zuerst die Nase aufgefallen. Hab ich mich gleich spontan in die Nase verliebt. Später ist mir natürlich nicht entgangen, dass da an der Nase noch ein vollständiger Körper dranhing. Ein echter Frauenkörper mit braunen Augen, Brüsten und was noch so an einem Frauenkörper dran ist. Beine auch bis zum Arsch, logisch, wo solln die sonst hinführen. Ich glaube, man sagt nur Beine bis zum Arsch um das Wort Arsch mal erwähnen zu können. Das klingt so schön ordinär. Noch ein Überbleibsel aus der Zeit des Marschierens wahrscheinlich. Sie hieß Natascha und heißt sie heute auch noch und das Lied, das zu den Strahlen der Discokugel erklang, war Nathalie und das konnte nur Schicksal sein. Wenn schon nicht Gott, dann wenigstens Schicksal. Und wir drehten uns und ich trat ihr auf die Füße, aber sie lachte und Gilbert Bécaud sang und ich spürte 100 000 Volt in meinem, ich sag mal, Herzen und es war wie im Märchen. Bloß ohne Wolf, Hexe, ähnlichem Schnickschnack. Wir küssten uns und die Zeit blieb stehen und dann musste ich pullern und sie wartete vor der Toilettentür und dann tranken wir und wurden betrunken und sie hatte ihr Fahrrad dabei und ich lallte, dass ich nich nur für eine Nacht und so, und dann gingen wir jeder für sich zu sich in sein eigenes Zuhause. Heute finde ich sie immer noch total süß und sie hat mir sogar schon Strümpfe gekauft. In meinen Träumen fahren wir in einer prächtigen Kutsche zur Kirche hin und heiraten. Dis erzähl ich ihr allerdings nicht, sonst denkt sie noch, dass ich ein Spießer sei. Nee, in so 'n Momenten leg ich dann lieber 'ne heiße Scheibe Punkrock auf und dann rocken wir richtig. Danke, Gilbert Bécaud, für alles und falls wir uns irgendwann in Himmel, Hölle oder Kommunismus wieder sehen, würde ich gerne was mit dir zusammen machen. Vielleicht rocken, romantisch natürlich. Klaro!

Doch was passiert in Leipzig?

Katja Huber ist eine Schreiberin und Vorleserin aus München. Eine Frau, deren Geschichten ich teilweise sehr schätze. Sie fragte mich an irgendeinem Tag des Jahres 2000, ob ich nicht Lust hätte mit ihr in der Stadt Leipzig am 6. Mai was vorzulesen. Geld sollte es nicht viel geben, aber zumindestens die Fahrtkosten sowie freies Essen, Trinken, Übernachtung ebenso wie Geleit, haha Geleit, naja, Wortwitz, oh Gott, wären gesichert. Außerdem wäre es ein großes Festival mit vielen Bands und sicherlich würde auch die Sonne scheinen. Ich sagte also zu. Freute mich auf Ausschweifungen, interessante Menschen und vielleicht würde es ja sogar Kuchen geben. Ich machte mir keine weiteren Gedanken, schickte Fotos, eine Geschichte und eine Kurzbiographie an den Veranstalter und harrte der Dinge, die da kommen. Zu jener Zeit war es noch nicht abzusehen gewesen, dass der liebe Gott den Anfang des Monats Mai wie auch den kommenden Verlauf mit einer Fülle von Terminen besetzen würde. Am 3. Mai Auftritt mit den Surfpoeten im Pavillon, 4. Mai Gurkenstullen schmieren im Café Freudenhaus, 5. Mai Auftritt im Roten Salon der Volksbühne, 6. Mai Leipzig, 7. Mai Reformbühne, 8. Mai für Saschas Hochzeit einen ungenießbaren Cocktail namens Wedding Bells mixen, 9. Mai undsoweiter. Dazu kamen noch häusliche Pflichten und das schwere Los der Arbeitslosigkeit. Es geht ja aufwärts in Deutschland. Ständig trudeln Jobangebote ein, die man bemüht sein muss durch gespielte oder tatsächlich vorhandene Blödheit zum Platzen zu bringen. Der Zwang zur Lohnarbeit, ein Fluch, den abzuschütteln die Aufgabe unserer und der kommenden Generation sein sollte.

Naja, aber ich will nicht heulen, obwohl ich auch nich ständig grinsen will. Jedenfalls erfuhr ich vor dem eigentlichen Termin nichts Weiteres vom Veranstalter. Ein Anruf in München brachte aber zumindestens die Gewissheit, dass das Ding auch wirklich stattfände und wir um 16 Uhr, 2 Stunden vor unserem Auftritt, uns am Veranstaltungsort, dem Werk 2 in der Kochstraße 132, einzufinden hätten.
Da ich am Abend zuvor, wie es sich für sozial unterprivilegierte Schichten gehört, noch kräftig einen zur Brust genommen hatte, erwachte ich den Sonnabend erst gegen 12 Uhr mittags. Mein Kopf schmerzte, die Umgebung war merkwürdig neblig und ein Gefühl sagte mir, ich sollte vielleicht als Mönch in das Dorf Askese umziehen. Ein gewöhnlicher Sonnabendmittag also.
Doch es half alles nichts, man ist ja deutsch, die Pflicht ruft, oh, ich hatte gar keine sauberen Socken mehr! Dann mussten es eben die von letzter Woche tun, die hatten damit schon Erfahrung, die taten es eigentlich immer. Ich fuhr also zum Ostbahnhof, in der Hoffnung, dass ein Zug Richtung Leipzig die dortigen Bahnsteige tangieren würde. Auf meinem Rücken wölbte sich ein Sack, in dem ungefähr 5000 voll geschriebene Bücher sowie eine Zahnbürste hin und her rumpelten. Mein Magen war leer wie mein Kopf und eine private Dürrekatastrophe trocknete meinen Körper aus. Ich kaufte mir für 56 Mark eine ICE-Fahrkarte, wennschon dennschon, sowie 2 Flaschen Wasser. Der Zug war freundlich und leer, kein Wunder bei dem Preis. Aber was soll der Geiz, dachte ich zumindest zu diesem Zeitpunkt noch. Neben mir saß eine Oma, die zum ersten Mal nach, sage und schreibe, 50 Jahren diese Strecke abfuhr. Sie war total aufgeregt, fuchtelte ständig mit den Händen herum und fragte bei jedem Halt, ob das denn nun jetzt hier

Wittenberg sei. Sympathisch, die Frau. Ich für meinen Teil versuchte, den innerkörperlichen Feuchtigkeitsgehalt dem eines Normalbürgers anzupassen, und guckte nebenbei aus dem Fenster raus, ob da vielleicht Rehe zu sehen seien. Ein Relikt aus meiner Kindheit, waren aber keine da. Dafür einmal weiße Kühe und in Bitterfeld ein verlassener Lokschuppen. Von wegen blühende Landschaften.
In Leipzig angekommen, staunte ich, dass gar keine Polizei da war. Mit dem BFC wurden wir doch auch immer von den Gesetzeshütern abgeholt. Auch brüllte niemand ›Stasischweine‹, als ich ausstieg. Na, vielleicht weil das Wetter so schön war. Ich wollte heimlich ›Was kommt aus Berlin. Bananen und Apfelsin‹ skandieren, ließ es dann aber bleiben, das Wetter war einfach zu schön. Nun gut. Die Glocken läuteten 15 Uhr 48. Um 16 Uhr sollte ich in der Kochstraße 132 sein. Leipzig is ja nich so groß, dachte ich, aber weit gefehlt, jedenfalls konnte ich am Bahnhof keine Kochstraße ausspähen. Nachdem beim letzten Auswärtsspiel des BFC eine Antistasibrigade von Fans des VfB Leipzig die Straßenbahn mit Steinen zerlegt hatte, vertraute ich diesem Verkehrsmittel nicht mehr so recht. Ich entschied mich für Taxi. Würde schon nich so teuer werden, Leipzig war ja nich so groß. Obwohl, naja. Der Taxifahrer war ein freundlicher älterer Herr, der mich darauf hinwies, dass man das Fenster je nach Bedarf öffnen oder schließen könne. Ich wusste aber nicht, wo, wurde meinem Spitznamen ›Technik-Ahne‹ vielleicht nich ganz gerecht. Auf jedenfall waren wir pünktlich um 4 für lächerliche 15 Mark vor Ort. Der Taxifahrer fragte noch: ›Was denn hier los wäre?‹ und ich antwortete wahrheitsgemäß: ›Irgendwas!‹ Ich wusste ja noch nicht, wie sehr ich damit den Nagel auf den Kopf getroffen hatte!

Vor dem Werk 2 sah alles ziemlich unordentlich aus. Abgerissene Plakate und Flugblätter lagen herum und eine teilweise zerfetzte Kette mit so kleinen Zettelchen, wo überall ein durchgestrichenes D drauf zu sehen war, überspannte die Straße. ›Na, hier is ja ganz schön was los‹, dachte ich für mich und stand dann irgendwie verloren vor den Toren eines Spektakels, das sich zu meinem Erstaunen ›1. Festival Neue Beiträge zur Deutschen Popkultur. 2. Leipziger Messe für Junge Kunst‹ nannte. Mein lieber Scholli, hier wird nicht gekleckert, hier wird geklotzt, was für ein Titel!? Am Einlass stand ein Stand, wo es so aussah, als ob der wichtig wäre. Ich klopfte symbolisch an und stellte mich als Ahne aus Berlin vor, der hier auftreten solle. Ein junger, populär erscheinender Mensch raunzte etwas unwirsch: »Reader!?« Ich zaghaft zurück: »Was?« Er wieder: »Reader!« Ich: »Nee, ich bin Ahne«, bis ich dann begriff, dass er ja mit Reader wahrscheinlich das englische Wort für Leser meinte. »Ja, wahrscheinlich«, sagte ich etwas unsicher. »Ich lese jedenfalls was vor.« »Na super«, returnte er. »Du liest also mit Marion Huber.« »Ja, die heißt zwar Katja, aber was solls.« Er ging nicht weiter darauf ein: »Hast du schon dein Deager?« Ich weiß zwar nicht mehr, ob er wirklich Deager sagte, jedenfalls verstand ich ihn nicht, es war dann aber eine Karte, mit der man wohl zu essen und Getränke erhielt und wo Reader draufstand. Außerdem kriegte ich ein Bändchen umgenietet für ungehinderten Zugang zu allen Veranstaltungen und den Hinweis, dass unser Auftrittsort außerhalb des Festivalgeländes ca. 2 Stationen mit dem Bus von hier, dann noch über so ’n Feld und gleich dann hinter dem nächsten Hügel liegen sollte. Naja, das ist zwar ’n bisschen übertrieben, aber jedenfalls außerhalb im pseudolegendären Café Südbrause. Da ging ich dann erst mal hin, in der Hoffnung vielleicht irgendwo meinen Rucksack mit den Scheiß Büchern abstellen zu können. Das Café Südbrause kann man sich folgendermaßen vorstellen. Draußen eine Terrasse mit Stühlen, wo kaum jemand saß, drinnen Stühle, wo niemand saß. Und dann noch eine Treppe nach oben, wo auch niemand saß und wo man nach einigem Suchen einen winzigen Raum fand, in dessen einer Ecke eine Box stand und wo auf dem einzigsten Tisch ein Mikro lag. Hier sollten wir lesen. Auf dem 1. Festival und der 2. Messe für irgendwas. Na prima! Es stand augenscheinlich schlecht um die deutsche Popkultur. Na, wenigstens konnte ich meinen Rucksack abstellen, klauen würde hier wohl niemand was, war ja eh keiner da. Inzwischen war auch Katja eingetroffen. Sie schien nich mal überrascht. Sie berichtete von einer Demo und Aktionen gegen das Festival, die unter dem Motto: »Geschissen auf Deutschland! Pop ist universell – nicht national!« stattfanden, und außerdem, dass wir beide zusammen gerade mal 150 Mark an Gage erhalten. Wo war ich da nur reingeraten!? Schon wieder würde ich als Nazi gelten und noch nich mal reich werden dabei. Ich erhielt von ihr auch ein Flugblatt, in dem so schöne Sätze standen wie: »In diesem Sinne ist Pop immer Ergebnis einer spezifisch ästhetisch und inhaltlich fundierten Eigendynamik, die dann ihren Anspruch auf Definition einbüßt, wenn die Definitionsmacht einer anderen Macht geopfert wird oder an sie abgetreten (hier dem Deutschsein).« So weit, so gut. Doch auch die andere Seite hatte nicht mehr alle Gurken im Glas. Eine Security-Gruppe von ungefähr 100 Leuten war engagiert, der zugehörige Katalog auf Hochglanzpapier gedruckt, aber wir sollten hier 75,– DM erhalten, womit wir zu allem Überfluss auch noch gut bedient waren. Bands zum Beispiel, auch welche, wo

5 oder 6 Leute mitspielten, erhielten höchstens 250,– DM, zusammen. Aber Leute, mit denen man mal darüber sprechen konnte, gab es keine. Niemand war verantwortlich. Ich aß erst mal ein Bauernfrühstück, was neben Spaghetti Bolognese so ziemlich das Einzigste war, was man essen konnte. Und Getränke für uns gabs auch nur im Café Südbrause und nur vom Fass, wenn man also hätte ein Konzert besuchen wollen, hätte man immer, wenn man mal (was zugegebenermaßen selten vorkommt) Durst verspürt, zurück in den Brauseverein gemusst, um dort 'ne halbe Stunde auf seine Bestellung zu warten. Damit wollten sie wahrscheinlich wenigstens die so genannten ›Reader‹ an den Ort binden, wenn sonst schon niemand kommt. Es kamen dann wider Erwarten doch einige zu der Lesung. Vielleicht 20. Die fandens, glaub ich, auch ganz schön, obwohl man im Sitzen lesen musste, da kein Mikroständer vorhanden, und es wegen einer fehlenden Lampe auch ab einsetzender Dämmerung recht schwierig wurde noch was auf den Seiten zu erkennen. Ich denke mal, der uns folgende Verarschte ließ dann wohl eben deshalb auch die Sache platzen.
Nicht viel besser erging es auch den Malern, die in einer Riesenhalle an Bauzäunen ihre Bilder ausstellten. Die Bauzäune hatte man geschickt mit Packpapier eingekleidet und daran die Bilder supereng aneinander geklatscht. Einige hängten wohl deshalb ihre Bilder auch gleich wieder ab. Dass manche Bands wegen Zeitmangels zum Schluss gar nicht mehr spielen durften, die extra sonst woher angereist waren, soll nur am Rande erwähnt sein. Wir versorgten uns jedenfalls noch mit Bier von einem türkischen Imbisswagen, der uns vorhielt, Döner wär in Berlin viel zu billig, und dessen Bier, nachdem wir gegangen waren, dann auch alle war, und ließen Gott einen guten Mann

sein. Bei der letzten Band hörten noch ungefähr 10 Leute zu, wobei ich nicht weiß, ob die wirklich zuhörten. Das versprochene Hotelzimmer konnte ich nur unter Androhung von Gewalt gegen den Nachtwächter benutzen und am nächsten Tag ging es mir nicht viel anders als den Tag zuvor. Nur dass ich zudem noch schlechte Laune hatte.
Deshalb an alle, die das betreffen könnte: Falls es jemals ein 2. Festival Neue Beiträge zur Deutschen Popkultur. 3. Leipziger Messe für Junge Kunst geben sollte, lasst das Ding in seinem eigenen Mief ersticken und schaltet lieber den Fernseher ein oder fahrt baden oder wischt Staub. Alles ist besser, als dahin zu fahren.

PS: Ich bin übrigens spätabends noch in einem kleinen Raum, der vom Club Ilses Erika organisiert worden war, aufgetreten. Da wars ganz nett. Und vielen Dank an die eine Band, von der ich den Namen vergessen habe, für den Satz des Tages: »Irgendwie finde ich das alles hier ganz schön klein, zum Glück spielen wir nur Instrumentalmusik.«

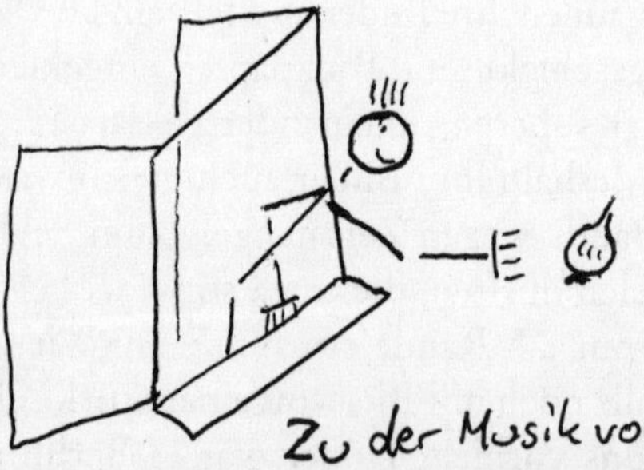

Zu der Musik von Phil Collins
konnte Timo immer ganz prima
alte Zwiebeln aus dem Fenster werfen

Rummelsburg

Sonnabendabend in einer Stadt, wo man Sonnabendabend und nich Samstagabend sagt. Platzregen prasselt hernieder. Es gießt aus allen Kannen. Was machen jetzt eigentlich die Vöglein, die keine Baumhöhlen ihr Zuhause nennen? Denken sie vielleicht, dass alles nur ein böser Traum ist? Oder lassen sie traurig ihre Flügel hängen und ergehen sich in Selbstmordphantasien? Oder macht es ihnen gar nichts aus? Oder macht es ihnen schon was aus und sie denken nur nicht drüber nach? Oder denken sie eben doch drüber nach, aber nur in Form von abgedroschenen Sprichwörtern? Wie zum Beispiel: ›Ist der Frühling kühl und nass, fülls dem Bauern Scheun und Fass‹, ›Auf Regen folgt Sonnenschein‹, ›Was dem einen sein Uhl, ist dem andern sein Nachtigall‹ und und und. Oder was? Wenn sie wüssten, wie sehr mich das Thema bewegt, so würden sie mir sicher eine Antwort geben. Doch leider, sie können ja auch gar nicht sprechen. Nicht die Sprachen jedenfalls, die wir verstehen. Sie können nur zwitschern und manche nicht mal das. Manche können nur krächzen. Eichelhäher beispielsweise, die es in meiner Heimat Karlshorst noch reichlich gibt. Die so schön bunt aussehen und die man woanders kaum antrifft. Die Seeadler Lichtenbergs. Denn Karlshorst ist ja ein Teil Lichtenbergs. Genau wie Friedrichsfelde oder Rummelsburg. Aber in Rummelsburg, da habe ich noch nie einen Eichelhäher entdeckt, genauso wenig wie einen Seeadler. Dafür gibt es in Rummelsburg eine Gaststätte namens Helgoland. Die gab es schon zu DDR-Zeiten. Da hab ich mich immer gewundert, dass die so einen Namen tragen darf. Eine Gaststätte namens Mallorca gab es nämlich nicht, meines Wissens nach auch keine, die den Namen Zypern oder der USA ihr Eigen nannte. Ich habe in Rummelsburg trainiert. Tischtennis. 4 Mal die Woche. Bei einer Mannschaft, die VSG Gurason hieß. Das Gu im Namen konnte ich mir ja noch erklären. Schließlich trainierten wir in den Gummiwerken, oben in einem Türmchen im 4. Stock. Aber was hieß rason? Niemand konnte es mir beantworten damals. Tischtennis galt ja als oppositionell. Genau wie Vollbärte oder auf 'm Friedhof zu arbeiten. Oder bei Kerzenlicht billigen Rotwein trinken und Gitarre spielen. Alle Bürgerrechtler waren gleichzeitig auch Tischtennisspieler. Schon wer sich eine billige Holzkelle im Kaufhaus besorgte, wurde von den dortigen Stasi-Verkäufern misstrauisch beäugt. Wir trieben es aber auf die Spitze. Unser Tischtennisraum war nicht nur in einem 4. Stock, was es den SED-Schergen, die nichts mehr hassten als Treppensteigen, beschwerlich machte uns zu überwachen, nein, das Gelände der Gummiwerke grenzte auch noch direkt an das Untersuchungsgefängnis Rummelsburg, das man im Volksmund »Rote Hölle« nannte, wie ich später aus der Bild-Zeitung erfuhr. Von unseren Fenstern aus konnte man in den Knasthof gucken, auf dem man, vielleicht weil beim Bau der Berliner Mauer einige Betonteile übrig geblieben waren, so genannte Steinplatten errichtet hatte. Dort spielten die inhaftierten Widerstandskämpfer oft chinesisch. Eine verschmitzte Form der Opposition, denn China galt dem realsozialistischen Regime damals nicht gerade als Verbündeter. Jedenfalls dachten wir uns das so und betrachteten die humorvolle Überlegenheit der Sträflinge mit einer gewissen Genugtuung. Es kam sogar vor, dass wir heimlich mal das Fenster öffneten und versuchten, einen der Zelluloid-Bälle den Verdammten durch platziertes Werfen zukommen zu lassen. Doch natürlich nur, wenn keiner

guckte. Schließlich waren wir erst 13 und wollten uns nicht unser Leben versauen. Wenn man uns erwischt hätte, naja, wir waren ja erst 13, es hätte nicht unbedingt Knast gedroht, aber eine Lehrstelle in den Gummiwerken wäre wohl auf mindestens das Gleiche hinausgelaufen.
Die armen Leute, die da gearbeitet haben. Es stank wie Hölle. Vielleicht hat die Bild-Zeitung auch was verwechselt und der Spitzname ›Rote Hölle‹ galt eigentlich den Gummiwerken. Immerhin gab es in deren Kantine ab und zu die damals begehrte Bambina-Schokolade. Heutzutage steht die ja wieder überall rum. Ich hab sie mir noch einmal gekauft und sofort wieder gewusst, dass es nie eine Chance für die DDR gegeben hat. Wenn die Leute schon wegen so was ekelhaft Schmeckendem angestanden haben, wie übel muss dann erst der Schrott gewesen sein, der normalerweise in den Regalen stand. Oder aber auch, kann sein, dass ich verblendet worden bin inzwischen. Die ideologische Kriegsführung, vor der man uns ständig, aber letzten Endes vergeblich gewarnt hat. Möglich wäre es. Es wäre möglich. Durchaus.
Vom Ausgang Untersuchungsgefängnis Rummelsburg bis zur Gaststätte Helgoland waren es nur ein paar Schritte. Schräg gegenüber. Sicherlich die erste Station vieler Gefangener nach ihrer Entlassung. Wenn schon nicht das echte, so wenigstens die Gaststätte, mögen sie gedacht haben. Arme Vögel. Es regnet immer noch. Wenn ihr's irgendwie versteht, so kommt doch angehüpft und pickt zum Zeichen dreimal mit dem Schnabel gegen meinen Klingelknopf. Das Bettchen ist warm und Platz ist genug darin. Und morgen, ihr werdet sehen, da scheint wieder die Sonne und dann könnt ihr fliegen in Freiheit und ich eure Scheiße in meinem Bett wegmachen.

Vögel und Spaßvögel im November

Freitag, 24. 11. 2000. War gerade beim Arbeitsamt gewesen. Bin 5 Minuten zu spät gekommen. 12 Uhr 30 macht das dumme Ding freitags bereits zu. Der Pförtner lachte mich aus. »Na, junger Mann, wo wolln Sie denn um die Zeit noch hin?« »Zur SED-Bezirksleitung, wohin denn sonst?!«, antwortete ich. »Will 'ne Eingabe machen wegen der Stadtautobahn, die durch meinen Garten führen soll.« Er schüttelte den Kopf: »Da sind Se hier aber falsch, wohl ein Ewiggestriger, oder was?« »Jawollo, ewiggestrig, ham Se vollkommen Recht, Sie Spaßvogel.« Alles umsonst, der Verwaltungspinguin würde mich auf gar keinen Fall mehr in diesen Tempel des Geldes einlassen. Er hatte eben seine Vorschriften. 5 Minuten waren 5 Minuten, da ließ sich nicht dran rütteln, wir waren schließlich in Deutschland, nicht in Afrika. Mir blieb nichts Walter Ulbricht* als Verwünschungen in alle Himmelsrichtungen auszustoßen und den Plattenbau in der Storkower Straße umgehend wieder zu verlassen. Draußen verschwand gerade die Sonne hinter den Wolken des Island-Tiefs Gertrud II. Es würde sicher bald zu nieseln anfangen. Die ersten Menschen klappten bereits ihre Regenschirme auf und begannen in ihren Handtaschen nach Zellstofftaschentüchern zu nesteln. Ich nestelte ein wenig mit. Scheiße, ich hatte keine dabei. Keine Taschentücher und erst recht keine Handtasche. Ich hatte nur einen Rucksack auf, in dem sich lediglich ein Kugelschreiber der Obdachlosenzeitung »Berliner Kurier« drin befand. Noch dazu ging der gar nicht. Der kratzte bloß dämlich auf dem Papier und wenn man richtig wütend war, konnte man gut Löcher mit reinmachen. Aber ich war ja gar nicht wütend, sondern nur enttäuscht. Enttäuscht vom

Alltag, den ich doch so gerne bewältigen wollte. Zu spät, zumindestens für heute. Ein alter Mann lief an mir vorbei. Der hatte bestimmt Zellstofftaschentücher. Ich wollte ihn fragen, doch die Stimme versagte, Tränen liefen, Schnodder rann. Ich war total erkältet. Mir fiel die eine Oper ein, die ich mir als Kind mal angeguckt hatte. Die Zauberflöte von Mozart. »Der Vogelfänger bin ich ja, stets lustig heißa hopsasa.« Arme Vögel. Als ich mal in der Winsstraße war, hab ich da früh an der Ecke zur Marienburger eine Taube hocken sehen, die hatte gar keine Beine mehr. Die guckte total traurig. Als ich dann abends nochmal in der Winsstraße war, hockte da die Taube immer noch. Aber jetzt guckte sie schon nicht mehr traurig, denn jetzt war sie tot.
Ich werde wohl am Montag nochmal zum Arbeitsamt gehen. Da hat das Ding bis 14 Uhr offen. Das müsste zu schaffen sein, irgendwie.

Jablonskistraße

Neulich mit meinem Sohn auf dem Weg zum Kindergarten. Ein Mann sitzt auf einer Gartenmauer. ›Psst‹, sagt er, ›komm mal. Da drüben der Kerl da, der passt doch gar nicht zu der Dame.‹ Ich guck die Dame an, die gerade in ihr Auto steigen will. Sie schüttelt ihren Kopf. Der Kerl schüttelt auch seinen Kopf. Beide fahren sie davon. Sicherlich baden, denn es ist warm. Auch wir müssen weiter zum Kindergarten. Zurück bleibt der Mann, der einsame Mann, auf der Gartenmauer.

Religion

Ich glaube nicht an Gott. Meine Mutter glaubt nicht an Gott. Schon meine Oma glaubte nicht an Gott. Sie las gerne Gedichte. Heimatlyrik. Aber sie glaubte nicht an Gott. Sie war schon vor dem Krieg aus der Kirche ausgetreten. Warum und wieso, das erzählte sie nie. Man sprach einfach nicht darüber. Sie erzählte mir von den vielen Blumen in ihrem Garten und von Wildschweinen, die in ihrem Garten die Mülltonnen immer umschubsten, aber von Gott, nee, zu dem Thema schwieg sie einfach. Meine andere Oma, die wir alle Großmutter nannten, um Verwechslungen auszuschließen, glaubte auch nicht an Gott. Sie glaubte aber an was Höheres. Was, was irgendwie da wäre. So was wie ein Schicksal oder so. Auch sie sprach nicht darüber. Wir gingen zu Weihnachten in die Kirche, aber es wurde nicht gebetet. Es war nur einfach üblich. Gehörte dazu wie der Tannenbaum und die Geschenke und der Kaninchenbraten, den es dann immer gab. Ich hatte damit keine Probleme, meine Freunde glaubten ja auch alle nicht an Gott und in der Schule, da glaubten zwar ein paar an den Kommunismus, aber an Gott wohl auch nicht. Höchstens heimlich vielleicht. Einer, der Hendrik Patzke, der war allerdings Katholik. Jedenfalls seine Eltern. Die durften keine Kondome benutzen und hatten deshalb gleich 7 Kinder. Sie taten uns schrecklich Leid. Die Mutter sah fürchterlich aus. Kein Wunder bei dem ständigen Kinderkriegen. Hendrik hatte nur einen Vorteil gegenüber uns. Er musste nicht in die FDJ. Die so genannte Freie Deutsche Jugend, die so frei war, wie die kleinen Rotarschäffchen im Tierpark Friedrichsfelde, die da in so 'nem Minikäfig eingesperrt waren. Obwohl wir natürlich in keinem Minikäfig eingesperrt waren. Ich habe das hier nur mal so versinnbildlicht. Wir sollten nämlich die Kampfreserve der Partei sein, egal, ob wir das wollten oder nicht. Nur Hendrik brauchte nicht. Es gab ja Religionsfreiheit in der DDR, und die kommunistischen Lehrer verwiesen immer mit nicht geringem Stolz auf unser Beispiel der Familie Patzke, wo der Hendrik zwar nicht in der FDJ ist, aber er trotzdem einfach so in der Schule sein durfte und auch mal am Kindertag Bonbons abkriegte, wie die anderen Schüler, die mitmachten bei der Kampfreserve. Das war Religionsfreiheit. Darauf sollten auch wir stolz sein. Waren wir aber nicht, wir beneideten ihn bloß. Er musste kein dämliches Blauhemd tragen und brauchte auch nicht im Wehrunterricht lernen, wie man sich mittels eines Bettlakens gegen USA-Atombomben schützt, oder wie man mit Holzgewehren bewaffnet Kampfschreie ausstößt. Er durfte derweil mit den Mädchen zusammen auf dem Schulhof Unkraut zupfen. Da war er immer früher zu Hause und schaffte so vielleicht noch »Musik nach der Schule« zu hören, wo sie sogar ab und zu mal Punkrock spielten.

Ich weiß aber nicht, ob er wirklich an Gott glaubte, vielleicht beneidete er ja uns auch bloß, weil wir nicht an Gott glauben mussten und so tolle Kampfschreie konnten, gesagt hat er's uns nie.

Neulich saß ich jedenfalls mit meiner Mitbewohnerin Simone und meinem kleinen Söhnchen Oskar am Frühstückstisch und da verkippte der unerzogene Bengel sein schönes Schälchen mit in Milch schwimmenden Pokémon-Smacks. Simone rief: »Ach du lieber Gott«, und Oskar lachte. Ich haute ihm voll eine in die Fresse, nein, Quatsch, ich schreckte gerade noch so davor zurück und fragte ihn stattdessen, warum er hier so dämlich lachte. Er antwortete: »Na, weil die Simone ›Ach du lieber Gott‹ gesagt hat.« Ich weiter: »Weißt du denn überhaupt, was Gott ist?« Er: »Na klar weiß ich das.« Ich verblüfft: »Ja, meinst du denn, dass es Gott gibt?« Er: »Na klar, gibts Gott!« Ich: »So, und von wem weißt du das?« »Na, von Sabine.« »Von welcher Sabine? Von Milans Mutter?« »Nee, doch nich von Milans Mutter, von der im Kindergarten, von Sabine, von der Erzieherin.« »Und die hat gesagt, dass es Gott gibt.« »Na klar, dis hat die gesagt.« Und er leckte weiter die Milch von der Tischplatte. Ich war baff. Würde ausgerechnet mein Sohn die uralte Familientradition des Nichtglaubens an Gott beenden? Wie sollte ich jetzt reagieren? Autoritär? In etwa: »Gott gibs nich! Wenn du nochmal so was sagst, gehts ohne Abendbrot sofort ab ins Bett.« Oder ihn sacht beiseite nehmen: »So, mein Sohn, pass mal auf, früher, da konnten sich die Menschen nicht erklären, warum es bei Gewitter donnert und blitzt, und da ...« Oder eine Bürgerinitiative gründen, die sich gegen religiöse Einflussnahme staatlicher Kindergärtnerinnen wendet, oder Deutschland den Krieg erklären oder ihn in der KPD anmelden?

Ich tat nichts dergleichen. Sollte es kommen, wie es kommt. Vielleicht gewinnt ja bei den nächsten Wahlen die PDS die absolute Mehrheit, dann muss ich meinem Sohn nich mal ein Blauhemd kaufen und habe außerdem später vielleicht viele, viele süße Enkelchen, denen ich erzählen kann, dass das mit Gott und so alles nur Spinnerei ist. Da hat man dann immerhin noch eine Aufgabe als alter Knacker.

Ingo

Ingo war ein Mann, wie es sie viele gibt auf dieser Welt. Er hatte Haare auf dem Kopf, unter den Achseln und auch noch anderswo, manchmal sogar im Gesicht, wenn er vergessen hatte sich zu rasieren. Ingo liebte Fußball und trank gerne mal ein Bier, nach der Arbeit, mit Freunden zusammen in der Kneipe. Ingo hielt nicht viel von Stricken und auch den Abwasch machte er nur widerwillig. Doch manchmal musste es eben sein, denn Ingo lebte alleine in einer Wohnung. In einem Haus, in einer Straße, in einer Stadt. Namen tun hier mal nichts zur Sache, es hätte jede beliebige Stadt sein können, in der Ingo wohnte. Es hätte auch jede beliebige Stadt sein können, in der passierte, was eben hier passierte. Und wahrscheinlich hätte es auch jedem anderen passieren können, das nämlich, was aber nun mal nicht jedem anderen passierte, sondern eben nur Ingo. Und das ging so. Es war 9 Uhr morgens. Ein gewöhnlicher Sonntag. Ingo war noch nicht aufgewacht, er hatte ja frei. Ingo schlief noch. Er träumte von schnellen Autos und hübschen Mädchen, die mit ihm schlafen wollten, weil er ein so schnelles Auto hatte. Da plötzlich klingelte es an der Wohnungstür. Ingo fuhr wie von der Tarantel gestochen auf und hielt die Luft an. Tatsache, es klingelte nochmal. Ingo schlüpfte in seine Trainingshosen, stülpte die Kapuzenjacke über den Kopf und lief zur Tür. Er öffnete, doch zu seiner Verwunderung traf er niemanden mehr an. Stattdessen lag auf dem Fußabtreter ein kleines Paket. Ingo war weder Richter noch Journalist oder gar Gewerkschafter. Trotzdem hatte auch er schon von so genannten Briefbomben gehört. Misstrauisch beobachtete er das in Packpapier eingewickelte Etwas, das da so einfach dalag. Er lauschte angestrengt, aber nein, ein Ticken war nicht zu hören. Vielleicht träumte er ja auch noch? Er kniff sich ins Ohrläppchen und richtig, nein, doch nich, jetzt bemerkte er den Schmerz und trotzdem war alles noch so als wie vorher. Es war ganz klar die Realität. So viel stand fest. Es war sonnenklar. Oder er war wahnsinnig, aber das konnte er sich eigentlich nicht vorstellen. Seine Kumpels waren schließlich genauso wie er. Die konnten ja nich auch alle wahnsinnig sein. Er hatte auch noch nie weiße Mäuse oder Ufos gesehen. Nur so auf Fotos. Das war ja aber auch wohl normal. Ingo bückte sich, schnupperte an dem Paket und untersuchte es sorgfältig, ohne es zu berühren. Keine Adresse, überhaupt nichts Beschriebenes, jedenfalls von oben herab betrachtet. Es roch auch nach gar nichts. Vielleicht war es ja Plastiksprengstoff und der Zünder würde durch Druck ausgelöst. Er überlegte, wer ihm so was antun wollte. Er hatte keine Feinde. Gut, dem Typen vom Imbiss schuldete er noch 10 Mark, aber deswegen?! Deswegen bringt man doch niemand um. Hatte da irgendwer die Haustür verwechselt? Gegenüber, da wohnte ja so 'n Neger. Oder zwei Etagen drüber die Typen, die hatten immer dermaßene Augenränder, die nahmen garantiert Drogen. Die konnten einem auch nicht direkt ins Gesicht gucken. Bestimmt krumme Geschäfte. Ingo dachte daran die Polizei zu alarmieren. Das Telefon stand in der Küche. Er bemerkte, dass er Hunger hatte. In so 'nem Moment an Essen denken. Ingo musste ein wenig lächeln. Ein bisschen verrückt war er schon. Ingo hüpfte auf einem Bein in die Küche. Das ging besser noch als gestern. Da hatte er begonnen zu üben. Er versuchte ein Rad zu schlagen. Hui, wenn ihn die Kollegen sehn könnten. 40 Jahre, aber zum alten Eisen gehörte er noch lange nicht. Er nahm die Tür aus den Angeln und stellte sie behutsam in den Flur. Nur nicht das Linoleum beschädigen. Da hatte er letzte Woche Radieschen drauf gesät, die müssten demnächst auch mal keimen. Schließlich hielt er den Flur regelmäßig feucht. Er hatte sich extra von Conny's Container eine Faltgießkanne für lächerliche 6,99 DM besorgt. Und sie sogar noch perfektioniert. Unten überall feine Löcher reingepiekst, sie an die Decke im Flur gehängt. Einen Schlauch vom Waschbecken im Clo durch die ganze Wohnung zur Faltgießkanne hinübergezogen und jetzt brauchte er nur noch den Hahn andrehen und keine lästigen Kannen mehr zu schleppen. Das sparte Kraft und Zeit. Zeit, die er nutzen konnte um den Kompost in der Badewanne zu wenden. Der würde nochmal gutes Geld bringen. Ingo wusste von seiner Oma, dass selbst gemachter Kompost 1000-mal besser war als wie Kunstdünger. Die Leute würden jeden Preis zahlen, wenn er sich im Frühjahr vors Kaufhaus postierte. Er hatte auch schon alte Joghurtbecher gesammelt. 5 Mark ohne, 5,50 mit Regenwurm. Sicher war es anstrengend gewesen, die Biocontainer bis in den 3. Stock zu hieven, aber die Mühe würde sich lohnen. Wenn der Plan aufging, dann bräuchte er im nächsten Jahr schon noch zwei, drei Badewannen mehr. Vielleicht sollte er auch Pinguine züchten? Ingo griff zum Telefon, wählte die Nummer der Polizei und ließ sich auch nicht durch das ohrenbetäubende Pfeifen irritieren, das plötzlich einsetzte. Das geschah öfters, er hatte gelernt damit zu leben. Er hielt das Kissen eng an sein Ohr gepresst, schrie, dass er in äußerster Gefahr sei, und als die Schwestern kamen, da wusste er, dass er nicht von der Bombe in Fetzen gerissen werden würde. Er hatte es geschafft. Im letzten Moment. Dass sie ihn festbanden, war ja nur zu seiner eigenen Sicherheit. Sagten sie jedenfalls. Auch war es so angenehm hell und das Pfeifen wurde leiser und lieb, sie waren alle so lieb hier zu ihm.

Stempel

Eines Tages kam ein Stempel zum Arzt mit Drücken. Der Arzt war eine Ausgeburt der Hölle mit 6 Augen im Gesicht. Der Stempel schämte sich seiner Beschwerden und der Arzt nutzte dies aus. Er verlangte fürchterlich viel Geld, was der Stempel nicht hatte, denn er musste eh schon beim Arbeitsamt hingehen, nee, er war kein lustiger Gesell zurzeit. Er hatte Familie. 5 kleine Stempelchen und eine Frau Stempel, die aus besserem Hause stammte und die er durch Schuld eigene hinuntergerissen hatte in kärgliches Leben, wohl wahr. Trotz aller Not jedoch hielten sie zusammen und sich die Treue. Sie bewohnten eine kleine mutierte Erdnussschale, die sie sich mit Hilfe Freundeshilfe ausgebaut hatten zu einem Karton mit Fenstern. Und an der Tür bimmelte sogar ein lustiges Vorhängeschloss dran. Die Nachbarn zeigten stolz auf ihre Nachbarn, auf die sie stolz waren. Das konnten sie auch bis zu jenem Tag, an dem der Stempel krank wurde und nicht mehr auf seiner Arbeitsstelle, der Baustelle, zur Arbeit zur Stelle sein hingehen konnte. »Wollen spielen, wollen spielen«, hatte die süße Kinderschar noch am frühen Morgen vor ein paar Wochen gefleht. Doch damit war es nun wohl auch Sense, der Stempel war krank. Drücken, wie gesagt. Ein schmerzverfluchtes Drücken, das durch und durch ging. Man konnte auch unmöglich damit überhaupt erzählen darüber, was es mit dem, tja, es war praktisch absolut. Der Stempel, das war klar, der war einfach krank. Und das Monster von einem Arzt, wie gesagt, 6 Augen, kann man sich das überhaupt vorstellen, was das bedeutet, einem Arzt mit 6 Augen, also, ich hab ja mal in einer Fernsehsendung gesehen, in Amerika, da gab es so einen Psychologen oder Psychiater, also einen Amerikaner, weil, die Fernsehsendung, die war in Berlin hier, aber der Typ, der war Amerikaner und, glaub ich, Psychiater und der hat, deswegen wurde der entlassen, weil der nämlich als Psychiater geschielt hat. Ganz doll. Und da hat ein Gericht gesagt, das sei schon in Ordnung mit der Entlassung, weil man ja einen Lachkrampf kriegen würde, wenn einem so ein Psychiater oder Psychologe gegenübersitzt. Und der hat dann gesagt, naja, er könne ja auch 'ne dunkle Sonnenbrille aufsetzen, aber da hat das Gericht trotzdem ›Nee‹ gesagt, weil, wo gibs denn so was, ein Psychologe mit Sonnenbrille, wo man die Augen nicht sieht, da würde ja kein Patient jemals ein so genanntes Vertrauensverhältnis aufbauen und das sei gerade bei diesem Beruf des Psychiaters unbedingt vonnöten, warum auch immer. Nun, also, mit diesem Hintergrundwissen muss man sich mal das Leid des Stempels vorstellen, der da vor dem 6-äugigen Arzt saß, noch dazu, der war ja echt voll gemein. Der guckte total böse mit seinen 6 Augen und die Kinder, die waren ja alle mitgekommen mit ihrem Vater, die haben ja natürlich erst mal einen Schreck bekommen und dann sind die tatsächlich rausgeschickt worden von dem bösen Arzt, bloß weil die mal 'n bisschen geweint haben. Draußen die Schwester war aber lieb, das muss man auch mal sagen. Sie hatte für die Kinder frische Bonbons aus Gemüse mit viel Vitaminen. Kinder, das kennt man ja, die erholen sich schnell, bald waren die Tränen versiegt und sie saßen auf der netten Tante und spielten mit ihren Brüsten, als wenn sie noch Baby wären und da nuckeln müssten wegen der Milch. Aus Spaß natürlich nur. Drinnen dagegen, der böse Arzt war sauer. Vielleicht wurde ihm in seinem Leben übel mitgespielt, ich will die Schuld gar nicht mal auf ihn allein schieben, es gibt ja viele Dinge, die einen hartherzig machen können im Leben. Viele werden das selber kennen. Autounfall oder vom Ehepartner schamlos ausgenutzt, hintergangen, belogen und betrogen. Ohne Kondom im schlimmsten Fall mit einem Matrosen oder einer Matrosin, Matrosette, wie auch immer, kommt aufs Geschlecht drauf an. Trotzdem nichts gesagt. Irgendwann wars zu spät. Jetzt lächelt einem der Tod schon von weitem zu und man weiß nich, wie weit der wirklich weg ist, denn trotz Brille, vielleicht mal 'ne neue Brille, aber ob sich das noch lohnt? Da wird man leicht missmutig. Noch dazu ganz alleine. Jeder kennt das.

Aber was nützt das dem Stempel? Er ist krank, hat so 'n Drücken. Draußen die Kinder lachen und drinnen der böse Arzt verlangt Geld und ein Wort ergibt das andere und dann haut der Arzt immer mit der gesamten Garderobe auf den armen Stempel ein und der weiß gar nicht, wie ihm geschieht, ohnmächtig, wie er ist, kann er sich kaum noch wehren. Der Arzt is ja auch stärker und hat ihn hypnotisiert und dann fällt auch noch der Spiegel von der Wand, oh Gott, sieben Jahre Unglück! Nach einer halben Stunde so draufschlagen vertragen sich die beiden wieder und die gute Schwester, die mit den Brüsten für die Kinder, bezahlt für den Stempel das geforderte Honorar, sie geht sowieso nur aus Langeweile arbeiten, is ansonsten steinreich, und dadurch kriegt der Stempel sogar Medizin und kann ganz schnell gesund werden. Aber die Stelle kriegt er trotzdem nich wieder wegen schlechter Konjunktur, aber Hauptsache wieder gesund, geht er eben weiter zum Arbeitsamt, na und! Und wenn die Nachbarn jetzt gucken, na und!

PS: Die Kinder übrigens sind ganz schöne Schlawiner, aber das ist schon wieder eine völlig andere Geschichte.

Dienstag gegen 17.00 Uhr. Das Telefon klingelt. Mein Bruder ruft mich an. Erzählt mir, dass ihn gerade unsere gemeinsame Mutti angerufen hätte. Sie hätte ihn gefragt, ob er schon Fernsehn geschaut hätte. Ob er schon Bescheid wüsste von Amerika, von den Flugzeugen, vom World Trade Center, von New York, Pentagon, Pennsylvania undsoweiter. Er wusste noch nicht Bescheid, ich wusste noch nicht Bescheid. Terror. Es gibt ja diese Science-Fiction-Serie »7 Days«. Wo immer irgendwas Schreckliches passiert und dann müssen die Amerikaner ihre Zeitmaschine aktivieren und damit kann dann einer genau 7 Tage zurück in der Zeit fliegen und das Geschehene ungeschehen machen. Mit so ’ner Kugel landet der irgendwo und macht dann was, meistens mit Karate. Diesmal jedoch hat wohl alles nichts genützt. Ich schalte den Fernseher an. Manhattan raucht. Sie zeigen immer und immer wieder die Bilder von dem zweiten Flugzeug, was voll besetzt in den noch unbeschädigten Turm des World Trade Centers hineinrast. Und dann, wie binnen weniger Minuten beide Tower in sich zusammenstürzen. ARD und ZDF zeigen es aus unterschiedlichen Perspektiven. Muss für einen Augenblick daran denken, dass noch vor ein paar Wochen ich selber da oben war. Wir haben Pizza gegessen und Cola getrunken und uns vor insgesamt 9 Fernseher gesetzt, die ein Konzert von Frank Sinatra aus den 60er Jahren übertrugen. Ziemlich öde war es da oben. Außer uns nur wenige andere da, die wahrscheinlich ebenfalls nicht der Kleiderordnung entsprachen, die nötig gewesen wäre, um in das Restaurant des benachbarten Turmes zu gelangen. Jetzt is sowohl der eine wie auch der andere weg. Einfach weg. Samt den 9 Fernsehern, Cola, Pizza und Kleiderordnung. Samt den ganzen Fahrstühlen, den unzähligen Büros, der schönen Aussicht und dem japanischen Imbiss im Erdgeschoss, in dem man sich Sushi zu leicht überteuerten Preisen bestellen konnte. Sie werden neue Postkarten drucken müssen, geht es mir durch den Kopf, durchaus bewusst, dass diese Überlegung einigen sicherlich zynisch vorkommen mag, doch schließlich sammel ich Ansichtspostkarten, für mich ist das wichtig.

Eigentlich

Eigentlich wollte ich ja nur so durch die Straßen laufen. Wollte sehen, ob es das Hochhaus noch gibt an der Mollstraße. Das, was seit 11 Jahren seines Abrisses harrt und bald wahnsinnig wird vor lauter Warten. Wollte sehen, wie sich der Platz der Vereinten Nationen so macht, ob da immer noch nichts weiter draufsteht als wie dieser lächerliche Brunnen und dieser eine lächerliche Supermarkt. Wie lange sich die Vereinten Nationen dieses traurige Schauspiel wohl noch mit angucken? Passt ja eigentlich in eine Reihe mit den Wohnungen, die man für die Terrorattentäter von New York bereitgestellt hatte, und den hohen Steuern, die ausländische Künstler jetzt hier bei Auftritten abdrücken müssen. Mal von Rudolf Scharping ganz abgesehen, Neonazis und Modern Talking gibts ja auch wieder. Deutschland verarscht doch bloß den Rest der Welt. Platz der Vereinten Nationen. Muss man sich doch bloß mal angucken. Muss man doch mal sagen dürfen. Muss man auch mal was machen. Aber eigentlich, da wollte ich ja nur so durch die Straßen laufen. Wollte mal sehen, ob es den Wochenmarkt vor dem Thälmann-Denkmal noch gibt. Oder die tolle Eisdiele genau gegenüber mit dem Pokémon-Eis. Blaues Pokémon-Eis, das man früher, glaube ich, Schlumpf-Eis nannte. Wer wohl als Erster auf die Idee kam blaues, einfach nur süß schmeckendes Milch-Eis nach gerade aktuellen Trickfilm-Figuren zu benennen? Also, Erich Honecker scheidet da ja wohl aus, Ernst Thälmann auch, der war schon tot, als das Speiseeis erfunden wurde, Osama bin Laden, na gut, Scherz muss sein. Nein, ein Kreuzzügler bin ich nicht. Mir geht der Islam genauso am Arsch vorbei wie das

Christentum, der Buddhismus oder diverse Satans-Sekten. Von mir aus solln die Leute glauben, an was sie wollen, wenn sie nur keinem anderen damit auf den Sack gehen. Und wenn der Mudschaheddin vom Turm schreit, ich soll mir meine Fußnägel nich lackieren, dann werd ich dis unter Garantie tun. Obwohl ich mir meine Fußnägel noch nich mal schneide, sondern immer nur so mit den Fingernägeln abreiße, die ich mir im Übrigen auch immer nur abreiße mit andern Fingernägeln. Ja, ich borge mir Fingernägel aus in der Fingernagelausborgstelle am Bahnhof ›Gibsgarnich‹. So. Nägel lackieren, dran denken. Doch eigentlich, da wollte ich ja nur so durch die Straßen laufen. Wollte mal sehen, ob's die lustige Fußgängerampel an der Torstraße/Ecke Ackerstraße noch gibt. Wo man in der Grünphase nie bis zur Mitte der Straße kommt und man laut StVO eigentlich jedes Mal umdrehen müsste. Zumindestens die Omis, denn die sind ja nich so schnell wie wir. Das wäre eigentlich eine gute Idee für ein Comic. ›Die gesetzestreue Oma an der Ampelanlage Torstraße‹ könnte er heißen. Vielleicht 'n bisschen langer Name. ›Ampeloma‹ könnte auch reichen. Name is eigentlich auch egal. Hauptsache, der Inhalt stimmt. Das ist das A und O eines Comics. Also Oma vor bis fast zur Straßenmitte und wieder zurück. Und wieder vor und wieder zurück und wieder vor und … na, is vielleicht 'n bisschen langweilig. Müsste im Hintergrund noch was passieren. Vielleicht so die ganze Weltgeschichte. Die ersten Einzeller, Jesu Kreuzigung und Mohammed startet gen Himmel, dann so Pest, Zweiter Weltkrieg, World Trade Center und die Oma läuft immer wieder bis fast zur Straßenmitte vor und wieder zurück und wieder vor und wieder zurück und wieder vor und wieder zurück.

Ja, das wäre, glaube ich, ein ganz netter Comic. Zeigt das Leben, wie es wirklich ist. Aber eigentlich, da wollte ich ja nur mal so durch die Straßen … Das klingt jetzt banal. Und der eine oder andere wird sich denken: »Tja, na und.« Doch höre Einer oder Anderer, ich sage, wenn man richtig aufmerksam ist und nicht nur so ›dummdidumm‹ herumirrt, dann kann man nämlich auch bei einem harmlosen Spaziergang bemerken, dass sich etwas verändert hat seit diesem bewussten 11. September. Es ist eindeutig nasser geworden.

Fliegen. Das Gefühl abzuheben. Schwerelos zu sein. Zwischen Himmel und Wolken. Wie ein Vogel durch die Lüfte zu gleiten. Ohne Sorgen. Den Alltag vergessen. Eins sein mit den Elementen. Ja. Oh ja, wer will das nicht. Viele wahrscheinlich. Nämlich die, die Angst davor haben. Die immer denken, dass man auch abstürzen kann. Was man ja durchaus auch kann. Das gibts ja, dass man abstürzt. Sind ja schließlich schon ein paar abgestürzt. Erst neulich welche in so 'nem kleinen Flugzeug aus der Schweiz. Die sind abgestürzt und verbrannt. Schade, sie wollten bestimmt nicht abstürzen. Sie wollten vielleicht lieber ankommen, heile, und dann mit dem Taxi nach Hause und dann zu Hause dem Jetlag oder wie das heißt mittels Schlaf entkommen. Und auf keinen Fall verbrennen, nein, auf keinen Fall, bestimmt nicht. Verbrennen, das wollten sie auf keinen Fall. Is so heiß und tut weh und alles stinkt so, der ganze Rauch, nee, is ja schon unangenehm, wenn auf 'm Herd das Essen verbrennt. Und wenn man erst selber, das ist garantiert noch viel schlimmer. Es hat, glaub ich, auch noch niemand einen Rocksong dadrüber geschrieben. Sollte vielleicht mal jemand machen. Eine aufrüttelnde Hymne gegen das Verbrennen in abgestürzten Flugzeugen.

Ich bin auch schon mal geflogen, aber noch nie abgestürzt bisher und auch noch nicht verbrannt. Schon mal kurz den Finger verbrannt beim Gasherd mit so 'nem blöden Feuerzeug, wo das erst nich anging, dann schon später, dann mit so 'ner Stichflamme und die hat dann den Finger mal kurz so bisschen angebrannt. Aber nicht schlimm. Noch nich mal mit Blase, das kann man, glaube ich, nicht vergleichen mit den verbrannten Menschen in so 'nem abgestürzten

Flugzeug. Ich hab aber schon mal gedacht, dass ich abstürzen würde. Das war auf dem Weg nach Griechenland. Ich flog in so 'ner IL 18. So 'nem umgebauten Handwagen der rumänischen Fluggesellschaft TAROM. Das billigste Angebot. Hin und zurück nach Athen damals 250 Mark. Naja. Das Ding klapperte und ratterte an allen Ecken und Enden. Man spürte empfindlich jedes Luftloch. Schwupp, ging es mal 100 Meter runter, was dann ächzenderweise in der nächsten Stunde wieder wettgemacht wurde. Schon vor dem Start gab es eine unangenehme Überraschung. Es galt nämlich wie in der Straßenbahn die Devise: Wer zuerst kommt, mahlt zuerst. Und da einige rumänische Mitreisende ihre Haustiere dabeihatten, war das Platzangebot relativ beschränkt. Wir standen sinnlos im Gang herum und wedelten hilfesuchend mit unseren Sitznummern, was die Passagiere, vor allem die Haustiere, konsequent ignorierten. Schließlich fanden sich aber doch noch zwei Notsitze, auf denen wir zu dritt Platz nahmen. Eine weitere Überraschung stellten die Stewardessen dar. Sagt man eigentlich noch Stewardesse? Man sagt ja auch nicht mehr Friseuse oder Masseuse. Vor allem, konnte man zu diesen tonnenschweren Überfrauen Stewardesse sagen? Wir wagten nicht zu fragen. Ihre Gesichter verrieten, dass sie bei solchen Fragen keinen Spaß verstanden. Wir wurden eh schon misstrauisch beäugt, wahrscheinlich weil wir keine Haustiere dabeihatten. Egal. Hauptsache billig. Und immerhin funktionierte das Licht. Mal sehn, wie lange. Rumänien musste zu jener Zeit gerade Strom sparen. Nun ist es ja so. Es gibt Menschen, die verstehen Deutsch, und es gibt Menschen, die verstehen Englisch, sicherlich gibt es auch Menschen, die Rumänisch verstehen, aber das, was da, ich schätze mal als Unterweisung in Sachen Notfall

über die 1,5-Watt-Boxen rüberdröhnte, das konnte kein Mensch verstehen, nich mal ein Sprachgenie. Wollte aber auch niemand verstehen. Alle aßen mitgebrachte Stullen und scherten sich einen Dreck um die Sicherheitsgurte. Zuerst fragten wir uns noch, warum die sich alle Stullen mitgebracht hatten, dann allerdings, als das Essen kam, fragten wir uns das nicht mehr. Es gab so 'ne Art Wurst mit tellergroßen Fettaugen in der Mitte, ein vergilbtes Salatblatt und panierte Katzenknochen. Wir waren ja aus Mitropa-Restaurants so einiges gewöhnt, aber das, das gehörte doch schon in eine andere Kategorie. Mutig nagte ich an so 'nem Knochen rum und immerhin, das Panierzeugs schmeckte wirklich nur nach Panierzeugs. Entweder waren die rumänischen Katzen voll auf Diät oder diese Knochen arbeiteten in einem Rotationsprinzip. Wurden nur ständig neu paniert. Muss man nicht gut finden, kann man aber. Meinten die geschminkten Monster auch und sammelten die Knochen nach dem Essen wieder in eine Plastiktüte ein.
Irgendwann zwischendurch fiel dann auch mal ein Propeller oder Düse oder was das war aus, das heißt, man konnte sich jetzt sogar unterhalten. Und es gab Bier. Das heißt, das Zeug in den Büchsen hieß Bier. Der rumänische Staat hatte unglücklicherweise seine letzten Devisen irgendwelchen Halunken zur Verfügung gestellt, die davon der TAROM die Katze (haha Katze) im Sack verkauften. Nämlich amerikanisches so genanntes Bier, Life Beer hieß es. Lebensbier oder lebendiges Bier oder weiß der Geier was. Eine Mischung aus Cola und Himbeerdrops ohne Schaum und sicherlich alkoholreduziert. Mir ist jetzt klar, warum das Reinheitsgebot ruhig fallen kann. So was wird den mitteleuropäischen Markt nie erobern. So was trinken ja nich mal

speedsüchtige Tekknojünger. Obwohl!? Nee, glaub ich einfach nicht! Uns war schlecht, doch niemand wagte sich das Clo aufzusuchen. Wer weiß, wo sie noch alles gespart hatten. Bei dem Gedanken schauderte es uns. Wider Erwarten landeten wir halbwegs sicher in Bukarest, wobei mir fast das Trommelfell platzte.

Den Flughafen Bukarest muss man sich wie folgt vorstellen ... Nee, das führt zu weit. Nur so viel. Anzeigetafel oder irgendetwas, das geöffnet hat, Fehlanzeige. Dafür war aber das Dach undicht. Tauben kackten durch die Ritzen. Es war kalt. Wir hatten Durst und niemand da, der einem Auskunft geben konnte, wann's weitergeht nach Athen. Nur schwerbewaffnete Soldaten, die Englisch immerhin so weit gelernt hatten, dass sie ›No‹ sagen konnten. Mit etwa 8 Stunden Verspätung ging es dann wieder los. War auch höchste Eisenbahn. Denn ewig konnte kein Mensch diese schrillen, vor allem aber lauten rumänischen Kinderchöre ertragen, die man gegen eventuell vielleicht doch noch zu erwartende Touristen als Wunderwaffe einsetzte und die als Gipfel des Grauens kurz vor unserem Abflug in dis paradiesische Athen eine abstruse Version von Udo Lindenbergs Debilhymne »Wozu sind Kriege da« zum Besten gaben.

Die wenigen, die sich trotzdem noch bewegen konnten, flohen, so schnell sie konnten. Nur weg hier! Warum bei dem als Tür getarnten Metalldetektor der Stecker rausgezogen war, warum uns nich mal jemand abtastete? Mich konnte es längst nicht mehr beunruhigen. Wer wollte so 'ne Maschine schon entführen. Höchstens die gepeinigten Angestellten des Flughafens vielleicht. Es wurde dann doch noch ein schöner Urlaub, auch wenn von 6 Gepäckstücken nur 2 ankamen. Sicher aus Versehen. Kann schon mal vorkommen. Wenigstens sind wir nicht verbrannt. Dass man auch anders fliegen kann, habe ich später noch erlebt. Dass man auch mit dem Zug in Rumänien lustig reist, auch und letzten Endes ist das alles eben auch schon 8 Jahre her. Trotzdem, gibts die TAROM eigentlich noch? Hatten die jemals eine Unfallstatistik? Und was zum Teufel muss eigentlich noch passieren, damit sich Greenpeace endlich mal für die rumänischen Hauskatzen einsetzt? Nur so 'ne Frage.

Wie ich mal doch noch erkannt hab, dass die ganzen Schallplatten mir selber gehörten

Ich hatte etwas falsch gemacht, so viel war klar. Ich bin etwas zu viel zwischen diversen Etablissements hin- und hergependelt. Habe einige Male zu oft in Vergessenheit geratene Partisanenlieder angestimmt, ich habe ein bisschen zu viel gelacht und entschieden zu viel alten, undefinierbaren Auflauf, der zu allem Überfluss kalt und mit einer schmutzig gelben, ins Bräunliche tendierenden Käseschicht überzogen war, in mich hineingeschlungen. Ich bin ein paar Mal zu häufig Gummihopse gesprungen oder wie man das heute nennt. Ihr wisst schon. Dieses Teufelszeug. Dieser Klotz am Bein des Fortschritts. Gummihopse. Mir gehts schlecht. Verfickte Hölle. Warum musste es dieser Imbiss sein. Ausgerechnet in der Nähe der Gethsemane-Kirche. In der Nähe des Ortes, wo damals alles begann. Und nun endete es da. Zumindestens endete dieser Abend, endete die ganze verdammte Woche. Morgengrauen. Sonntagnacht. Montag früh. Wer weiß das schon genau? Und was macht eigentlich diese Sprühdose in meiner Hand? Wir sind zu fünft oder 6 oder 4. Ich schleppe eine volle Tasche Tonträger mit mir rum. Muss ich irgendwo gefunden haben. Der eine der Typen, mit denen ich umherziehe, kommt mir bekannt vor. Er hat so 'ne Ausstrahlung wie die vom Fernsehen. Kann aber auch der Verkäufer der Bockwurstbude sein. Die, wo die immer so aufgeplatzt sind, aber nur 1 Mark, immerhin. Ein Königreich für eine Bockwurst. Stattdessen dieser Imbiss. Er wollte ja eigentlich schon zumachen, aber wir sind schwer entschlossen und wir haben Geld, viel Geld. Wir müssen vorher eine Bank überfallen haben, so viel Geld haben wir. Wo kommt das ganze Geld her? Es quillt förmlich aus den Taschen. Fünfziger und Zehner und Groschen und weiß der Geier. Der Imbissbudenbesitzer zuckt mit den Schultern. Er kapituliert vor der freien Marktwirtschaft. Eigentlich hat er alle Speisereste schon in den Müll geworfen, aber er holt sie uns zuliebe da doch nochmal raus. Sind auch praktisch noch ganz frisch. Wieso eigentlich. Leider, leider ist die Mikrowelle defekt, ebenso wie der Grill und wahrscheinlich auch alle anderen Geräte. Frisch aus der Mülltonne, frisch kalt auf den Tisch ein leckerer Auflauf für mich jedenfalls. Was die anderen aßen, konnte ich visuell nicht identifizieren, würde aber nach einem Geschmackstest behaupten: »Auch nich von schlechten Eltern!« Schmeckte irgendwie wie 'ne Mischung aus Phil Collins und Joe Cocker, wenn so ein kleiner Ausfallschritt Richtung Musik gestattet sei. Das Zeug war leider nicht vollständig verzehrbar. Besonders die bräunliche Käsekruste weigerte sich vehement von meinen brüchigen Kauwerkzeugen zerkleinert zu werden. Sie stemmte sich mit der Zähigkeit eines Gestapo-Ledermantels gegen ihr Schicksal. Und sie siegte. Der Imbissmann beobachtete derweil unser Treiben. Und alle Achtung. Respekt vor diesem Imbissbudenmann! Er verzog keine Miene. Nicht ein spöttisches Lächeln huschte über sein frittiertes Gesicht. Er tat, als wäre es die normalste Sache der Welt, dass sich 9 oder wie viel wir waren Bankräuber direkt nach ihrem großen Coup ohne über Los zu gehen zu seinem Imbiss durchschlagen, um hier haufenweise ungenießbaren Müll der absurdesten Sorte in sich reinzuschaufeln. Nein, er bewies sogar noch Humor. Englischen, versteht sich. Schwarz und trocken. Er fragte, ob wir vielleicht noch seine Soßen probieren wollten. »Na, immer her damit! Klar, scharf und Knoblauch und Kräuter! Immer rauf damit!« Wie sind die eigentlich wieder aus der Mülltonne gekratzt worden? Oder schmecken die alle gleich? Gibts vielleicht sogar eine extra Soßentonne? Wo die eventuell nochmal recycelt werden können? Lieber nich fragen. Lieber mit Schultheiss runterspülen. Den Ärger und die Soßen und die Freude darüber, dass man überhaupt lebt. Und sich sogar bruchstückhaft wieder erinnern kann. An alles will man sich sowieso nicht erinnern, so viel, so klar. Und dass man etwas falsch gemacht hatte, meine Güte! Wer was macht, macht Fehler, nur wer nichts macht, macht keine. Lecker Schultheiss.

PS: Haider in Österreich ist doch ’n Scheißdreck. Bei uns ist es mittlerweile sogar schon verboten Partisanenlieder in Kneipen zu singen. Wehret den Anfängen!

Frühlingsgedicht italienisch
Minipizza angebissen lockt im Abfalleimer
werd sie jetzt gleich schnabuliern
hoffentlich siehts keiner

Clarissa kommt

Clarissa, 19, ist auf dem Weg zu einem Modedesigner in der Friedrichstraße. Sie will sich mal schön was kreieren lassen, denn sie hat Geburtstag, bald, im Juni, in Berlin. Da will sie schön aussehen und es sich auch eine Stange Geld kosten lassen. Die Pullover, die in ihrem Schrank hängen, die hat sie satt bis oben hin. Der Gelbe is eingelaufen, sieht aus wie von 'nem Baby und der Rote mit dem Reißverschluss und der Formel-1-Rennauto-Applikation drauf is total ausgeleiert. Da lachen sie immer alle, wenn sie den anhat. Dabei ist der total kuschlig und voll mit Erinnerungen verwoben. An den süßen Typen aus der 10., in den sie so verknallt war, wie man damals verknallter nicht hätte gewesen sein gekönnt. Sie hätte alles für ihn getan, aber der Arsch beachtete sie nie. Vielleicht war er schwul, aber nee, das konnte sie sich einfach nicht vorstellen. Der war bestimmt nicht schwul. Es lag an dem Pullover. Da is sie sich heute sicher. Die anderen Mädchen trugen alle hautenge Pullover, die die Formen zur Geltung brachten. Sie dagegen glaubte noch an die Liebe, an die inneren Werte, an den Magnetismus, der ausgelöst wird, wenn man ganz fest an jemand denkt. Doch scheinbar war das alles Bullshit. Nur Gelogenes von miesen Romanschriftstellern und Hollywoodschinkendrehbuchautoren. Hätte sie damals einen von denen gekannt und ein spitzes Messer in der Hand gehabt, sie hätte ohne zu zögern zugestochen. Ein Blutbad veranstaltet. Aber sie sah die Idioten höchstens im Fernsehen. Da war kein Rankommen an die.

Clarissa denkt manchmal, wie das wäre, wenn keiner ihr widerstehen könnte. Oh ja, das wäre schön. Sie würde sicherlich öfters hart sein. Die Typen abblitzen lassen. So wie der Arsch sie damals. Aber ab und zu würde sie auch mal nich so sein. Voll in Love fallen und Träume wahr werden lassen. Sie würde mit dem Auserwählten zusammen durch bunte Sommerwiesen laufen und Blumen pflücken. Die Blüten abreißen und sie auf kleinen Bächlein Richtung Meer treiben lassen. Sie würden gemeinsam im Stroh schlafen und sich küssen. Und Tieren lustige Namen geben. Dicke schwarze Käfer könnten Rudi heißen oder Rauhaardackel Marion. Oder Elvis. Eine Taube müsste auf jedenfall Elvis heißen: Elvis, The King. Das wäre ein Spaß und die Taube bestimmt stolz auf den Ehrentitel. Sie würden im Sommer nach Hawaii ziehen und im Winter in die Berge. Nur sie zwei. In eine Hütte. Mit Böllerofen. Wo zwei Tassen Holundertee dampfen und die Bratäpfel brutzeln. Der Typ hätte ein dickes Motorrad und eine Lederjacke, die nach Tier riecht, aber auch süße Löckchen und er wär gar nicht hart, sondern lieb und vor allem verliebt in sie. So wie sie in ihn. Sie beide ganz allein. Sonnenuntergang in der Prärie. Murmeltiere, die sie beobachten, und Indianer, die sie beim Vorbeireiten respektvoll grüßen. Denn sie sind ja ihre Freunde. Sie haben sich lange genug unter größten Entbehrungen für sie eingesetzt, für die tapferen Wilden, zu denen sie nun im Prinzip dazugehörten. Als die Guten unter den Weißen. Die das Prinzip Liebe nicht nur in den eigenen 4 Wänden praktizierten. Die selbstlos schenkten. Morgen hier, heute da. Denn das Wesentliche, das hatten sie ja für immer, ihre Liebe. Ihre unendlich tiefe Liebe. Oh, Gott! So, jetzt musste sie aber weiter. Diese Modedesigner hatten bestimmt nicht unbegrenzt offen. Die wollten ja auch mal abends zu ihren Familien, die Glücklichen. Da musste sie sich sputen, wenn sie noch rechtzeitig kommen wollte. Denn sie wollte ihre

Träume ja nicht nur träumen. Sie wollte sie ja auch erleben. Spätestens im Juni in einem schicken Pullover. Dann könnte die Welt sich schon mal frisch machen.
Und wie Clarissa nun so voller Energie losspurtet, da bemerkt sie natürlich nicht, wie in einem toten Winkel von Berlin ein Jemand, ein Typ, dessen Namen niemand kennt, ein Sprayer eben, an eine Hauswand die beiden Wörter ›Clarissa kommt‹ sprüht und ein Ausrufungszeichen dahinter setzt, bevor ihn die Polizei verhaftet. Viel Glück euch beiden!

Wie ich mal was sogar noch unter revolutionär abbuchen konnte

Sonntag. Der Tag des Herrn. 6 Uhr morgens. Mein Sohn kommt hereingestürmt, um mir mitzuteilen, dass wir doch heute ins Kino gehen wollten. Toy Story II. Ich sage wie in Trance »Ja« und drehe mich auf die andere Seite. Denke: ›Einfach nicht beachten.‹ Leichter gedacht als getan. Er hat ein neues Lieblingsspiel: nerven durch küssen. Tausende klebrige Schmatzer prasseln auf mich nieder. Versuche Verständnis einzufordern. Auf die nette Art. Erzähle ihm, dass ich bis tief in die Nacht habe arbeiten müssen, um unser gemeinsames Frühstück finanzieren zu können. Muss aber leider feststellen: ›Lügen haben kurze Beine.‹ Es interessiert ihn nicht. Er hat bereits gestern Abend festgestellt, dass im Kühlschrank genuch Vorräte für 3 Frühstücke lagern. Lässt sich mit solch plumpen Ausreden nicht abspeisen. Na gut, dann eben auf die harte Tour. »Oskar«, ich versuche 5 Kilo Ernst in meine Stimme zu pumpen. »Wenn du mich nicht sofort weiterschlafen lässt, is Futschiyama mit Kino gehen, dann kannste den ganzen Tag alleine in deinem Zimmer puzzeln.« »Is Futschiyama* mit Kino, alleine puzzeln«, versucht er mich nachzuäffen und schon hagelt es weitere Knutscher ins Gesicht. Werde langsam sauer. Die heutige Jugend hat einfach keinen Respekt mehr vor der älteren Generation. Denken, mit uns Alt-68ern könn' ses ja machen. Von wegen sanfte Erziehung und so. Das kommt davon, wenn man auf bewährte Züchtigungsmethoden wie Klaps auf den Popo usw. verzichtet. Die Autorität geht flöten. Habe erst vorgestern in der B. Z. gelesen, dass wir lediglich eine radikale Minderheit darstellen. Dass 75 % aller Eltern in Deutschland nich solche Weicheier sind wie wir. Sich nicht vom Bildungsbürgertum in die Knie zwingen lassen. Logisch, sagen sie sich, die Haschrebellen von einst besitzen ja auch keine Kinder, weil die Drogen und das ganze Bücherlesen ihre Spermien so träge gemacht haben, dass sie unfähig sind, neue Soldaten für die bevorstehenden Kulturkämpfe zu produzieren. Logisch, dass sie deshalb vor lauter Frust den andern Eltern, die damals mit ihrem Fleiß und ihrer Tatkraft unsere schöne Republik aufgebaut haben, die Petersilie verhageln wollen, indem sie ihnen absurde Vorschriften auf den Hals hetzen. Nein, ein gesunder Klaps auf den Hinterkopf hat noch keinem von den verstockten Biestern geschadet. Das meinen jedenfalls 75 %. Und da könnte schon was dran sein. Oskar jedenfalls macht ganz den Eindruck, als ob er eine Änderung der Erziehungsmethoden um 180° nur so herbeisehnt. Jetzt hat er sich voll auf mein Gesicht gesetzt und berichtet unter prustendem Gelächter, dass er grade ›geforzt‹ hat. Mit einer Zange, die aus meinen Beinen besteht, entferne ich ihn unsanft von meinem Körper. Er kullert aus dem Bett und schlägt mit dem Kopf auf die eigenhändig abgeschliffenen Dielenbretter. Noch so ein alternativer Wahnsinn, den ich nie wiederholen würde. Dielen abschleifen. 2 Tage Beklopptenarbeit, die sich durch nichts rentiert. Man sieht das Werk der Holzwürmer, der Schmutz sammelt sich in den Rillen, laut und ungemütlich wird das Zimmer, es knarzt und bricht an allen Ecken und Enden und von dem blöden Holzstaub holt man sich auch noch eine Stirnhöhlenvereiterung. Kopfschmerzen, die schlimmer sind als das Ende der Welt. Na, wenigstens erfährt das Söhnchen jetzt mal, wie das ist. Der Aufprall bleibt nämlich nicht ohne Folgen. Ohrenbetäubendes Geschrei setzt ein. Ich bemühe mich waschlappenmäßig ihn zu beschwichtigen. »War doch gar nich so schlimm« oder »Wenn du aufhörst zu weinen, gehen wir heute nich nur in Toy Story II, sondern auch in Toy Story III, IV und V.« Aber nix da, jetzt wird erst mal geschrien. So, na, nu sind wenigstens auch die anliegend einquartierten Bewohner wach geworden. Ist man nicht mehr so alleine sonntags, halb 7 früh, in Deutschland. Dunkel is auch noch. Scheiß Kapitalismus! Guido Westerwelle, der Arsch! An irgendjemandem muss man ja seine Wut auslassen. Wird aber wieder. Oskar gehts schon besser. Zwar noch 'ne Beule am Kopf, kann aber schon wieder pupsen und muss darüber lachen. Freut sich auf die vielen Filme, die wir heute im Kino noch konsumieren werden. Wenn der wüsste?! Mir reichts. O. K.! Ich habe versagt. Bin einfach zu müde, um das schlimm zu finden. Gibt ja zum Glück mittlerweile Fernsehprogramm für Kinder rund um die Uhr. Soll er doch quadratische Augen kriegen. In der heutigen Computergesellschaft bestimmt kein Nachteil. Mache also die Glotze an und haste nicht gesehen, hält Harmonie Einzug. Ein ruhiger, zufriedener Sohn sitzt in seiner Kissenburg und schaut Teletubbies, Fix und Foxi, den Tigerentenclub und die Schlümpfe. Warum eigentlich kompliziert, wenns doch so einfach geht. Und GEZ bezahl ich sowieso nich. Kann man sogar noch unter revolutionär abbuchen.

Frühlingsgedicht

Draußen auf dem Fensterbrett liegt ein halber Döner
müffelt in die Stube rein
ohne ihn wärs schöner.

Hygiene

Morgen ist Fasching im Kindergarten von meinem Sohn. Er geht als Gespenst. Da müssen wir ganz früh aufstehen, denn der Fasching fängt in Berlin bekanntlicherweise um 8 Uhr an. Das heißt, auf 6 den Wecker gestellt, die Sachen schon mal alle sortiert. Das Schminkzeug auf eventuell giftige Stoffe untersucht, man weiß ja nie, und dann ab ins Bett.

»Hallo.« Unten auf der Straße ruft jemand hallo. Ich ignoriere. »Hallo.« Unten auf der Straße ruft jemand zum zweiten Mal hallo. Ich ignoriere. Diesmal hartnäckig. Dann bleibt es still. Das lässt mir keine Ruhe. Gehe ans Fenster und gucke nach, wer denn da nun 2-mal hintereinander hallo gerufen hat. Keiner mehr da. Na, dann wird es wohl nicht so wichtig gewesen sein. Wahrscheinlich irgendein Spinner. Gibts ja ’ne Menge davon. Lassen ihre Kinder verhungern, werfen Betonbrocken von Autobahnbrücken und rufen zweimal hintereinander ›Hallo‹ auf dem dunklen Fußweg. Das bringt mich auf den Gedanken doch mal nachzugucken, ob ich mir überhaupt meine Füße gewaschen habe. Siehe da, hab ich gar nicht gewaschen. Hab ich ganz vergessen. Dass ich das aber auch nie lerne. Vor dem Zubettgehen muss man sich doch die Füße waschen. Kein Wunder, dass das Bettlaken jeden Morgen wieder dreckig ist. Gehe ins Bad und wasche mir die Füße. Da kommt mir die Idee doch mal meine Zahnbürste anzufassen. Und, siehe da, die ist ja ganz trocken. Entweder hat sich jemand dolle Mühe gegeben jede Borste einzeln abzutrocknen oder aber ich habe doch tatsächlich vergessen die Zähne zu putzen. Möglichkeit Nummer 2 erscheint mir realistischer. Wird mein Gehirn etwa von kleinen ›hammerschwingenden‹ Zahnmännlein beherrscht? Das wäre ja ein Skandal ohnegleichen. Da wären ja der Haider und die Spendenaffäre ein Scheißdreck dagegen. Heiliger Bimbam! Ich muss mal gleich morgen zur Analyse, ob da eventuell eine Chemotherapie vonnöten sei. Vorher aber wird das Reinigungsinstrument geschwungen. Schön, auch das Zahnfleisch mitmassieren. Damit die Beißerchen nich irgendwann von allein herausplumpsen, wie bei den Menschen in Ungarn. Ungarn gilt ja als das Land der Parodontose. Hab ich selber gesehen, als ich dort war im Urlaub. Da gibts zumindestens auf dem Land kaum noch jemanden, der einem hätte ein Ohr abkauen können. Ha ha, was für ein lustiges Wortspiel. Ohr abkauen. Ohne Zähne, nein, das geht wirklich nicht. Vielleicht ankauen, aber nicht abkauen. Ohr, abkauen, nein, das geht wirklich nicht. Ob die Ungarn darum so eine komische Sprache haben? Weil sie kaum Zähne haben? Bin ich jetzt eigentlich schon rassistisch? Ich mag Ungarn, sag ich mal schnell, um jeden Verdacht von mir zu schütteln. Ungarn hat saftige Wiesen und nette Menschen und Wein heißt Bor und Bier heißt Sör und das sind die beiden einzigen Wörter, die nur eine Silbe haben im Ungarischen. Gleichzeitig sind es auch die beiden einzigen Wörter, die ein des Ungarischen nicht mächtiger Fremder überhaupt aussprechen kann. Schon ›Guten Tag‹ zu sagen ist ein Ding der Unmöglichkeit. Alleine das Nachsprechen fordert einem Geduld sisyphusischen Ausmaßes ab. Und 5 Minuten später hat man es sowieso wieder vergessen. Dafür kreisten einmal 50 Störche über uns, was die griechische Mythologiegestalt-Arbeit mehr als wettmachte.

Ich will mal so sagen, Zähne putzen is echt nich mein Fall.
 Vielleicht liegt tief unter meinem Stammbaum eine unga-

rische Seele begraben? Möglich. Jedenfalls, 3 Minuten, das soll wohl 'n Witz sein! So lange dastehen und mit dem Ding schrubben! Ich hab mich mal vor eine Uhr mit Sekundenzeiger gestellt, um es auszutesten. Es geht nicht. Das müssen Wahnsinnige gewesen sein, die sich so was ausgedacht haben. Man wäscht sich doch auch nicht 5 Minuten die Füße. Wenn sie sauber sind, ist man fertig. Beim Haarekämmen genauso. Warum sollte man ausgerechnet die Zähne dann noch stundenlang weiterputzen? Damit man sich jede Woche 'ne neue Bürste kaufen muss? Na, wenn da mal nich die Zahnbürstenindustrie dahinter steckt. Oder die Atomindustrie. Die stecken doch eh alle unter einer Decke. Mit ihren ganzen Aktien und weiß der Geier, was es da noch so gibt. Wahrscheinlich putzt sich der Präsident von Shell nie die Zähne und die Nase auch nicht. Aber uns Vorschriften machen wollen!

Oskar hat mir neulich auf die Frage, ob er sich schon die Zähne geputzt hätte, geantwortet: ›Ja.‹ Ich wusste aber ganz genau, dass er sich nicht die Zähne geputzt hatte. Habe ihn nochmal pädagogisch wertvoll angeschaut und die Frage wiederholt. Diesmal mit etwas tieferer Stimme. Er hat wieder ›Ja‹ gesagt. Da bin ich dann ins Bad und siehe da, da lag die vorher von mir mit Zahncreme präparierte Bürste in jungfräulicher Unschuld auf dem Waschbeckenrand. Ich also wieder zu ihm und was soll ich sagen, er hatte eine ziemlich verblüffende Erklärung für diesen Umstand. Er sagte, er habe sich die Zähne geputzt, wirklich, aber dabei sei die Zahncreme gar nicht runtergegangen! Und dazu guckte er mich mit Augen an, die, wenn man so will, nicht lügen könnten, eigentlich. Ich wusste nicht, ob ich lachen oder weinen sollte. Was nährte ich da eigentlich an meinem unterentwickelten Busen? Wuchs hier ein neuer Felix Krull heran? In Wirklichkeit stellte ich mir diese Fragen natürlich nicht, es passte nur wunderbar an diese Anekdote ran, nein, ich verdrosch ihn nach Strich und Faden, nein, auch nich, ich, ach … Kreuzspinne und Kreuzschnabel, hatte ich mir eigentlich die Achselhaare rasiert?

Freiheit

Immer wieder geht dir etwas verloren. Die Unschuld, der Kugelschreiber, ein Zettel, von dem du nicht mehr wusstest, an was er dich erinnern sollte. Du suchst in einem Stapel Kram. Du brauchst das. Du wühlst alles von oben nach unten. Drei Kekse kommen zum Vorschein, ein Heft, in das du die Temperaturangaben diverser Hauptstädte jahrelang gewissenhaft Tag für Tag eingetragen hattest, schließlich ein uneheliches Kind, doch all das hast du nicht gesucht. Du wühlst es zurück, deckst zum Schluss die obligatorische Staubschicht wieder drüber und verharrst schweigend. Du hast das Fenster geöffnet, in das hinein dir Frau Holle nun ein paar Flocken schüttelt. Du drehst die Heizung etwas auf, damit der Schnee schmilzt und alles wieder seine Ordnung hat. Aber nichts is mit Ordnung. Da is der Haufen Kram und da is dein Leben. Und du weißt, du musst raus. Auswandern. Auswandern nach Tansania. Du musst fliehen vor den Rechnungen. Vor den Mahnbescheiden. Vorm Zahnarzt sowieso. Du hast geträumt von Tansania. Von den grünen Bergen und den Dünen, die zwischen den Grasnarben aufblitzen. Von freundlichen Menschen, die nach nichts fragen als wie nach Sonnenschein. Du sitzt auf einem

Kamel und kaust getrocknete Weintrauben, die zu einem Drittel das Studentenfutter ausmachen, von dem du eine Tüte in deinen Händen hältst. Du bist frei. Du ahmst Schimpansenschreie nach. Nur so, einfach ohne Grund. Schimpansen sind Affen, so viel weißt du. Kann sein aus dem Biologie-Unterricht oder aus dem Fernsehen. Kann schon sein. Die Mahnbescheide sind weit. Die Sachbearbeiter auch. Sämtliche Gerichtsverfahren dieser Welt können dich mal. Hier in den Affenbergen von Tansania haben sie keine Macht. Ihre Welt ist nicht mehr deine. Du hörst den Wind. Er pfeift. Pfeift aber keine Antwort. Er pfeift auch keine Fragen. Der Wind pfeift hier nur seine eigene Sprache. Seine ganz eigene, alleinige. Es is eine Sprache, die dich nicht interessieren muss. Sie hat keine Bedeutung für dich. Vielleicht kommt Regen. Dann wird man eben nass. Oder es kommt Sturm. Dann fliegt man eben weg. Dann liegt man dann eben rum irgendwo anders und das Studentenfutter ist weg und man hat Hunger. Und Durst auch. Weil man ja Rosinen gegessen hat, die getrocknet gewesen sind, wo also dis Wasser raus war, da is klar, dass man da irgendwann Durst von kriegt. Dis Kamel is auch weg. Da hätte man zur Not noch die Höcker aufschneiden können, wo die Kamele ja bekanntlich ihre riesigen Wassertanks drin aufbewahren. Dis weißt du auch noch aus 'm Biologie-Unterricht oder aus 'm Fernsehen. Freiheit. Du suchst einen Bach. In der sternenklaren Nacht suchst du einen Bach. Du kletterst auf einen Hügel und hältst Ausschau. Weit in der Ferne kannst du schon Amerika erkennen. Die Indianer dort machen Rauchzeichen. Hast du auch schon mal im Fernsehn gesehen. Aber dis war wohl in Jugoslawien gedreht. Die Rauchzeichen hier sind jedenfalls andere. Vielleicht isses aber auch Australien und eher so 'n Buschbrand.

Wasser. Deshalb bist du ja da raufgeklettert. Wo Bäume sind, ist auch Wasser. Bäume sind hier überall. So viel, so gut. Muss man wohl graben. Du stellst dir den Querschnitt der Erde vor. Da kommt erst mal so weißer Sand, dann so brauner, dann schwarzer, dann wieder weißer, dann ... Du weißt nicht mehr genau, wann die Wasserschicht kam. Du reißt ein paar Blätter von den Bäumen und es sind Nadeln. Die Blätter von den Bäumen sind Nadeln. Es muss sich um Nadelbäume handeln. Du kaust auf ihnen herum. Ähnlich viel Wasser wie bei den Rosinen. Kriegt man höchstens noch mehr Durst. Aber vielleicht sind sie ja halluzinogen. Hastig reißt du noch ganz viele von den Nadeln ab und stopfst dir eine Hand voll nach der anderen in den Mund. Und das piekst zwar, aber, die Wirkung, die wirken irgendwie nich, vielleicht noch mehr und, naja, so 'n bisschen dschummig is dir schon. Vielleicht mal noch so ‘n Zapfen und siehe da, da is ja dis Kamel und auf dem Kamel, sind das nich, na klar, das sind ja 'n Haufen Zettel und so Kram und die Nadelbaumberge, die sehen jetz, dis is ja lustig, wie Plattenschränke sehen die aus und die sandigen Dünen zu meinen Füßen wie staubbedeckte Fußbodendielen und der Mond, der is 'ne Nachttischlampe und das Kamel mein Schreibtisch und die Freiheit, ist das wohl bekannte System, Tansania die Lottumstraße, nur der Durst, der is noch der gleiche, na, mal ins Bad gehen und Wasser schlürfen. Was für 'n schräges Kraut, diese Tannennadeln. Echt abgefahren. Und du sitzt vor deinem Schreibtisch. Und ein bisschen wühlst du noch rum in dem ganzen Scheiß. Aber eigentlich suchst du nach gar nichts mehr. Solange das Wasser weiter aus dem Wasserhahn kommt, so lange gibt es ihn noch, den Zipfel von Freiheit. Und dann drehst du die Heizung wieder ab, wegen der Umwelt.

Die Spritze

Mittwoch, 20. September. Bin mit meinem Sohn beim Kinderarzt. Er soll geimpft werden. Die Schwester fragt mich, gegen was. Ich weiß es nicht. »Na, so gegen das Übliche eben. Hier zum Beispiel, ansteckende Krankheiten pipapo.« Sie erklärt, dass es so einen umfassenden Impfstoff noch nicht gäbe, und empfiehlt mir mal ein Merkblatt durchzulesen. Ich wusste doch, dass es nichts Gutes bringen würde, so früh sich mit einer so schwierigen Materie wie einem Arztbesuch zu befassen. Merkblätter konnte ich noch nie leiden. Na, mal sehn. Aha, Röteln, Masern, Mumps. Klingt nich gut. Sollte man was gegen machen. Aber was? Ach so, impfen, richtig. Dafür sind wir ja hier. Na, dann nehm ma das doch! Ich versuche das Produkt einer ehemaligen Liebe schonend auf die Tortur vorzubereiten. »Also guck mal, da musst du nur Pullover und so ausziehen, dann kommt der Arzt mit einer Spritze und sticht dir die dann in den Arm rein. Is nich schlimm.« Seine Antwort kommt wie aus der Pistole geschossen: »Nö, will ich nich.« Zweiter Versuch: »Du kriegst auch hinterher 'n Bonbon.« »Iiiiee, Bonbons mag ich nich.« Das hätte mir eigentlich auch früher einfallen können. Mein Sohn scheint das einzigste Kind auf der weiten, breiten Welt zu sein, das keine Süßigkeiten mag. Er isst am liebsten rohes, frisches Gemüse. Kohlrabi und so was. Und am besten schmeckt es ihm, wenn's Bio is. Hoffentlich wird er nich mal Veganer oder Nazi?! Da muss man aufpassen, frühzeitig gegensteuern. Nich mit Verboten, aber vielleicht öfter mal wieder zu McDonalds gehen. Die haben ja auch immer so lustige Spielfiguren in ihren Fleischklopsen versteckt. Na, irgendwie wird das schon klappen. In seinen Adern fließt schließlich auch türkisches Blut. Das ist zwar keine Garantie dafür, dass er nich doch Nazi werden könnte, doch zumindestens kein Veganer, sicherlich. Klappe zu, Affe tot! Doch wie schaffen wir das jetzt mit der Spritze? Okay, letzter Versuch. »Wenn de das mit der Spritze nich machst, dann geht unser Fernseher kaputt.« »Gar nich.« »Doch!« »Gar nich.« »Doch!« »Gar nich.« »Wirste schon sehen.« »Na gut, ich mach's.« Na, ging doch. Man muss eben nur die richtigen Argumente auswählen aus der Argumentenschatztruhe, die schwerelos durch das Argumentenuniversum schwebt. Dort war ich mal kurz, hab auch so Schlüssel mitgehabt, bisschen aufgeschlossen, bisschen rumgekramt, guck einer an, da isses ja, dis Argument, wieder flugs zurück zum Hierher und, patsch, ihm das vor 'n Latz geknallt und er voll eingeknickt vor dem Argument, obwohls 'ne glatte Lüge war, aber fragt ja keiner hinterher. Hauptsache Sieg! Sieg auf der ganzen Linie. Wir also rein. Ich zur Schwester: »Haben uns denn doch für das Paket hier mit Masern, Röteln, Mumps entschieden. Dis nehm wa.« Die Ärztin, schon ganz aufgeregt, freut sich. Lächelt nervös. Wahrscheinlich ist es ihre allererste Spritze, die sie gibt. Na, irgendwann isses schließlich immer das erste Mal. Wird schon werden. Bin ja früher auch nich dran gestorben. Hoffentlich bricht die Spitze nich ab? Und da, sind das nich Luftblasen in dem Serum? Nee, ich kann nich hingucken!!! Ich gucke einfach nich hin. »Papa, was is'?!«, ruft der ahnungslose 5-Jährige. »Ach, ich hab hier hinten bloß grade 'ne Spinne gesehn«, log ich. »Oh, die will ich auch sehn.« »Is schon weg.« Dann isses auch schon passiert. Ohne die klitzekleinste Vorwarnung hat sie brutal mit der Spitze auf ihn eingestochen. Bis fast zum Anschlag rein, wenn ich mich nich getäuscht habe. Ich ersticke einen Schrei in meinem flauschigen Ärmel. Von dem Pullover, den ich so gut finde. Dem gelben. Den hab ich mal gefunden im Park. Wer weiß, wem der vorher gehört hat. Nachdenken wollte ich damals nich darüber, und will ich heute immer noch nicht. Genauso wenig, wie ich mir solche Szenen angucken will. Das is ja schlimmer als Johannes B. Kerner und Guido Westerwelle zusammen. War dann aber wohl doch nich so schlimm. Er hat nich mal ›Aua‹ gesagt. Aber immerhin Blut! Ein Tropfen. Naja. Die Schwester hat mir dann noch was zur Beruhigung mitgegeben und dann hab ich dann auch zu Hause irgendwann geschlafen, wegen dem Zeug.

Dankesgedicht an die Natur

Regen draußen auf der Straße
mein Rucksack, der is auf
alle Sachen werden nass
Schade, denn ein Stück Streuselkuchen is da noch drin auch
kann ihn nicht zumachen
er is ja nämlich kaputt, der Rucksack, meine ich
und das Gedicht hier, das reimt sich gar nicht
der Rucksack, der hat nur 30 Mark gekostet übrigens
den Streuselkuchen, den ess ich nachher auf
auch wenn er nass is, na und?! Mir egal!
das Versmaß, das is irgendwie auch voll für 'n Arsch
ja der Goethe und der Schiller, meine Vorbilder, die würden
sich wohl im Grabe umdrehen, wenn sie
noch könnten dis
aber die sind ja zum Glück schon verwest
dank dir, holde Natur!

Wie mal in dem Zeug, wo keiner weiß, was das ist, was lebte, drin

Mittwoch, 18. Oktober. Meine Schulter zuckt nervös. Wahrscheinlich Asthma oder so was Ähnliches. Müsste mal wieder Grießbrei essen, damit das aufhört. Is aber leider keiner da, nur schmutzige Wäsche. Müsste auch mal wieder waschen. Waschmaschine hat keine Lust auf Waschen, möchte lieber politische Themen ausdiskutieren. Doch seit wann haben Waschmaschinen Ahnung von Politik? Noch dazu vollautomatische. Die haben doch von gar nichts Ahnung. Die sind doch ferngesteuert. Ich guck sie an, wie man eine doofe Waschmaschine eben anguckt. Noch dazu eine vollautomatische. Guck sie an, und da fällt mir ein, dass der sozialistische Bruderbund mit den Völkern der Sowjetunion ja nun auch der Vergangenheit angehört. Da sollte man mal ab und zu dran erinnern. Sonst vergisst man das noch. Ja, hab ich ja nun gemacht.

Hui, in dem Glas, mit dem Zeug drin, wo keiner weiß, was das ist, da wimmelt es ja förmlich von Mehlfliegen. Ein einziges Gewusel is da drinnen. Ein richtiges Terrarium. Unten die Maden von denen und oben die geflügelten Wesen. Scheint eine gute Lebensgrundlage für die zu sein, das Zeug, von dem keiner weiß, was es ist. Nahrhaft bestimmt und sicherlich auch aphrodisierend, so wie sich das Kroppzeug vermehrt. Ich stehe eine Weile vor dem Glas und beiß mir auf den Finger. Das mach ich oft, wenn ich überlege. Der is schon doppelt so breit wie die andern. Sieht ganz zermanscht aus. Armer zermanschter Finger. Vielleicht sollt ich mal einen andern Finger zum Draufrumkauen benutzen. Guck mir meine andern Finger an, nehm dann aber doch wieder den Zermanschten. Ich überlege, ob ich mal von dem Zeug probieren sollte. Bisher hat sich ja noch keiner getraut. Da würden die andern gucken, wenn plötzlich ganz viele kleine Ahnes in der Küche herumwuseln. Stelle mir vor, wie wohl eine Made von mir aussehen würde. Kann es mir ganz gut vorstellen. Leider fehlen mir die Worte, um es hier für euch aufzuschreiben. Bei den Mehlfliegen sind die Maden ja größer als sie selbst. Meine Maden wären also circa 2,00 Meter mal 1,50. Und dann wackeln die wie Wackelpudding. Stelle mir vor, wie ich so mittenmang 30 Maden von mir rumstehe. Irgendwie gruslig. Ich müsste für sie ganz viel von dem Zeug, wo keiner weiß, was das is, einkaufen. Es sind doch schließlich alles meine Kinder, auch wenn sie eklig aussehen. Ich kann sie doch nicht einfach verhungern lassen, die Dinger. Ich bin doch kein Mörder! Ich bin doch kein Kindsmörder! Stelle mir vor, was wohl die Boulevardpresse schreiben würde: »Bestie vom Prenzlauer Berg ließ seine 30 ekelhaften Madenkinder jämmerlich verhungern. Rot-Grün schweigt!« Stelle mir weiter vor, wie sie herausfinden, dass ich in meiner Schulzeit einmal stellvertretender Wandzeitungsredakteur war. Außerdem habe ich immer noch kein Auto. Bis zu der Kette: Kommunismus – Öko-Steuer – massenhafter Kindsmord wäre es nur ein winziger Schritt. Ich könnte dann froh sein, wenn ich im Knast eine Einzelzelle für mich hätte. Lebenslange Einzelhaft. Keine schöne Vorstellung. Aber noch habe ich ja nichts von dem Zeug, wo keiner weiß, was es ist, gegessen. Ich hab mich eigentlich sowieso schon entschieden, dass ich es nicht machen werde. »Hallo, ihr Mehlfliegenplage, ich werde euch nichts wegnehmen. Ich werde euch jetzt in die Mülltonne schmeißen und da könnt ihr dann ruhig weiter ... (fast hätt ich jetzt ficken gesagt, aber ficken sag ich erst mal nich mehr, weil, ficken hat seit geraumer Zeit Inflation, ich sag mal einfach nachdenken, das tun die bestimmt auch). Da könnt ihr dann ruhig weiter nachdenken, ihr, ja, ihr wisst schon, wer gemeint ist. Ja, du auch.« Die Mehlfliegen gucken dumm, stell ich mir jedenfalls vor, sie hatten wahrscheinlich insgeheim damit gerechnet, dass ich, wenn ich da jetzt was kosten wollte, unvorsichtigerweise den Deckel lüfte und sie dann eins, zwei, fix entschwirren könnten. Um in der Zwiebackpackung von der keiner weiß, wann die mal gekauft wurde, weiterzuwuseln. Doch diesem Plan habe ich, dank meiner überlegenen Geisteskraft, einen Riegel vordurchkreuzt. Natürlich bin ich deswegen trotzdem ein Mörder, aber so einer, dem die Boulevardpresse keinerlei Träne nachweint. Einer, der untergeht in der Masse der Mörder. Anonym, ohne Adresse und Gesicht. Der weiterhin mit den Schultern zucken kann und Grießbrei essen, damit das aufhört. Und der, falls eines Tages mal die Mehlfliegen oder die Maden von denen … nee, ich hab von nichts was gewusst. Weiß ja noch nich mal, was die da so gerne essen. Und die Fragen meiner Enkel werd ich sowieso nie beantworten.

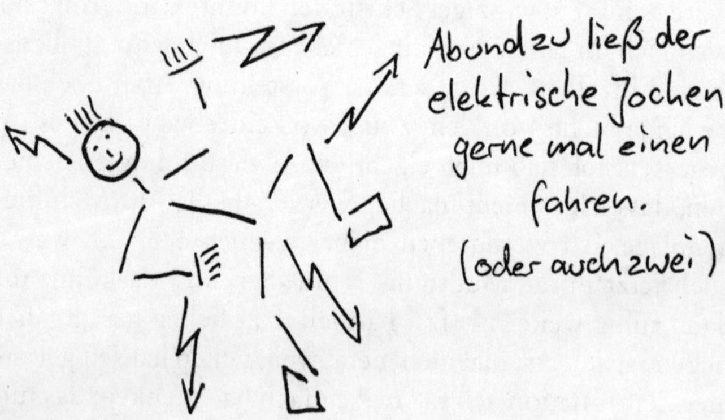

Alexanderplatz

Neulich war ich auf dem Alexanderplatz. Der Alexanderplatz ist ja ein sehr repräsentativer Platz in der Mitte des ehemaligen Ost-Berlin. Hier kommen viele Menschen aus aller Herren Länder und auch aus, sogar aus, äh, Rheinland-Pfalz hin, weil sie mal sehen wollen, wie es hier so ist, auf dem Alexanderplatz. Sie stehen dann so rum und gucken und laufen mal paar Schritte hier und dort hin und naja, gucken sich den eben an, den Alexanderplatz. Sie waren ja schließlich noch nie hier, manche jedenfalls, andere wiederum schon. Die waren schon mal hier, früher. Aber gegenüber früher, da kann sich ja auch schon einiges sogar geändert haben, vielleicht. Denken jedenfalls welche. Die denken sich, guck mal einer an, was sich hier so alles ändert zum Beispiel hier, das stand doch so hier oder auch da, das sah doch womöglich anders aus, wenn ich mich recht, aber kann auch sein, ich irre mich, is schon verrückt, wo sind wir eigentlich, aha, na sieh mal einer an. Und so!! Das finde ich gut, dass immer wieder welche überhaupt auch verwundert sind noch. Es gibt natürlich ebenso Leute, die stehen ständig auf dem Alexanderplatz rum. Sie haben eine Dose Bier in der Hand und eine rote Rose im Knopfloch stecken und sie warten darauf, dass sie jemand abholt und heiratet, weil sie mal später Kinder in einer harmonischen Beziehung haben möchten. Meistens allerdings kommt keiner. Die Zeit ist nicht an dem. Es ist die Zeit der Fast-Food-Beziehungen. Man trifft sich zufällig im Döner, sagt ›Hallo‹ und steigt zusammen in die Kiste, Kondome hat man auch vergessen, huch, Aids gekriegt und auch noch schwanger, später dann Haschisch, Heroin, Tod und auf der Strecke bleiben die Kinder, die bald schon in Banden herumstreunen und alten Omas ihre Stiefeletten vom Fuße wegklauen. Die Omas rufen dann die Polizei und die kennt schon ihre Pappenheimer, rollt an mit ihren Rollkommandos vor den Wohnsilos, wo die unterernährten Blagen dahinvegetieren, und erschießt aus Versehen eins, zwei von ihnen, der Rest wandert ins Kittchen. So ist die Zeit nämlich! Aber das wissen die netten Touristen auf dem Alexanderplatz natürlich nicht. Sie sind ja auch nur zu Besuch hier. Und wenn man auf Besuch ist, will man der Wahrheit nicht gerne ins Auge blicken. Schon gar erst recht nicht der Wirklichkeit. Man zieht die Inneren Gardinen vors Gehirn und sieht nur das, was man auch sehen will. Zum Beispiel die liebevoll restaurierten Altbauten, die es hier auf dem Alexanderplatz gar nicht gibt, aber bestimmt woanders. Denn es kann ja schließlich nicht überall so scheußlich hier aussehen, wie es eben hier aussieht. Das leuchtet wohl ein. Gerne erinnern sich sicherlich Herr und Frau Stockbabelburg an Florida oder hier die eine Stadt im Hunsrück. Da, ja da, fahren sie auch mal wieder hin. Schön hier aber auch auf dem Alexanderplatz, auch wenn man das nicht sieht. Die sind zumindestens alle sehr solidarisch hier im Osten. Und Polizei is ja auch da, wenn mal was passiert. »Heinz, lass uns mal immer schön in der Nähe von dem Polizeiauto bleiben. Heinz, willst du wohl, Heinz!«

Ja, und da war ich also neulich mal wieder, auf dem Alexanderplatz. Hab mir am Bahnhof einen Fahrplan geholt und bin gleich dann schnell wieder nach Hause gefahren. Mal sehn, wenn ich älter bin, dann geh ich da bestimmt nochmal hin.

Ein Mann kommt aus der Kaufhalle mit einer Einkaufstüte voller Sachen

Ein Mann kommt aus der Kaufhalle mit einer Einkaufstüte voller Sachen. Er geht hin zu seinem Fahrrad. Das Fahrrad ist weg. Da, wo mal das Fahrrad war, ist jetzt nur noch ein Haufen Luft. Der Mann ist total verzweifelt. Er wollte nämlich die Einkaufstüte mit den Sachen hinten auf den Gepäckträger draufschnallen, damit er nicht so schwer zu tragen hat. Nun muss er doch schwer tragen, er ist supersauer. Jemand muss sich das Fahrrad einfach weggenommen haben, so viel steht fest. Und das, ohne zu fragen. Der Mann ist sich sicher, dass das ein Dieb war. Nur Diebe können so gemein sein. Er guckt, ob er den Dieb noch irgendwo sehen kann, am Horizont vielleicht. Doch den Blick hin zum Horizont versperren buschige Baumkronen eines wunderhübschen Parkes. ›Scheiß Park‹, denkt der Mann bei sich, ›kann doch wohl nicht sein, dass ausgerechnet jetzt hier ausgerechnet auch noch ein Park ist, hier mit buschigen Baumkronen, die den Blick hin zum Horizont versperren, wo bestimmt grad der Dieb herumradelt auf seinem schönen Fahrrad, das er früher mal gefunden hat in genau diesem Park. Warum kann da jetzt nicht eine weitläufige Heidelandschaft sein?! Die Puszta zum Beispiel. Wenn man die mal braucht, ist die natürlich nicht da. Scheiße!‹, und dann reißt ihm auch noch die Tüte. Winkelemente, Kohlenanzünder, Dosenbier, Cherry-Tomaten und was er noch so eingekauft hat purzeln auf die nackte Straße, die nackt im Wind sich über den Mutterboden drübergedeckt hat. Auch Quark. 6 große Packungen Quark. Es sollte heute Kartoffeln mit Quark geben. Doch jetzt ist von dem Quark die Packungen, die sind aufgeplatzt und ganze Armeen von Ameisen machen sich auf den Weg, sind schon drin in dem Quark. Der Mann kann nicht reagieren, die Ameisen sind zu schnell. Es kann sein, dass sie die Fähigkeit haben, Geschehnisse vorherzusehen. Sie haben bestimmt schon eine Weile gelauert und auf ihre Armbanduhren geguckt und fieberhaft den Augenblick herbeigesehnt, in dem das Tütereißen sich anschickte zu sein. Dabei mögen Ameisen keinen Quark. Sie tun das nur um uns zu ärgern. Sie trampeln mit ihren ungewaschenen Füßen in dem Quark rum und bewerfen sich mit winzigen Quarkbällchen. Man könnte das sehr gut unter dem Elektronenmikroskop beobachten, das der legendäre DDR-Starwissenschaftler Manfred von Ardenne eigens zu diesem Zweck damals in den, glaub ich, 70er Jahren oder so entwickelte. Damit kann man ganz kleine Dinge sehen, die man sonst nicht sehen kann. Heute kann sich jeder so ein Elektronenmikroskop an jeder Ecke kaufen, das ist gar nicht teuer im Gegensatz zu einfachen Staubsaugerbeuteln, meine ich. Das ist jetzt so, weil sich ja die Gesellschaft verändert hat. Früher, da standen die Menschen nach Elektronenmikroskopen an wie nach Bananen. Man nahm sich extra sogar Campingausrüstungen mit um so fürs Anstehen, damit man dabei sitzen kann. Ansitzen hätte es eigentlich geheißen haben müssen. Man hat aber trotzdem weiter anstehen gesagt, weil das mehr so berserkermäßig klingt. Damit wollte man den Staat DDR mordsmäßig auf die Schippe nehmen, aber nich so tralala witzig, mehr so mit einem grimmigen Lächeln. Das steht zumindestens in den Stasiakten. Die Stasi wusste ja immer schon alles vorher. Die hatten ja auch jede Menge Elektronenmikroskope von Manfred von Ardenne, die hatten die vorher bei ihm bestellt. Die wussten ja schon vor ihm, dass der so was erfinden wird. Der arme Mann musste Tag und Nacht Elektronenmikroskope herstellen, bevor er überhaupt wusste, dass das Elektronenmikroskope waren. Und auch danach noch. Es war ähnlich wie bei Albert Einstein und der Atombombe, bloß später. Die Stasi wollte mit den Mikroskopen versteckte Meinungen vergrößern und somit sichtbar machen und für sich gewinnen. Meinungen sind zwar nich aus Materie, aber man kanns ja mal versuchen, dachten sie sich. Ardenne ist darüber nie hinweggekommen, heute ist er tot. Die DDR allerdings auch. Nur das Elektronenmikroskop hat überlebt und der Mann kann die Kartoffeln mit Quark wohl vergessen, es sei denn, er holt sich nochmal neuen Quark aus der Kaufhalle. Dann aber bitteschön in einem soliden Stoffbeutel. Der is auch besser für die Umwelt.

Mutti, lies das mal!

Ich bin erwachsen. Ich habe ein Zimmer. Ich habe ein Kind. Ich habe ein Konto. Ich bin erwachsen.

Ich bin groß. Ich bin klug. Ich kann mir selber den Po abwischen. Ich bin erwachsen. Einen auserlesenen Musikgeschmack habe ich außerdem. Höre Schallplatten, keine CD's. Ich bin erwachsen.

Manchmal möchte ich wieder sein wie ein Kind. Möchte mit Filzstift lustige Fratzen an die Tapete malen und möchte dann, dass das wieder weggeht. Aber das geht nich wieder weg.

Wichtige Möbelstücke in meinem Zimmer (IV)
(Der Spiegel)

In meinem Zimmer steht ein riesiger Spiegel. Direkt neben der einen Box, die, die immer aussetzt wegen wahrscheinlich Wackelkontakt. Direkt daneben steht er, der Spiegel. Er ist riesig groß. Ungefähr so groß wie ein kleiner rechteckiger Mensch. Ich hab schon mal versucht ihn auszumessen, aber mein Dreieck war nicht groß genug. Ich musste immer am Ende von der Skala dann so meinen Daumen draufdrücken und dann das Dreieck wegnehmen und an dem Daumen, wo ich den rangedrückt hatte, mit der anderen Seite von der Skala da wieder ran, und das öfter. Da bin ich dann abgerutscht, mehrmals, und kam schließlich auf utopische 9 Meter 60 mal, die Breite hab ich jetzt sogar schon wieder vergessen. Ich habs dann nochmal mit Zirkel versucht, aber der Zirkel war auch zu klein. Wenn jemand noch so große Zirkel oder Dreiecke hat, wie sie früher für die Schultafeln verwendet wurden, der kann sie mir ja mal ausborgen, ich sag auch nicht weiter, dass der die geklaut hat. Heute gibts ja an den Schulen nich mehr so 'ne großen Zirkel. Heute ham die ja überall schon Computer und auch der Genitiv verschwindet nach und nach in der Mottenkiste der Pädagogik. Schlimm das Ganze. Mein Spiegel. Er hat eine Scheibe aus Spiegelglas. Wenn die mal kaputtgeht, gibts sieben Jahre Pech. Aber noch is die ja nich kaputt. Noch kann man sich, gute Laune vorausgesetzt, im Spiegelglas des Spiegels spiegeln. So ein Spiegeln geht ja recht schnell vonstatten. Das Licht mit dem Abbild trifft in Lichtgeschwindigkeit auf das Spiegelglas und projiziert auf diesem Glas in irrwitziger Schnelle ein weiteres Abbild. Das so genannte Abbild römisch II. Es ist nicht ganz so gut wie Abbild römisch I und schon gar nicht zu vergleichen mit dem Original, was wie die Wissenschaftler herausfanden, ja auch nur in Wirklichkeit ein Abbild in unserem Blick, also mit den Augen, da nimmt man das ja anders wahr, wir lügen uns ja total oft was vor. Wir sehen, was wir sehen wollen. Wir haben in der Schule gelernt, ein Mensch hat zwei Augen, eine Nase, einen Mund undsoweiter, und so sehen wir das dann auch. Kann sein, in Wirklichkeit sieht der Mensch, zum Beispiel man selber, eher aus wie ein VW Golf mit riesiger Heckklappe, siehe auch Generation Golf, doch das passt nicht in Schema F, was wir in der Schule gelernt haben, und so verwandelt das Gehirn die Informationen, die es vom Auge geliefert bekommt, schnurstracks um in so was, was wir dann eben sehen. Klingt kompliziert, man kann das nachlesen bei Stephen Hawking, Seite 218. Kann aber auch sein, dass da das Gehirn dann auch nicht mitspielt und uns einfach wieder etwas anderes vorgaukelt. Is letzten Endes auch egal. Ich bin zufrieden, so wie's ist. Mein Spiegel. Er ist außenrum aus braunem Holz. Späte Antike, schätz ich mal. Hab ich aus 'nem Container rausgezogen. Nach der Wende. Ich geh da so damals die Kollwitzstraße lang und da seh ich dieses Monstrum da in so 'm Container drinstecken. Die Leute haben da ja alles mögliche weggeschmissen, wo sie dachten, das wär irgendwie sozialistisch und würde sie als ehemaliges Mitglied des Zentralkomitees der Sozialistischen Einheitspartei Deutschlands entlarven. Hinüber über den Jordan gingen damals Bücher von Marx, Engels, Heinrich Heine, Kurt-Tucholsky-Gesamtausgaben, aber auch FDGB-Pokale, Präsent-20-Anzüge, Sandmännchenpuppen und Gelbe Erbsen mit Bauchspeck im Glas. Jemand, der scheinbar nicht ganz dicht in der Rübe ist, hat damals eben gedacht, dass der antike Spiegel auch noch irgendwie Sozialismus ist, und hat den dann auch einfach mit weggeschmissen. Vielleicht konnte er sich aber bloß nicht mehr im Spiegel in die Augen gucken, wer weiß das schon. Es gab ja schlimme Sachen damals. Manche waren ja Spitzel und haben ihren eigenen Bruder verraten, der auch bei der Stasi war. Jedenfalls steht der Spiegel jetzt bei mir. Lehnt an der Wand, und wenn ich früh aufstehe, seh ich mich dadrinnen, mal nackig und mal angezogen, je nachdem, wie der Abend zuvor, ob ich mich da noch ausziehen konnte. Der Spiegel. Mein Spiegel. Er ist mit meinem Zimmer verwachsen. Macht eine gute Figur, bis auf den Schwimmring vielleicht und die dünnen Beine und ich muss sagen, dass ich eigentlich schon alles gesagt habe.

Mein Leben mit Eberhard Diepgen

1984 war ich 16 Jahre alt und fast noch ein Kind. Ich hatte noch keinen Bart und meine Lieblingsband hieß AC⚡DC. Natürlich fand ich auch Ideal gut und Punk und ja, auch wenn ich's mir selber nich eingestehen wollte, auch so 'ne Poppermucke wie die von Depeche Mode, Synthigeklimper igittigitt, doch AC⚡DC, das war ja klar, logisch, schließlich war ich 'n Typ, AC⚡DC, das musste schon sein. Besonders stand ich auf diesen einen Song hier, TNT. Ich dachte allerdings, es würde in diesem Lied um Teetrinken gehen. Ich dachte, es würde Tea and Tea heißen. Tee war ja auch mein Lieblingsgetränk, ich trank es kannenweise und in Englisch war ich nich grade 'ne Leuchte, obwohl die Lehrerin gut aussah und wirklich nett schien. Trotzdem spielten wir lieber Karten, würde man ja eh nich brauchen, dieses Kauderwelsch. Wir lebten in den Tag hinein und hofften auf irgendeinen dritten Weg. Wir waren ja so schrecklich naiv im Osten. Zwar konnten wir RIAS und SFB empfangen, aber es gab keine Bananen und erst recht keine AC⚡DC-Platten, wo man hätte erkennen können, dass es sich bei dem Lied TNT dabei um einen Sprengstoff handelte, da, in dem Lied.

Unseren Staatsbürgerkundelehrer konnten wir ja auch nicht fragen, denn so viel wussten wir, der war doof. Der erzählte uns, dass die Umweltverschmutzung aus dem Westen käme. Der Dreck hätte also die Elbe bergauf schwimmen müssen. Wir mussten da sehr oft lachen. Wir waren ja so naiv.

Dann kam Eberhard Diepgen. ›Unser Ebi‹, wie wir ihn nicht nannten. Er wurde Regierender Bürgermeister in West-Berlin und für mich wurde alles anders. Ich kam mit

Ach und Krach durch die Prüfung, bekam meine erste Westjeans und lernte Drucker. Drucker war ein Scheiß-Beruf. So laute Maschinen und so viel Dreck und immer so früh aufstehen. Manchmal verfluchte ich Eberhard Diepgen, obwohl er gar nichts dafür konnte, denn bei uns regierte ja die SED und es gab noch nich mal Bananen. Höchstens mal an Weihnachten. Dann war ich Eberhard Diepgen sogar ein bisschen dankbar, obwohl er da auch nichts dafür konnte, weil, zwischen uns, da stand ja, da war ja, die Mauer. Die entsetzliche Mauer. Die stand da, hingebaut vom SED-Regime, und man konnte nich drunter, nich drüber, auch nich durch. Es war entsetzlich, jeden Tag sah ich sie vor mir. Vor meinem inneren Auge. Die Mauer war ja auch in unseren Köpfen. Aber die mein ich jetzt mal nich, ich mein die Mauer aus Beton.
Als die dann weg war, war Eberhard Diepgen gerade kein Regierender Bürgermeister, sondern irgend so ein Momper. Der trug immer rote Schals und konnte nich singen. Ich hatte inzwischen schießen gelernt und war jetzt selber Politiker. Ich setzte mich sehr für Bananen ein und die kamen dann auch. Man konnte jetzt Bananen essen, so viel man wollte. Man konnte auch Orangen essen und Kiwis, man muss nämlich wissen, wenn man zu viel Bananen isst, dann kriegt man davon Verstopfung. Aber jetzt hatte man ja die große Auswahl, Orangen wie gesagt, Kiwis, Ananas. Ich hasste ja Ananas. Ich bekam schon Ausschlag, wenn ich nur das Wort Ananas hörte. Aber wie gesagt, es gab ja jetzt auch Orangen und Bananen, selbst Erdbeeren! Im Winter! Das muss man sich mal vorstellen!! Kannten wir ja nicht, im Winter. Ja, man konnte nun sogar Matchboxautos kaufen, doch dafür war ich inzwischen zu groß. Ich war ein richtiger Mann geworden und hatte Haare am

Sack gekriegt. Und Eberhard Diepgen war auch schon wieder Regierender Bürgermeister. Kinder, wie die Zeit verging! 1991 war das. Da lebte ich gerade in einem Haus, wo in dem ganzen Haus drin nur eine Toilette funktionierte. Dann, ein Jahr später, Eberhard Diepgen war weiterhin Regierender Bürgermeister, funktionierten immerhin schon 3 Toiletten. Noch ein Jahr später sogar schon fünf und ich machte eine Reise zum Nordpol, Quatsch, nach Griechenland natürlich. Nordpol war ja viel zu teuer, das Ostgeld war ja nichts mehr wert, wir hatten ja auch gar keins mehr, wir hatten ja jetzt die D-Mark. Dank Eberhard Diepgen, den wir immer noch nicht ›unsern Ebi‹ nannten. Warum eigentlich nich? Naja.
Inzwischen funktionieren bei uns alle Toiletten, Nelson Mandela is frei, das Haus Europa und die Autobahnen sind auch besser. Jetzt muss Eberhard Diepgen wohl gehen. Is alt geworden, kann nich mehr. Uns bleibt nur noch eins, nämlich tschüss zu sagen. Tschüss!

Dis Buch ›Jenseits der Nation‹ von Heiner Müller konnt ich leider nich lesen, weil, immer wenn ich irgendwas zu lesen anfange, werd ich davon immer so müde

Ich lauf durch die Stadt
am Himmel Sterne
ich laufe und laufe
ich laufe gerne
und bin ich bei dir
lieg an deiner Seite
dann frage nicht viel
morgen lauf ich weite(r)

Ratten darf man nicht mit Menschen vergleichen, bei großer Hitze kann es aber schon mal sein, dass es einem aus Versehen passiert

Eisregen. Alles für Eisregen. Kaltes Eis, das auf der Haut verzischt. Wenigstens ein bisschen. Es ist 10 Uhr morgens und das Thermometer zeigt unglaubliche 60 Grad an. Circa 50 Tiere stehen Schlange vor meinem Kühlschrank. Rehe sind darunter, Hasen, Fische, sogar vereinzelt ein paar Igel. Sie gucken mich flehentlich an. Klar, sie wissen nicht, warum. Sie sind schließlich nie Auto gefahren, haben keinen Plastikmüll gekauft und sich auch nie mit Rasierschaum die Haare gewaschen. Sie können nichts für die Klimakatastrophe. Und darum tun sie mir Leid. Und darum räume ich Butter, Milch und Käsesocken aus dem Kühlschrank und schaffe Platz für meine animalischen Freunde. ›So, nun kommt, hoppelt mal schön rein in den kühlen Schrank. Einer nach dem anderen, nich drängeln. Ihr Igel, für euch hab ich das Gemüseschubfach unten reserviert. Weil ihr ja mit euren Stacheln sonst die andern piekt. Hasen und Rehe, ihr kommt oben rein, Hirsche, Büffel, Schnecken und Schildkröten in die Mitte. Fische und Vögel, für euch bleibt noch das Gefrierfach. Da könnt ihr euch erst mal ein wenig ausschlafen. Das tut gut, nich.‹ Die niedlichen Tierchen, jetzt sind sie alle drin. Und in meiner Küche, da stinkts. Aus der Butter sind bereits ranzige Blumen gewachsen. Voll eklig. Die Käsesocken blühen auch und die Wurst beginnt zu leben. Verdammt! Weg mit euch! Wer isst schon lebendige Wurst. Ab in den Müll. Hinaus aus dem Fenster, wo sich schon Funsportarten, die Generation-Ich und verschiedene Fräuleinwunder türmen. Niemand kümmert sich darum. Man lässt den Müll in der Sonne dampfen. Er dampft und dampft und dampft. Vermutlich wird er irgendwann weggedampft sein. Nich mal die Ratten machen sich die Mühe von ihm zu kosten. Sie würden auch am liebsten bei mir im Kühlschrank Zuflucht finden. Aber Ratten mag ich nicht. Die kommen bei mir nich rein. Ich hab nämlich mal bei der Armee eine Ratte gesehen. Die war eklig fett und hockte unter meinem Bett. Die hat mich angeglotzt, als wäre ich der liebe Gott. Hat nich mal gezuckt. Hat einfach nur fett und doof dagesessen und geglotzt. Ich hatte meinen Kopf so runtergehängt, lag so da im Bett und der Kopf eben so unten und bäh, die sah echt Scheiße aus, die Ratte. Und dann hab ich mal geklopft auf den Fußboden, praktisch als Test, und die hat das nich die Bohne gestört. Die hockte da weiter so und rührte sich nich. Als ich dann mit meinem Gewehrkolben sie anstupste, da konnte ich sie einfach so wegschieben. Die war total steif. War wohl tot. Die fette Ratte. Aber selbst als tote Ratte konnte sie noch unheimlich bisschen Schrecken verbreiten. Ich hab sie dann noch 'n paar Mal immer so hin- und hergepafft. Doing, so gegen den Kopf. Um sicherzugehen, dass das nich bloß so 'n fieser Trick von ihr is. Aber sie war wirklich tot. Vielleicht Gift oder Herzverfettung. Ich glaube, eher Herzverfettung, so fett, wie die war. Wir haben sie schließlich beerdigt in der Mülltonne. Ein angemessenes Grab für die eklige Kreatur. Unsere Offiziere waren ja auch Ratten. Widerliche, verfettete Arschlöcher, deren Dummheit man schon riechen konnte. Sie hetzten und erniedrigten uns im Namen des Sozialismus. Heute tun sie dasselbe wahrscheinlich im Namen der freien Marktwirtschaft und sie würden es auch im Namen des Faschismus oder im Namen irgendeiner obskuren Religion tun, denn solche Arschlöcher braucht man in jeder Armee und solche Arschlöcher haben kein Gewissen. Sie stehen immer Gewehr bei Fuß, Hauptsache, man gibt ihnen genug zu fressen und eine Uniform. Auch für sie bleibt mein Kühlschrank eine verbotene Zone. Die können noch so klopfen und drängeln. Nichts da. Ich mach es einfach wie in diesen Techno-Clubs. Mit so 'nem Guckloch in der Tür und dann, ja du hier, da hinten, du Schaf, und du auch, du Esel, ihr könnt vorkommen, aber hier die Herren Offiziere, keine Chance, geht mal lieber nach hinten auf den Hof zum Verdampfen oder da, seht ihr die Mülltonne, ja, da reinklettern. Los, eins, zwo im Laufschritt, wenn ich bitten darf. Und der oberste Knopf der Jacke bleibt geschlossen! Wo sind wir denn hier?! Wir sind doch nich bei den Hottentotten. »Wie, was heißt hier Rassismus? Das heißt Jawohl, Genosse Ahne! Und jetzt Deckel zu und sterben!« So, fertig. Das hätten wir geschafft. Oh, ich muss mal die Fische und Vögel aus dem Gefrierfach holen. Hoffentlich hat keiner von ihnen Gefrierbrand gekricht. Na, nun flattert mal schön wieder. Inner Stunde könnt ihr nochmal anklopfen und sagt auch den Käfern und den Einhörnern Bescheid. Hier für jeden noch 'ne Tafel Schokolade, aber schnell aufessen, is so warm. Kriegt man sonst Schokoschnute und Schmutzflossen. Eisregen. Ein Königreich für einen Eisregen.

Dialog zweier Schreiberlinge in München

A: »Und, wie findest du meine Gedichte?«
B: »Schlecht.«
A: »Na, ich bin doch aber auch erst 22.«
B: »Ja.«

Fühle mich wie ein kleiner Junge. Laufe durch die Sonne und der Heuschnupfen ist immer noch nicht da. Atak* hat mir erzählt, dass er früher in seiner Kindheit zwei kleine Ziegen hatte, mit denen er Gassi gehen musste. Ich hatte nie Ziegen. Meine Mutti wollte keine Haustiere. Darum schleppte ich oft Schnecken heimwärts, die dann unsere ganze Wohnung verschleimten. Ich hatte auch einmal Wasserkäfer, die schwammen in so 'nem Einweckglas drin rum. Im Winter sind sie eingefroren, das Glas zersprungen. Eisstücke, mittenmang die Käfer, gefangen wie in Bernstein. Spider* hat gesagt, dass es auch als Mensch schon möglich sei, sich einfrieren zu lassen, das sei gar kein Problem. Würden auch viele schon machen, da würden keine Gläser kaputtgehen, problematisch sei nur das Auftauen. Das hätte noch niemand überlebt. Ich will nicht eingefroren werden, obwohl ich jetzt doch erste Anzeichen des Heuschnupfens spüre. Ein Auge juckt, das andere tränt. Blöde Natur, Scheiß Industrie. Jemand hat in der Straße seine Kreissäge angeschmissen. Im Eckhaus existiert eine kleine Tischlerei. Die arbeiten wahrscheinlich mit Bio-Holz, so wie die aussehen. Haben auch über der Öko-Tischlerei einen Mädchenclub. Da dürfen keine Jungs rein. Draußen an der Scheibe von dem Tante-Emma-Laden klebt ein Plakat, wo die Parole draufsteht: »Mädchen zurück an den Herd«. Mit Kreuzchen unterschrieben haben sämtliche Parteien von CDU bis PDS. Nur die NPD fehlt. Bahnen sich da merkwürdige Allianzen an? Die so genannten ›Internationalen Kommunisten‹ haben ja auch schon dazu aufgerufen zusammen mit den USA und Israel gegen den Islamismus zu kämpfen. Und der Möllemann … na, lassen wir das Thema. Möllemann, naja. Kommen wir lieber zum Papst. Ach nein, das Thema Papst lassen wir mal auch lieber. Dem gehts ja gar nicht mal so gut. Der erinnert einen an Leonid Breschnew in seinen letzten Jahren. So als wenn der nur noch an Fäden durch die Gegend gezerrt würde. Nur dass sie dem Breschnew wohl vorher einen Besen zu fressen gegeben hatten, so steif, wie der immer dastand, während der Papst anscheinend so langsam zu einer Art Ball mutiert. Na, man weiß nicht, wie man selber mal später aussieht und ob man dann noch so weit wenigstens da ist, dass man eigenständig von irgendwas zurücktreten kann. Lieber mal auf Holz klopfen. Der Grand Prix de la Chanson ist ja auch spurlos an mir vorübergegangen. So spurlos wie eigentlich schon immer. Ob nun Guildo Horn oder Stefan Raab oder weiß der Truthahn, wie die jetzt grade wieder hieß, dis geht mir voll am Arsch vorbei. Da können die Zeitungen noch so schwärmen von in oder Kult, dis is mir egal, mittlerweile is ja eh schon alles, was den Vornamen Kult trägt, die Peinlichkeit in Person. In letzter Zeit waren nich nur Heino, Hip-Hop, Ostprodukte, Afri-Cola, American Football, Sushi und die Surf-Poeten Kult, sondern auch Pflaumenmus, Taschentelefone, die 100 000-Mark-Show, U-Boote und Brennnesseln. Demnächst wahrscheinlich Hundekacke oder die CDU. Hallelujah, na, das macht sicherlich die Konkurrenz in der Medienbranche. Werden schon auch wieder andere Zeiten kommen. Zeiten, in denen man wieder die großen Philosophen liest. Hab schon die ersten Anzeichen dafür bemerkt. Neulich im Zug auf dem Rückweg von München. Eine junge Frau, Bier trinkend, im Gespräch mit 1, 2, viele Soldaten. Sie, blond, mit Zopf hinten, Ohrringe, hübsch und rauchend. Sie monologisierend: »Ich hab keinen Bock mehr auf diese Idioten, die den ganzen Tag nur saufen und sich dann rumprügeln. Ich hab auch gesoffen, klar, jahrelang. Bis zum Koma. Alles ohne Ende, Bier, Schnaps, Braunen bis zum Koma. Kann ich nich mehr. Is vorbei. Hab ich keinen Bock mehr. Kiffen ja, dis würd ich noch machen. Dis hab ich im Griff. Is so. Nur mein Freund, der dreht da durch. Der findet, dis is undeutsch. Dabei säuft der wie 'n Loch, der Kerl. Ich bin ja auch national. Natürlich bin ich national. Deutschland, super, bestes Land der Welt. Würd ich alles für geben. Alles für Deutschland. Ich würd noch nich mal woanders in Urlaub fahren. Aber ich finde, kiffen, deswegen muss man noch lange keine Assel sein. Ich kiff gerne, dis sag ich ganz offen. Aber mein Freund, der dreht da durch. Na und, kiff ich eben heimlich. Der is ja ansonsten total in Ordnung, der Kerl. Der hat mich ja auch erst so richtig politisch dahingebracht. Da hab ich erst mal nachgedacht. Vorher hab ich ja nur gesoffen. Ohne Ende. Bis zum Koma. Na, dis is vorbei. Ich find ja nich alles gut. Aber man kann auch nich so alles schlecht machen. Wie der Spiegel. Da heißt es immer gleich rechtsradikal, rechtsradikal, alles rechtsradikal. Immer drauf. Egal jetzt, ob die national sind oder einfach nur rechts, alles rechtsradikal. Darum les ich auch so was nicht mehr. Zeitungen, dis ekelt mich an. Ich lese viel lieber Philosophen. Aristoteles, so was, ich sag dir, sogar bei Karl Marx kannste was lernen. Dis gibt mir Ruhe. Da kannste dein Gleichgewicht finden. Ich sag dir, wenn die Ausländer erst mal raus sind, wenn wir die Macht erst mal haben, dann werden auch wieder die Philosophen gelesen. In der Schule. Die wissen ja heute gar nicht mehr, wer Aristoteles war. Die gucken Fernsehn ohne Ende, aber Aristoteles, den kenn se nich. Keine Kultur. Fressen, saufen, mehr is doch da nich. Mein Lieblingsmaler is ja Dalí.

Salvador Dalí. Der hat echt abgefahrenes Zeug gemacht. Also die Bilder, also, da kannste echt breit werden ohne Ende. Wenn de dazu was rauchst, da kannste eintauchen in die Bilder, dis sag ich dir. Ich hör ja auch mehr jetzt klassische Musik. Dis darfste gar keenem erzählen. Dis beruhigt mich einfach. Dis is eben so. Schön einen kiffen und Aristoteles und Tschaikowski oder Beethoven. Die inner Stadt denken ja immer, ich würde jedem gleich auf die Fresse haun, wegen der Stiefel, dabei is dis gar nich so, ich schlag keine Weiber. Und wegen den Schnürsenkeln, klar, weiß, national ohne Ende, ansonsten find ich dis blöd, wegen der Schnürsenkel so 'n Aufriss. Ich find, da laufen manchmal auch ziemlich blöde Sachen. Viele sind gar nicht richtig national, die wollen nur prügeln. Aber was solls, ich geh da doch immer wieder hin, dis sind eben meine Leute, darf man die Hoffnung nich aufgeben. Wenn ich jetzt nach Hause komme, werd ich erst mal schön einen kiffen, da wird mein Freund bestimmt wieder ausrasten. Na und, der is ständig breit. Schade eigentlich. Dis war ja früher dis Schönste, sind wir jeden Abend zusammen ins Bett. Dis ging gar nich, einer allein. Und heute komm ich nach Hause, weeßte, dann bin ich schon so grogé und er, er muss natürlich noch Party, ohne Ende. Na gut, ich muss los, vielleicht sehn ma uns nochmal, ich hab dir ja meine Telefonnummer gegeben, nich, also dann Sieg Heil.«
Sagt sie, blond, Zopf hinten, mit Ohrringen, hübsch und rauchend, und steigt aus. Die Soldaten, von denen lediglich einer, der zum Dank jetzt die Telefonnummer besitzt, sie unterbrochen hatte mit dem Satz: »Ich philosophiere lieber für mich selber.« Diese Soldaten gucken ihr nach und schweigen. Wahrscheinlich alle verliebt und bis in die Stiefelspitzen national, und falls demnächst in den Buch-

läden die Aristoteles-Bände knapp werden, dann sollten wir anderen vielleicht auch langsam mal aus unseren Pantoffeln kommen. Es sei denn, wir sind alle ganz irre gespannt auf was ganz krass anderes, was auch schon früher mal Kult gewesen war.

Das Märchen von dem Kaninchen und der Schlange

Es waren einmal ein Kaninchen und eine Schlange und die kannten sich gar nicht. Sie lebten weit weg voneinander. Die eine in einem Wald und das andere auf einem Feld. Beide hatten sie auch völlig verschiedene Hobbys. Die Schlange sammelte mit Vorliebe Ansichtskarten von Dörfern aus der Uckermark und das Kaninchen mochte es, stundenlang auf dem Rücken zu liegen und Beatles-Songs vor sich hin zu pfeifen. Nun begab es sich aber, dass eben zu jener Zeit eine Bundestagswahl zum Greifen herannahte. Abertausende gehirnmanipulierter Helfershelfer zogen durch die Lande und pflasterten die gesamte Natur mit Wahlplakaten zu, auf denen diverse Tunichtgute ihre Omen zum Besten gaben. Darunter standen dann Parolen wie: »Wählt mich, dann bin ich Präsident« oder »Jetzt endlich icke, Freiheit, Hallelujah, mit Geld.« Kein Baum, kein Strauch, nicht einmal Grashalme blieben davon verschont. Augenscheinlich ging es um was, dis war augenscheinlich so. Die Tiere des Waldes, der Felder, Fluren und Wiesen kriegten alle einen höllischen Schreck. Sie wohnten ja schon seit Geburt hier, bis auf die paar exotischen Pinguine, die durch Zufall, Angst oder wegen Wirtschaft in die Gegend geflüchtet waren. Die waren woanders geboren, doch die kriegten auch 'n Schreck. Dis ganze Zeug, dis war echt voll der Dreck. Dabei wusste jedes der Tiere, dass es hier gar nicht mal um sie ging. Zum Beispiel jetzt dis Kaninchen. Dis wusste dis. Warum spielt jetzt nich die Rolle, jedenfalls nicht die entscheidende. Das Kaninchen hatte auf einmal einen Plan. Es wendete sich vom Rücken auf die Vorderpfoten und hoppelte zum nächstgelegenen Brunnen, wo es hineinhüpfte und jämmerlich ertrank. Nein, Quatsch, das Kaninchen hoppelte natürlich nicht zum nächstgelegenen Brunnen, sondern es hoppelte zum Wald, wo die Schlange wohnte, aber es wusste gar nicht, dass da die Schlange wohnte, es hoppelte einfach dahin, obwohl es nicht wusste, dass da im Wald neben vielen anderen Tieren die postkartensammelnde Schlange wohnte. Auf dem Weg hatte es drei Prüfungen zu bestehen. Als Erstes war da plötzlich ein Rabe, und über den Raben musste das Kaninchen drüberhüpfen. Das war leicht. Als Zweites aber, da kam was Schweres, nämlich das Kaninchen erreichte plötzlich ein magnetisches Feld. Feld ja, kannte es, aber magnetisch, dis kannte dis Kaninchen nicht, und jedenfalls in diesem Magnetfeld drin war eine Mathematikaufgabe involviert. Eine ziemlich schwere. Fragt mich nich, wie das möglich is, dis is 'n Märchen, da is so was möglich, vielleicht mal Tube* fragen, der hat doch Physik, glaub ich, jedenfalls redet der immer so komisch. Na, jedenfalls in dem Märchen, Mathematikaufgabe und Magnetfeld und der Rabe, der war da auch schon wieder, wo gerade erst dis Häslein, dis war nämlich eigentlich ein Häslein, kein Kaninchen, ein Hase. Hasen sind ja fast ausgestorben. Aber im Märchen nicht. Hasen haben größere Ohren als Kaninchen. Löffel, wie der Waidmann dis nennt. Und der Rabe sagte: »Löffel dis Magnetfeld so

weit aus, bis dass die Mathematikaufgabe gelöst und die Äpfel da drüben an dem Apfelbaum reif geworden sind.«
Jetzt zur Schlange. Die Schlange hatte gerade Eier gelegt. 12 Eier und sie sorgte sich sehr um ihre Brut. Is dis eigentlich normal so bei Schlangen, dass die sich um den Nachwuchs sorgen? Wenn nich, is auch egal, Märchen, wie gesagt. Die Schlange, allein erziehend, wie sie bald sein würde, kroch also mal eben durch den Wald, vom Sozialamt gefrorene Mäuse holen, für später, wenn die Kleinen dann so da sind. Dann würde sie diese Mäuse so auftauen und vorkauen und dann denen geben. Junge Schlangen essen dis gerne. Die Schlange war aber nich unter Naturschutz und da war plötzlich ein Jäger und der hatte Angst vor Schlangen, griff zu seinem Gewehr, schoss sechs Magnesium-Patronen Dauerfeuer auf dis Reptil und die gingen alle daneben. Vor Angst hatte er vergessen, wo er überhaupt hinschoss. Die Schlange, die nich unter Naturschutz stand, aber trotzdem, finde ich, man muss ja nich gleich alles umbringen, nur weil dis nich unter Naturschutz steht. Die Schlange kroch weg. Der Jäger ging weiter, andere Tiere umbringen, Tiere, die gut schmecken.
Der Hase hatte unterdessen dis Magnetfeld ausgelöffelt durch einen Trick. Jetzt war der Rabe sein Freund, und dis war gleichzeitig die dritte Prüfung. Würde diese seltsame Freundschaft Bestand haben? Zurzeit sah es noch so aus. Aber man kennt das ja, der Alltag und die Probleme, die der Alltag so mit sich bringt, da kommt eins zum andern und zum Schluss, dis kennt man ja. Ich kann schon mal vorgreifen, der Rabe und der Hase, die können sich heute überhaupt nicht mehr leiden. Die grüßen sich noch nich mal mehr. Wenn die sich sehen, dann gucken die beide einfach weg und dann sehen die sich im Prinzip ja auch nich

mehr. Da isses im Märchen nich anders als wie im normalen Leben. Was wollte der Hase eigentlich überhaupt nochmal? Ich glaub, der wollte in den Wald. Ja genau, jetzt weiß ich's wieder. Ich spul mal vor. So, jetzt is der Hase im Wald. Er sieht die Eier von der Schlange, die ja noch beim Sozialamt is. Auf einmal denkt der Hase, er sei ein Osterhase, und malt die Eier an, mit so 'ner Farbe, die die Schlange vom Sozialamt zum Renovieren eigentlich für ihre Wohnung, die sie aber auch erst mal noch bauen muss, ja, da hat se vom Sozialamt Farbe für gekriegt. Der Hase, der eigentlich ganz in Wirklichkeit doch nur ein Kaninchen ist, da hab ich geschwindelt, allerdings im Interesse der Geschichte. So, nun zum Schluss noch die Moral: Also, diese Scheiß Wahlkampfplakate werden ja wohl immer schlimmer. Die verpesten die Umwelt mehr als alles Kohlendioxid zusammen. Wenn ich mir die Christinenstraße so angucke. Überall dieses vollkommen missglückte Foto von diesem widerlichen Wolfgang Thierse. Meine 5-jährige Nichte Marla meint dazu: »Wenn ich den mal im echten Leben sehn würde, dann würd ich den voll in die Brennnesseln schmeißen.« Soll man ihr solche Flausen ausreden, ich glaube nicht. Dis is ja schließlich nur eine allzu verständliche Reaktion. Und wohin der ganze Wahlkampf dieser Pseudovolksparteien noch führt, kann man ja derzeit deutlich erkennen, Jahrhundertflut, Selbstmordattentate und Kaninchen, die Eier von Sozialhilfe empfangenden Schlangen bunt anmalen, jedenfalls im Märchen. Na und. Dis is trotzdem schlimm. Finde ich. Achso, und wenn sie nicht gestorben sind, dann leben sie noch heute.

Schreibversuch. War gar nicht alles so schlecht
(Die 24-Stunden-Reportage)

23.15 Uhr. Ich habe mein Geschichtenheft aufgeschlagen. Die Seiten sind schön weiß mit Linien drauf. Auf die Mitte fällt ein leichter Schatten durch die Wölbung des Papiers. Ich suche einen Kugelschreiber. Finde keinen, nur 'ne Tafel Schokolade.
23.45 Uhr. Habe einen Kugelschreiber gefunden. Sieht gut aus. Gelb mit Rot. Super 6 Berlin steht drauf. Is vielleicht 'ne neue Fernsehzeitung. Weiß nich. Schmeiße das leere Schokoladenpapier in den Papierkorb. Ach, da war noch 'n Stück drin.
0.15 Uhr. Vor 5 Minuten eine Idee gehabt wegen toller Geschichte. War, glaub ich, was Aufrüttelndes. Dann is dem unter mir die Heizung explodiert. Hat extrem gestunken. Noch 'nen Kugelschreiber gefunden. Unterm Bett. 2-farbig. Aus der DDR. War gar nich alles schlecht.
0.45 Uhr. Habe grade drüber nachgedacht, wie mir gestern die Hand eingeschlafen ist, sodass ich reinbeißen konnte, richtig fest, ohne was zu merken. Dabei is mir dann die Hand eingeschlafen. Konnte durchs Fenster ein Gewitter erleben. Mitten im Winter. Die eine Pappel im Hof ist umgekippt, voll auf den Opa aus 'm dritten Stock. Hab immer noch keine Idee für 'ne Geschichte.
1.15 Uhr. Zur Abwechslung mal bisschen im Heft geblättert. Ziemlich nüchtern gestaltet, diese Schreibhefte. Lege den rot-gelben Kugelschreiber daneben. Sieht schöner aus. Sogar der aus der DDR sieht schöner aus. War gar nich alles schlecht im Osten.
1.45 Uhr. Totale Flaute in meinem Kopf. Is zu laut. Draußen läuft 'ne Schießerei. Wieder dieselben wie letzte Wo-

che. Werden aber langsam weniger. Die Oma von schräg gegenüber is auch noch wach. Schüttelt den Kopf am Fenster. Denkt wahrscheinlich, dass es auch Gutes gab in der DDR. Bin ganz schön müde und habe Durst. Durst besiegt Müdigkeit. Steige aus dem Bett.

2.15 Uhr. Muss auf dem Weg zur Wasserflasche eingeschlafen sein. Eiskalt hier auf 'm Boden. Bin ganz schön wütend. Scheiß Durst! Scheiß Müdigkeit! Kann bei Wut eigentlich immer ganz gut schreiben. Erst mal was trinken. Draußen herrscht einsame Nacht. Das Gegenstück wäre dann ja wohl geselliger Tag. Bescheuerte Poesie. Tosend krächzt ein ächzender Falke im Geäst der zerkrachten Pappel. Was für eine Scheiße. Hab noch 'ne Tafel Schokolade gefunden.

2.45 Uhr. Spiele mit den beiden Kugelschreibern fechten. Der Rot-Gelbe ist schon total zersplittert. Ha! Jetzt! Völlig kaputt das Ding. Kann man nur noch die Mine benutzen. Der aus 'm Osten is noch ganz. War gar nich alles so schlecht. Bin ganz besoffen vom Rumdösen. Höre schon Stimmen von oben. Jemand will jemand anders umbringen, mit dem Messer. Ganz schön altmodisch. Muss der Fernseher sein. Jetzt könnte mir aber mal was einfallen. Ist doch früher auch immer. War gar nich alles schlecht.

3.15 Uhr. War gar nich alles schlecht, geht mir noch im Kopf rum. Oben ham sie den Fernseher wohl ausgestellt. Auf der Straße ist ein Wasserwerfer in Schleckers Einkaufsparadies reingerast. Die Wolken in unserm Hof heben sich alle merkwürdig rot vom schwarzen Himmel ab. An den Wänden läuft grüner Schleim runter. Total bescheuert! Ich hab jetzt 4 Stunden gearbeitet. Jetzt reichts. Mir fällt eh nichts mehr ein. Licht aus. Einschlafen!

 3.45 Uhr. Die Erde wird von unbeschreiblich bösen Mons-

tern in Besitz genommen, die sofort mit der Auslöschung jeglichen Lebens beginnen. Ich träume gerade vom Verkloppen des FDJ-Sekretärs bei uns im Seepark, wo wir nach der Schule immer noch unsern Spaß hatten. War gar nicht alles so schlecht in der DDR.
Ende.

Der Sieger

Auf dem Spielplatz am Teutoburger. Der böse Junge mit seiner 007-James-Bond-Pistole zielt auf meinen Kopf. Is aber bestimmt keine echte. Er muss mal eben seine Aggressionen ausleben. Wahrscheinlich is er in Wirklichkeit sehr traurig. Wahrscheinlich. Wenigstens spuckt er uns nicht an. Das hat er nämlich auch schon gemacht. Zwar nicht mich, aber einen anderen, einen Mann, der sich erdreistet hatte, ihm zu sagen, er solle nicht immer die Kleinen mit Sand bewerfen. Da ist der böse Junge einfach auf zwei Meter rangekommen und hat ihm dann volle Kanne 'ne Ladung Aule verpasst, mitten ins Gesicht. Ich hab nicht schlecht gestaunt. Wie traurig muss so ein Kind sein, wenn es in der Lage ist, einen erwachsenen Mann so zu demütigen. Der Typ war echt verblüfft. Er schaute sich hilfesuchend um, aber im weiten Rund war niemand, mit dessen Beistand er rechnen durfte. Alle schienen nur gespannt, was jetzt passieren würde. Würde der Nickelbrillen-Träger ausrasten, sämtliche Grundsätze seines Sozialpädagogik-Studiums über Bord werfen und sich auf den traurigen, bösen Jungen stürzen? Der Kampf des alten gegen das neue Berlin hatte begonnen. »Ey«, sagte der Mann,

»spinnst du?« »Wieso?«, antwortete der böse Zwerg. »Sag mal, hast du ’ne Macke?« »Nö.« Der Kleine grinste. Ich überlegte mir, wie ich wohl reagieren würde in so einer Situation. Mir fiel auf die Schnelle nichts ein. Abhauen vielleicht. Einfach gehen. Sich davonschleichen wie ein begossener Pudel. Davon ausgehen, dass in einer Großstadt wie Berlin man keinen der Anwesenden so schnell wieder trifft. Im Getümmel verschwinden. Sich im Hinterhof einer Mietskaserne heimlich die Brille putzen. Das Gemisch aus Tränen, Angstschweiß und Rotze aus dem Gesicht wischen mit einem Zellstofftaschentuch aus der Zellstofftaschentücherpackung, die doch noch hinten in der Hosentasche drinstecken müsste. Und dann ab zum Gesichtschirurgen. Neues Gesicht verpassen lassen. Neuen Körper am besten auch gleich. Gehirnwäsche? Logisch. Wozu gabs denn die ganzen Sekten? Na bitte. Jetzt war der Typ aufgestanden. Wahrscheinlich zog er gleich sein Messer. 1a Schweizer Taschenmesser aus der Schweiz von seiner letzten Schweizreise. Endlich war dis mal zu was nütze. Nein. Machte er nich. Er schnappte sich den Buddeleimer seines nach wie vor unbeschwert im Sand vor sich hinspielenden Kindes und … Wollte der jetzt den traurigen Rüpel mit dem Buddeleimer verhauen? Der grinste immer noch. Einige der Zuschauer begannen zu tuscheln. Vielleicht schloss man schon Wetten ab, 10 Euro auf den Schwaben, die sollen ja eh nur impotent machen, also nich die Schwaben, sondern die 10 Euro, der 10-Euro-Schein. Stand inner B. Z. Könnte sein. Also, könnte sein, dass sie Wetten abschlossen. Sicher war ich mir da nich. Aber wer war sich heutzutage schon noch sicher. Sicher war nur der Tod. Na, die James-Bond-Pistole wird schon nicht echt sein.

Der Typ also mit dem Buddeleimer. Musste ja gar kein Schwabe sein. Immer kriegten alles nur die Schwaben ab. Vielleicht war er sogar hier am Teutoburger Platz geboren. Vielleicht war er damals einer von denen, die die Kaisers-Kaufhalle ausgeraubt und abgefackelt hatten. Vielleicht isser aber auch aus der rechten Szene ausgestiegen mit diesem ›Exit‹-Projekt von dem Innenminister, dem mit dem komischen Haarschnitt, der mal früher bei der RAF war und der jetzt unser Boot nicht zu voll werden lässt. Damit dis nicht kentert. Könnte ja kentern. Kommt auf dis Boot drauf an. Gibt ja auch so Einer-Kajak-Boote. Da passt nur einer rein. Jeder Weitere is da zu viel. Na, jedenfalls, wenn der da aus der Nazi-Szene ausgestiegen war, der Schwabe, dann hat er jetzt bestimmt Angst davor wieder einen Rückfall zu kriegen. Dis sind ja gerade so 'ne Situationen, die gar nich mal unbedingt was mit Ausländern zu tun haben müssen. Man kennt dis ja aus 'm Osten. Da, in den Dörfern, da gibts ja auch keine Ausländer. Da is der Auslöser manchmal einfach 'n offener Schnürsenkel und dann tritt man dann auf den rauf, stolpert, fliegt mit der Fresse voll rein in die Jauchegrube, schon isses passiert. Gerade ein Pubertierender kann sich oft nicht eingestehen, dass er selber den Schnürsenkel nicht zugebunden haben soll. Oder dass der einfach von alleine aufgegangen ist. Ein Schuldiger wird gesucht. Alles klar. Der Tölpel wird Rechtsextremist. Daran dachte der Schwabe jetzt unter Garantie, wie er da so gespannt den Buddeleimer seines Sohnes in der Hand hielt. Vielleicht hatte er sich auch schon Argumentationsketten zurechtfrisiert. ›Kleiner Junge, der spuckt, spuckende Kinder, gabs da nich auch mal 'n Gedicht von Joachim Ringelnatz und hieß dis nich Afrikanisches Duell, ah die Neger wieder.‹ Könnte schon sein. Is nich wahrscheinlich, aber könnte schon sein. Obwohl ich natürlich gar nicht weiß, ob der Nickelbebrillte überhaupt je rechtsradikal war, weiß ja noch nich mal, ob er Sozialpädagogik studierte. Vielleicht war er nich mal Schwabe. Jetzt hatte er jedenfalls seinen Spross gepackt. Guckte sich nochmal um. Fast war ich versucht ihm zuzuwinken. Er is mir irgendwie sympathisch geworden. Direkt ans Herz gewachsen. ›Wird schon‹, versuchte ich ihm zu suggerieren, als er sein Gesicht abwendete und sich zum Gehen anschickte. ›Wird schon werden!‹ Der Verlierer verließ den Platz. Der Sieger guckte triumphierend in die Runde. Der böse Junge. Der traurige Junge. Der Sieger. Das Kind. Und heute zielt er nun mit seiner James-Bond-007-Kanone auf meinen Kopf. Na, wird schon keine echte sein.

Kabunkel-Blues

Zuerst, da war da noch nichts. Jedenfalls konnte ich noch nichts spüren. Dann kam der Donnerstag und mit dem Donnerstag kam ein Pickel. Ein Pickel auf meinem Rücken, auf dem unteren Teil von meinem Rücken, nich auf dem Popo, sondern bisschen höher, da, wo manche, zum Beispiel ich, schon Rücken zu sagen. Erst mal war der Pickel, obwohl, eigentlich war der, wenn ich mich recht erinnere, gleich schon ziemlich groß. Jedenfalls zu groß um ihn nicht zu bemerken. »So ein blöder Pickel«, habe ich mir damals gedacht und: »Hau ab, blöder Pickel«, habe ich mir wohl obendrein gedacht. Doch der Pickel, ich nannte ihn immer noch bloß Pickel, er haute nicht ab. Er blieb einfach da und, weiß ich auch nich, er blieb eben einfach da. Er blieb da und störte. Wenn ich mir die Hose hochzog und zumachte, dann störte er da ganz besonders. Er tat nämlich weh. Ich sagte es meiner Freundin und die machte ein Gesicht wie: ›Och nee, jetzt hatter also 'n Pickel, der arme Junge.‹ Ein Gesicht wie: ›Hoffentlich sagt er nich gleich, ich soll ihm 'ne Suppe kochen.‹ So ein Gesicht machte sie. Ich verstand. Sie wollte einen Mann, einen richtigen Mann. Also machte ich ein Gesicht wie: ›Naja, tut zwar weh, is auch 'n Pickel, aber tut eigentlich gar nich weh, is ja auch nur 'n Pickel.‹ Und dann machte ich zum Zeichen meiner Männlichkeit vor ihren Augen mal locker ein paar Kniebeugen, was höllisch wehtat, weil da der Bund von der Hose immer so auf dem Pickel hin- und herrieb. Dazu lachte ich gequält oder ich pfiff ein lustiges Lied gequält. Vielleicht habe ich auch nur: »Aua, Scheiße« gebrüllt. Jedenfalls wurde der Pickel größer und größer. Donnerstagabend war er bereits so groß, dass man ohne zu übertreiben von einem großen Pickel sprechen konnte. Ich lief die Schönhauser Allee herunter und spürte ihn bei jedem Schritt. Ich ignorierte alles und jeden, ich wusste nicht mehr, wo ich war, in meinem eigenen kleinen Kosmos war ich gefangen, ich und mein Pickel auf der Schönhauser Allee. Nachts versuchte ich auf dem Bauch zu schlafen. Ich konnte nicht atmen und hatte merkwürdige Träume. Zum Beispiel war ich in dem Bauch einer Schlange, wie in dem Buch vom kleinen Prinzen der Elefant, und in meinem Bauch war eine Schlange und in deren Bauch wieder ich undsoweiter. Totaler Unsinn. Kann gar nicht gehen mal von der Logik her. War ja auch nur 'n Traum. In einem anderen Traum war ich im Bauch von einer Schlange und in meinem Bauch …, ach nee, dis war ja derselbe Traum. Na jedenfalls, ich träumte einen Haufen Quatsch, und als ich aufwachte, da war ich im Bauch einer Schlange, nee, da war ich noch nicht aufgewacht, dis war immer noch der Traum. Ich bin wohl dann mehrmals aufgewacht und hab auch mal so versucht auf der Seite, wie ein zusammengerolltes Baby, zu schlafen. Dis ging nich, immer wieder hab ich mich ausgestreckt und bin dann so entweder auf den Rücken gekippt, wo's höllisch wehtat, oder auf den Bauch gekippt, wo ich gleich wieder in der Schlange drin war. Am nächsten Morgen hatte ich dann gar nicht geschlafen und war entsetzlich müde und der Pickel war noch größer. Hab dann den ganzen Freitag seitlings in der Badewanne gelegen und gehofft, dass das dämliche Ding endlich aufgeht und dis, was da drin is, weggeht. Weg aus meinem Körper. Aber scheinbar hat sich der Pickel nur noch mehr aufgebläht und der war vielleicht froh, dass die Hose weg war und er jetzt endlich noch größer werden konnte. Ich hatte ja noch nich mal 'n Schlüpper an in der Badewanne. Mach ich immer so, is so 'ne Marotte von mir. Nackig, wie die Materie uns schuf, in die Wanne ins Wasser, frei, einfach so ohne was an. Ich find das sehr gut so, müsst ihr mal ausprobieren. Einfach nackig in die Badewanne. Dis hat mit Sex nichts zu tun, dis is asexuell. Aber der Pickel, der ging davon nich weg. Am Sonnabend bin ich dann aus der Wanne raus, die Haut flatterte nur noch so 'n bisschen an mir dran und der Pickel war jetzt so groß wie etwa zwei Fünfmarkstücke, die sich so 'n bisschen überlappen. Und inner Mitte war der rot und wir mussten nach Erfurt. Mit den Surf-Poeten nach Erfurt, na prima! Kurz überlegte ich nich mit nach Erfurt zu fahren, aber dann fuhr ich doch mit nach Erfurt, wegen dem Geld. Ich wollte Geld verdienen, vielleicht würde dann ja auch der Pickel, den ich inzwischen bereits Furunkel nannte, weggehen. Ich hatte mir hinten aus der Hose vom Bund bis dahin, wo der Po ist, ein großes Stück Hose aus der Hose herausgeschnitten, sonst wäre das gar nicht auszuhalten gewesen. Darüber trug ich leger einen lässigen Pullover, so einen weiten aus der Hippie-Zeit, damit man mich nicht für einen Hardcore-Schwulen, der ich zumindestens zurzeit noch nicht war, hielt. Trotzdem drückte es weiter, ich hatte den Schlüpper vergessen, ich Blödmann, ich hatte ja auch noch einen Schlüpper an und da bei dem hatte ich ja nichts rausgeschnitten. Also schmeckte mir im Zug der Kaffee nicht, obwohl es Pflaumenkuchen dazu gab. Der Schaffner ging mir auch auf die Nerven, er zählte ständig die Reisenden durch. Dafür bin ich '89 nich auf die Straße gegangen. Der Ehrlichkeit halber muss ich allerdings hinzufügen, dass ich in der DDR auch schon Furunkel hatte, ich glaub, 4 Stück. 4 : 1, wenigstens dabei hatte die DDR gewonnen. Obwohl, is ja noch nich Schluss. Hoffe ich zumindestens.

Erfurt ist eine schöne Stadt. Hier gibt es alte Brücken, alte

Häuser, neue Straßenbahnen und Klöße. Sagte man mir jedenfalls, ich hatte keinen Blick für Klöße, ich war mit meinem Furunkel beschäftigt. Ich hatte Angst, es würde irgendwann meinen lässigen Pullover so weit hochheben, dass darunter der nackte Po zum Vorschein käme. Und Erfurt ist zwar nicht Kleinposemuckel, aber auch nicht New York, wer weiß, ob sie so etwas tolerieren würden. Die Klöße schmeckten gut, aber ich war ja noch gar nich hier. Wer weiß, nich dass sie nachher noch religiös da waren. Apropos Klöße. Die sind wirklich lecker. Mit Rotkohl und Gänsekeule und dazu ein Köstritzer Pilsener. Hab ich alles aufgegessen. Das Furunkel war begeistert. Manchmal dachte ich schon, es würde zu reden anfangen. Aber es war nur so ’n Blubbern. Kann ja sein, dis is dis Reden bei Furunkeln, wenn ja, bitteschön, wenn nein, dann isses eben so. Ich will ja dis Furunkel schließlich nicht heiraten. Mir doch egal, ob dis nu reden kann oder nicht. Weggehen tut’s davon jedenfalls nich. So. Hab ich schon gesagt, dass wir uns in Erfurt einmal verlaufen haben? Nee!? Na gut, wir haben uns in Erfurt einmal verlaufen. Da war dis aber, glaube ich, schon so, dass ich wegen dem Furunkel nichts mehr sehen und hören konnte. Deshalb mussten die Zuschauer in dem Club Anger 7 in Erfurt mich auch immer kitzeln, wenns ihnen gefallen hatte. Einige haben dis wohl falsch verstanden und haben gemeint, wenns ihnen nicht gefallen hatte, dann dürften sie mich deswegen hauen, aber dis hatte ich gar nicht gesagt. Ich möchte das hier nochmal anprangern. Das heißt nicht, dass ich deshalb gleich dazu aufrufe Erfurt platt zu bombardieren, ich will nur, dass sie wissen, dass ich das nicht gut finde. Vielleicht nehmen die, die’s betrifft, ja mal ihre 6 Sinne in beide Hände zusammen und denken drüber nach. Vielleicht kom-

men sie ja sogar auch ohne Bombenangriffe dahinter, dass dis nich so gut war. Wenn ja, dann hätte diese taktische Kampagne ihr Ziel erreicht. Sogar ohne Bombenangriffe. Da könnten die, die's betrifft, ein Vorbild sein für die Welt. Ein Adolf Hennecke* für die Menschheitsgeschichte.
Zurück zum Furunkel. Dis war Sonntag immer noch da, als hätte es keinen Sonnabend und keinen Jesus Christus je gegeben. Ich musste jetzt bereits hinten aus den Stühlen was raussägen, wenn ich mich hinsetzen wollte. Wir haben dann nochmal Klöße gegessen und Tube teilte mir durch Kitzeln mit, dass er gestern fast ein Fahrrad einer jungen Dame in den Fluss geschmissen hätte, weil er so sauer darüber war, dass die angesagteste Künstlerin Erfurts, die bekannteste Architektin der Stadt, mit unserem Leutnant am Ufer des interessantesten Flüsschens der Thüringer Metropole ein Schwätzchen hielt, obwohl doch längst Nachtruhe war und so. Aber hat er dann doch nicht gemacht. Weil, er hat dann wohl eingesehen, weil, dis mit den Bombenangriffen in Afghanistan bringt ja vielleicht auch nichts. Obwohl! Aber darüber hat er wohl nicht nachgedacht. Die Klöße waren gut, mit Gulasch. Ich hatte schon überlegt, ob ich nicht zwei Portionen nehme, eine für mich und eine für das Furunkel. Aber dis hatte ich nicht wirklich überlegt. So was gibts doch nicht, dass ein Furunkel Klöße isst. Ich wusste ja da noch gar nicht, dis hat mir erst am Abend bei der Reformbühne der Doktor Jakob Hein klargemacht, der ja Doktor ist, der hat mir gesagt, dass mein riesiges, mittlerweile schon fast 2 sich teilweise überlappende 10-Mark-Stücke großes Furunkel in Wirklichkeit ein Kabunkel ist. Also vom Pickel zum Furunkel, vom Furunkel zum Kabunkel. Ein Kabunkel ist laut seiner Theorie ein Furunkel, bloß dass der Eiter

nich so dick über der Haut rumschwimmt, sondern noch viel dicker unter der Haut wabbelt und also bitteschön nur selten von alleine ans Tageslicht spritzt. Na, da hatten wir ja, wenn unser kluger Doktor Recht behielt, den Salat. Dis hieß ja wohl, mit andern Worten, rausschneiden. Ojemine, Heidewitzka, Herr Kapitän, na, so musste es wohl sein. Meine Freundin machte übrigens, als ich am Sonntagabend zu ihr kroch, ein Gesicht wie: ›Och nee, jetzt hatter also immer noch seinen Pickel, der arme Junge.‹ Ich sagte ihr nichts von wegen Kabunkel und so, ich machte nur ein Gesicht wie: ›In Afghanistan fallen immer noch Bomben und du sitzt hier seelenruhig rum, sag mal, schämst du dich denn gar nicht‹, was sie allerdings anders interpretierte. Komischerweise konnte ich auch wieder sehen und hören, warum, weiß ich selber nicht. Musste wohl am Wetter liegen.
Am Montag jedenfalls ging ich zu dem Herrn Jung, wo Arzt auf seinem Schild draufstand, und der hat mir mit dem Messer dis mittlerweile 2 sich teilweise überlappende 500-Mark-Scheine große Kabunkel einfach rausgeschnitten. Einfach so. Rausgeschnitten. Weggeworfen. Zwei Fünfhundertmarkscheine raufgeklebt, die sich teilweise überlappen. Fertig. Und dafür bin ich mir dann doch selber dankbar, dass ich dafür ’89 auf die Straße gegangen bin! (Vielen Dank auch an das Neue Forum, an Doktor Jakob Hein, an Herrn Jung Komma Arzt und an die Erfurter Klöße.)

PS: Zwei Tage später hat mir übrigens eine Frau erzählt, dass sie vor einem halben Jahr mal 25 Kabunkel zur gleichen Zeit an den unmöglichsten Körperstellen hatte. Dis fand ich dann doch ziemlich eklich.

Pogo laufen

Sonnabend, 05.01.2001. 19.00 Uhr. Konnte keine Vierschanzentournee sehen, weil mein Fernseher nur TV Berlin reinkriegt. Heute Abend Konzert mit Einsatz. In so 'm angesagten Laden, wo die Leute schon allein wegen der Tapete immer hinkommen. Kommen se hin und sagen se: »Oh Mann, was für 'ne schöne Tapete.« Und die Tapete antwortet aber nicht, weil sie ja schließlich nur 'ne Tapete ist, und Tapeten können nun mal nicht reden. Tapeten hängen immer nur an Wänden rum, jedenfalls wenn sie schon tapeziert worden sind. Vorher sind sie ja meistens so auf Rollen aufgewickelt. Und da reden sie aber auch nicht. Tapeten haben ja keinen Mund. Wenn sie aber reden könnten, würden sie wahrscheinlich sagen: »Ej, fass mich nicht an.« In dem angesagten Laden nämlich, da befingern die Leute gewöhnlicherweise auch die Tapete. Früher, als der angesagte Laden noch nich so 'n angesagter Laden gewesen ist, da hing die Tapete auch schon da drin. Doch da scherte das die Leute, die damals in dem noch nich so angesagten Laden trotzdem rumhingen, eher 'n Dreck. Die gingen da rein, weil's billig war und weil man hier noch sein Likörchen trinken konnte ohne deswegen gleich fotografiert zu werden. Da gab es da auch noch Bockwurst und die besten Pommes von der Torstraße, die damals noch Wilhelm-Pieck-Straße hieß, nach dem bekannten Despoten, der als Erstes den ehemaligen Arbeiter- und Bauernstaat DDR in Grund und Boden wirtschaftete. Heute gibt es hier keine Pommes mehr und auch keine Bockwurst; nur noch die Tapete und Kultur. Zum Beispiel eben Einsatz. Einsatz is ja Punk. Und deshalb muss ich mich heute auch extraordinär vorbereiten. Wir sollen ja

nämlich was lesen vor dem Konzert. Oh Mann, als ob die Leute das hören wollten. Die haben da doch schließlich bezahlt, da wollen die doch auch unter Garantie Musik. Die wollen doch tanzen, die wollen Tische kaputthauen. Gegen die Wände springen, die Dielen aus dem Fußboden hebeln und sich damit die Köppe eindreschen. Is schließlich Sonnabendabend. Da will man sich amüsieren. Jung, Schwung, Stimmung, Joghurette. Spaß, bis der Arzt kommt. Deshalb muss ich mich auch vorbereiten und deshalb geh ich Pogo laufen auf der Oranienburger Straße. Pogo laufen ist ein schöner neuer Sport. Man braucht dazu nich viel. Eigentlich nur sich selber, einen nicht zu breiten Bürgersteig und etliche Menschen, die auf diesem Bürgersteig flanieren. Und wenn ich flanieren sage, dann meine ich auch flanieren. Also nich so zur Arbeit hasten oder von der Kneipe torkeln, sondern eben flanieren. In Gruppen betulichen Schrittes spazieren, öfter mal stehen bleiben, sich umgucken, staunen, vielleicht auch mal 'n Foto machen und so alles verstopfen. Ich bin durch Zufall auf diese Sportart gestoßen. Einmal musste ich nämlich dringend in ein kleinbürgerliches Etablissement namens Zosch, weil dort Freunde von mir irgendwas machten, was ich mir mal angucken wollte, und durch Gottes Fügung befand ich mich circa 5 Minuten vor Beginn selbigen Ereignisses noch am Hackeschen Markt, und eildiweil ich vorher Streit mit irgendjemandem gehabt und außerdem 'ne schlechte Frühlingsrolle an der Fettluke zu mir genommen hatte, stand es mit meiner durchschnittlichen Laune nicht gerade zum Besten. Mir ging sozusagen alles auf die Nerven und dann auch noch Oranienburger Straße. Ich musste da durch, einen anderen Weg gab es nicht.
 Und da hab ich mir eben gedacht, na denn ma los. Einfach

los in einem verflixt wahnwitzigen Tempo, jedenfalls für laufen, also nich für rennen, aber für laufen. Manche sagen ja zu rennen auch laufen, aber ich sage zu rennen immer rennen und zu laufen auch immer laufen. Laufen ist gleich gehen. So in etwa. Also laufen. Na, jedenfalls verflixt wahnwitziges Tempo. Und zuerst hab ich ja auch noch manchmal gestoppt, wenn so 'ne Gruppe vor mir nich aus 'm Weg ging und untereinander debattierte, ob sie jetzt in dem Milchcafé hier, ob sie da nich vor drei Stunden schon mal gewesen sind. Doch dann hab ich gemerkt, wenn man da so anhält und sich sozusagen ausbremsen lässt, dann kriegt man davon nur noch schlechtere Laune und dann bin ich da eben immer einfach so durch, zuerst so mit schlängeln, irgendwann dann richtig rumms, chachacha, Tschuldigung und weiter. Dis hat immer mehr Spaß gemacht. Und da hab ich mir dann richtig so Regeln aufgestellt. Von wegen Tempo weder zu steigern noch zu vermindern und auch wirklich nur den Bürgersteig benutzen, also nie auf die Straße auszuweichen. Auch umdrehen durfte man sich nich. Ich bin dann da sogar wirklich noch pünktlich im Zosch drin gewesen und da war dis da aber so voll, dass ich nach 'n paar Minuten da gleich wieder raus bin und lieber noch 'n bisschen trainiert habe. Besonders die Stelle an der jüdischen Kirche is eine echte Herausforderung. Eine Schikane. Ein richtiges Nadelöhr. Links und rechts Zäune, total schmal und dann auch noch diverse Hilfspolizisten mit Maschinenpistolen. Vor allem nach dem 11. September rutscht einem da schon des Öfteren mal das Herz auf das wohl bekannte Grundeis, wenn man sich überlegt, dass Pogolaufen ja schon rein vom Optischen einem Amoklauf täuschend ähnlich sieht. Nur eben ohne Waffen. Aber bisher, toi, toi, toi, hat mich noch niemand in ein Gefecht verwickelt. Zum Glück, denn auf sterben hab ich ja gar keinen Bock. Ich find streicheln super. Vor allem wenn ich müde bin. Da is dis ziemlich angenehm, wenn man gestreichelt wird. Dis klingt jetzt so gar nicht nach Punkrock, aber letzten Endes entscheidet jeder selber für sich, was Punk ist. Für den einen ist es streicheln, für den andern is Punk Musik, wieder andere freuen sich eben über Tapeten. Obwohl, vielleicht sollte man auch nich zu tolerant sein, dis grenzt dann ja fast schon wieder an Buddhismus.

Und gerade nach dem 11. September hat man ja gesehen, wohin uns solche bekloppten Religionen gebracht haben. Also, fickt euch!!

Katrin machte erstmal 'ne Pause auf einem der vielen erigierten Penisse, die im Frühling wie Pilze aus dem Boden schossen.

Man lernt nie aus

Ich war vorgestern auf dem Spielplatz in der Marienburger Straße. Dem mit dem Schiff und wo so 'ne Kuhle ist, wo ich immer dachte, da soll das Wasser reinlaufen, dann wäre das ein kleiner See. Aber weit gefehlt. Es sollte wohl gar kein See werden, sondern eben nur eine einfache Kuhle ohne Wasser. Trotzdem ist das Wasser da immer reingelaufen und hat kleine Seen gebildet. Anders, als es sich die Kinderspielplatzplaner dachten. Da waren dann so Tümpel und die Kinder haben sich gefreut und Steine und Flaschen und Holzbretter und so reingeworfen, manchmal auch ganz kleine Kinder, die schön leicht zu werfen waren. Die haben dann geschrien und sind natürlich sofort von ihren Eltern da wieder rausgeholt worden. Falls welche da waren. Ich hab aber nie erlebt, dass keine da waren. Eigentlich sind Eltern von so leichten Kindern immer mit auf dem Spielplatz, für so 'ne Fälle eben. Die von den schweren Kindern gehen ja oft so lange in die Kneipe, wie es hell ist und so, bis sie die Kinder abholen können und ins Bett stecken, und dann könn' sie ja wieder los, in die Kneipe. Oder Kino, Theater, je nachdem, ob man Abitur hat. Manche Kinder, die ich da treffe, die scheinen gar keine Eltern zu haben. Die gucken immer so gierig, wenn ich mir Pizza mitbringe. Ich geb aber nichts ab, weil ja, falls sie denn doch Eltern haben, die könnten ja was dagegen haben. Zum Beispiel wegen makrobiotisch oder auch Käseallergie. Es gibt ja auch viele Eltern, die sagen: ›Nimm nichts von Fremden.‹ Weil, dis kam mal so bei XY ungelöst und auch bei diesem tollen Film mit Heinz Rühmann mit den Schokoigeln, der jedes Jahr 3-mal im Fernsehn kommt. Und deshalb geb ich nichts ab. Obwohl ich gerne gebe. Ich gebe sehr gerne. Ich teile für mein Leben gerne, alles. Sogar Zwiebeln, obwohl man da weint. Doch diese Kinder kriegen nichts. Ich will die Erziehungsmethoden mir wesensfremder Eltern nicht mutwillig torpedieren. Sie habens sicher schon schwer genug mit den frechen Gören. Den Haferschleim kippen die immer heimlich ins Puppenbett und pupsen am Esstisch und sie zeigen so wenig Verständnis, wenn der Papa einfühlsam lügt, bis die Dielen brechen. Da will ich sie nicht noch zum Pizzaessen verführen. Obwohl die recht lecker ist. Von gegenüber vom Spielplatz. Da, wo der eine von dieser obskuren Sekte arbeitet. Love Nation oder wie die heißt. Der, der einen immer so anstarrt und dann mir nichts, dir nichts zu lachen anfängt, irgendwas von Tribal und Düsseldorf und ›man darf die alten Orte nicht vergessen‹ redet, um dann gleich wieder weiterzulachen. Dabei natürlich starren und auf die Schulter klopfen. Aber die Pizza is gut. Ich nehm immer ›Classic Italiano‹, obwohl die eher so aussieht wie ›Klassisch DDR‹, nämlich dick wie ’n durchgeschnittener Unterarm. Wie man das aus der DDR kannte. Gabs natürlich nich im Laden, was gabs damals schon im Laden. Nee, selbst gemacht. Aber lecker. Später, nachdem die Mauer untergegangen war, schüttelten die freien Menschen aus der freien Welt dann vorwurfsvoll die Köpfe und sagten, das wäre doch nie und nimmer Pizza, sondern höchstens Gemüsekuchen, und da wir ja lernwillig waren, sagten wir: »Ach so, dankeschön, dann schmeckt mir jetzt eben Gemüsekuchen sehr gut.« Und wäre 3 Jahre später ein albanischer Freund durch Zufall bei uns aufgetaucht mit einem durchgeschnittenen-Unterarm-dicken Lebensmittel und hätte dazu Pizza gesagt, wir hätten genauso vorwurfsvoll mit den Köpfen geschüttelt. Trotzdem steht bei dem Sektentyp ›Original‹ dran. Na, seis drum. Bin ich hier der

Duden, oder was?! Ich muss nichts erklären. Ich ess jedenfalls die Pizza alleine auf. Und staune, wie viel in meinen Bauch reinpasst. Mindestens so viel, dass davon 10 von den gierig blickenden Kindern satt werden könnten. Gibt es eigentlich T-Shirts, wo vorne lustig raufgedruckt ist: »Hättet ihr mal euern Haferschleim aufgegessen!« Bestimmt gibt es die. Es gibt ja jeden Quatsch heutzutage. Man muss sich nicht mehr Mühe geben, was selbst zu überlegen, ja, man macht sich sogar zum Wurstbrot, wenn man sich selber was überlegt. Dann hört man unter Garantie: ›Gibts doch schon lange. Is von Benetton‹ oder: ›Hast de doch bloß bei Verbotene Liebe abjeguckt.‹ Vielleicht geht deshalb auch keiner mehr zu Demonstrationen. Man kann sich ja nicht mehr sicher sein, ob dahinter nicht ein geschickt ausgeklügelter Werbetrick irgendeiner durch und durch mit jungen Pop-Intellektuellen voll gesogenen Schlaumeierfirma steckt. 25 000 iranische Demonstranten gegen das Mullah-Regime, inszeniert von Coca-Cola. ›Kampfhund-Verbot sofort‹, alle Rechte bei Kitekat, oder Ausländer-Raus-Container-Kabarett vom Marktführer Christoph Schlingensief. Na, wie dem auch sei, jedenfalls haben die Kinderspielplatzarchitekten sich gedacht, wenn sie die Kuhle abpumpen, einzäunen und neuen Rasen hinsäen, dann würde dies in Zukunft das Wasser davon abhalten wieder in die Kuhle reinzufließen. Man lernt eben nie aus.

Frühlingsgedicht 3

Draußen inner Lache Oel liegt eine Bulette
wünscht sich sicher Glied zu sein
meiner Nahrungskette

Wie ich mal lebte
(Eine autobiographische Autobiographie in Teilen)
Teil 1. Der Anfang

Ich wurde am 5. Februar 1968 im Krankenhaus Berlin-Buch geboren. Meine Mutter war eine Frau und mein Vater ein Mann. Sie heißen beide Seidel. Wie die Bierkrüge. Das war kein Zufall, es hatte sich bei der Hochzeit so ergeben. Ich war ein spätes Kind. Zum Anfang wollte ich nicht raus. Ich wartete wohl auf etwas. Die Ärzte wollten schon was machen mit Geräten, da bin ich dann doch gekommen. Ich weiß aber nicht mehr genau, ob ich Angst vor den Geräten hatte, es ist alles schon so lange her, die Erinnerung daran lässt mir sehr zu wünschen übrig. Ich plumpste direkt aus der Muschi meiner Mutti in die DDR. Damals war wohl Tauwetter angesagt. Der Schnee schmolz. Die Klimakatastrophe und der Prager Frühling streckten in Kinderschuhen schon ihre Fühler aus, was aber niemand von uns wissen konnte, weil wir schrecklich desinformiert waren. Meine Mutter hatte Lehrerin studiert und arbeitete nun nicht mehr in der Schule. Die DDR war ein Sozialstaat. Wir bewohnten zu dritt ein halbes Zimmer bei einer blinden Frau, die gerne Fernsehn guckte. Sie hieß, glaub ich, nee, hab ich vergessen, wie die hieß. Auf jedenfall hatte sie einen Namen. Gegenüber wohnten Liliputaner, jedenfalls zeitweise. Das wird später nochmal urst wichtig. Mein Vater trug damals, wenn ich mich recht erinnere, noch keinen Bart, aber die Haare schon so nach hinten gekämmt wie ein Rock 'n' Roller. Er war aber kein Rock 'n' Roller, sondern Ingenieur, aber damals noch nicht. Er musste manchmal außerhalb schlafen in einer Männer-Pension, da wir nicht zu dritt nachts in das Zimmer passten. Da stand ja auch noch ein Schrank drin und ein Bett. Jetzt weiß ich's wieder, es war in der Heynstraße in Pankow im 4. Stock. Das muss man sich mal vorstellen, das war damals alles noch nicht saniert. Das Clo stand zum Anfang sogar noch im Hof. Die blinde Frau hatte aber eine Schüssel, wo sie immer reinpullerte. Ob es die Liliputaner genauso machten, entzieht sich allerdings meiner Kenntnis. Es interessierte mich zu der Zeit noch nicht sonderlich. Ich war noch ein Kind. Die Brust, die mir meine Mutter immer hinhielt, benutzte ich wohl. Sonst wär ich ja heute nicht groß und stark. Aber ob das, was da rauskam, auch schmeckte? Na, ich weiß nicht. Ich kannte ja damals noch nichts anderes. Ich schluckte wohl, was ich kriegen konnte. Vor einigen Jahren jedenfalls hab ich nochmal an einer anderen Frau probiert, nur aus Interesse, und das war nich so doll. Das schmeckte irgendwie nach gar nichts. Auch nich eklig, aber auf keinen Fall gut. Und das war zu West-Zeiten, also schon mit Südfrüchten und Mozzarella pipapo. Es konnte also damals kaum besser geschmeckt haben. Mein Vater war sehr fleißig und nahm keine harten Drogen. Er war oft weg. Trotzdem ging meine Mutter in der Zeit nicht fremd. Sie half der blinden Frau beim Fernsehen. Erzählte ihr immer, was gerade zu sehen war. Oftmals ist die blinde Frau darüber eingeschlafen. Wer blind ist, dessen andere Sinne sind ja meistens mehr geschärft als wie bei Nichtblinden. Ich kann mich trotzdem nicht erinnern, sie jemals schimpfend erlebt zu haben, wenn es wieder wie die Pest stank, weil ich eingekackert hatte. Es gab ja nur Rotkohl und Weißkohl in der DDR, man kann sich vorstellen, wie das gestunken hat. Vielleicht hat deswegen mein Vater auch so selten bei uns genächtigt. Jedenfalls ließ er sich bald einen Bart stehen. Einen komischen Bart, den meine Mutter nicht leiden konn-

te, von Anfang an nicht. Er ging so von einem Ohr zum andern, war krauselig und dick ohne aber auch über die Oberlippe unter der Nase lang zu wuchern. Er nannte das Seemannsbart. Meine Mutter nannte das scheußlich. Mir wars egal. Ich stand auf Brüste.
Meine Mutter hatte damals so einen Haarschnitt, den man, glaub ich, zu allen Zeiten schon praktisch nannte. Die Haare fielen ihr nicht ins Gesicht und man konnte in der großen Masse untergehen. Damit fiel man nicht auf. Sie war eine musikalische Frau. Sie konnte Noten schreiben und lesen und Geige und Flöte und Klavier. Obwohl, nein, Klavier noch nicht. Das kam erst später, nach der Affäre mit dem einen aus ihrem Chor. Mein Vater war unmusikalisch. Sein Lieblingslied war ›Winter in Canada‹, und das sang er nur in der Badewanne. Da es in Pankow aber keine Badewanne gab, sang er nie. Trotzdem gab es selten Streit, höchstens wenn ich schlief. Vielleicht wollte man aber auch bloß der blinden Frau nicht auf die Nerven gehen, die ja schließlich viel besser hörte als wie Nichtblinde. Dann kam der Prager Frühling. Er ließ mich kalt. Man erfuhr ja aber auch nichts von unseren Medien, alles gleichgeschaltet, und Westsender empfingen wir nicht. Wir hatten ja auch kein Radio und der Fernseher stand bei der blinden Frau drin und die guckte am liebsten Unterhaltungsshows. So blieb mir damals der Sozialismus mit menschlichem Antlitz ein Buch mit sieben Siegeln.

Zivilisationskritisches Frühlingsgedicht auf Sächsisch
Essensreste üborall noch vom ledzden Windor
so viel Hunger auf da Weld
Kindor, Kindor, Kindor

Wie ich mal im Bett lag und begann eine neue Geschichte zu schreiben

Mittwoch, 19. April. Liege im Bett und beginne eine neue Geschichte zu schreiben. Die doofen Seiten von dem Buch wollen immer wieder zurückklappen. So kann man keine ordentliche Geschichte schreiben. Nee, so wird das nichts. Außerdem weiß ich gar nicht, worüber ich schreiben soll. Seit ich keiner lustigen Berufstätigkeit mehr nachgehe, hab ich einfach gar nichts mehr in meinem Kopf drin. Nur noch Blödsinn. Ich überlege zum Beispiel mich völlig dem Pokémon-Fieber auszuliefern. Mit allem Drum und Dran. Also, das ganze Taschengeld dafür ausgeben und beim Straßeüberqueren nich mehr auf die Autos zu achten. Ach nee, ich hab ja gar kein Taschengeld. Vielleicht trete ich auch einfach mal aus Spaß in eine Partei ein, wie der Kollege Michael Stein. Solange die mein Taschengeld nich haben wollen. Ach nee, ich hab ja gar kein Taschengeld.
Jetzt klopft auch noch jemand. »Bin nich da.« Nochmal Klopfen, diesmal kräftiger. Hartnäckig. Scheint was Wichtiges zu sein. »Bin zwar nich da, aber trotzdem, Herein!«, brülle ich um den missratenen Gast eventuell doch noch abzuschrecken. Es is Simone. Sie will wissen, ob ich den Besen in meinem Zimmer hätte. Witz komm raus, du bist umzingelt. Als ob ich jemals einen Besen in meinem Zimmer gehabt hätte. »Nee, hab ich nich, aber wenn de einen findest, hier is auch dreckig.« Sie findet das gar nicht lustig. Aber ich hatte natürlich auch nich damit gemeint, dass sie dann mit dem Besen bei mir sauber machen sollte, ich hab das nur mal so gesagt, praktisch als Aufforderung an meinen eigenen inneren Schweinehund, ach, is ja auch egal. Jetzt isse eh sauer. Na klar hab ich's so gemeint, ganz genau so!

Und jetzt gibts auch noch Gewitter. Na toll! Wie soll einem denn bei Gewitter was einfallen?! Dis blitzt und donnert, da kann ich ja gleich zum Schreiben ins Kino gehen. Gut, dann schreib ich eben, dass grad die Welt untergeht und kein Schwein überlebt. Und mit Schwein mein ich diesmal nich ironischerweise nur die Nutztiere. Nee, alles Leben geht weg von dem Planeten. Rummsbumms! Alle sind se tot. Auch die Pflanzen. Auch das Wasser. Und Hoffnung gibts auch nich, weil sich zur selben Zeit merkwürdigerweise herausstellt, dass im unendlichen Weltraum auch nich die winzigste Spur von Leben existiert. Das is 'n ziemlicher Hammer, oder?! Na gut, weil ihr's seid. Eine kleine Fliege überlebt das Inferno. Aber nur eine! Nich zwei! Und Zellteilung gibts bei Fliegen nicht. Diese Fliege hat noch eine Lebenserwartung von, sagen wir mal, 6 Tagen. Keine Woche. Und sie is, erschreckenderweise, zu allem Überfluss auch noch entsetzlich dumm. Eine normale Fliege eben. Keine Superfliege. Ein Döskopp von einem Brummer. O. K. Das is langweilig. Sagen wir, eine Mücke hat auch noch überlebt. In Alaska. Die Fliege is aber in Europa. Die werden sich nie treffen! Na gut, doch. Kommt eben ein Sturm von Alaska nach Europa, mittenmang 'n Haufen Scheiß und die Mücke. Die Mücke is 'n bisschen klüger. Sie sucht schon jemand. Obwohl, vielleicht ist das auch Instinkt. Aber nich mal den hat die doofe Fliege. Die brummt immer nur. Die Mücke hört schon das Brummen. »Oh nein«, denkt sie bei sich. »Nich so 'ne doofe Brummfliege.« Doch! Da sieht sie sie schon. Mitten im ehemaligen Jugoslawien. Diesmal wirklich ehemalig. Die Fliege ist so dumm, dass sie noch nich mal erschüttert ist wegen dem Inferno. Sie hat auch schon vergessen, wie sie überhaupt überlebt hat. Das Einzige, was sie will, is kacken, brummen und fressen. Na, wenigstens wird sie so nich depressiv. Der Mücke is es mittlerweile egal, dass die Fliege so hässlich und blöd is. Sie sieht sich schon als Stammmutter neuen Lebens. Die Eva in Mückengestalt. Sie weiß, sie muss dazu Geschlechtsverkehr machen mit dem fetten Ding. Da muss sie durch. Das Leben ist kein Honigschlecken. Es ist ziemlich genau die Hölle! Nebenbei gesagt, als nämlich das Inferno war, da sind in den ganzen Unwettern und Atomkatastrophen und was da alles noch so war, sind da der Zuckerhut von Rio de Janeiro, die Tower Bridge von London, die Freiheitsstatue, der Kölner Dom, der Kreml und der Berliner Fernsehturm, die sind alle durch merkwürdige Umstände bis ins ehemalige Jugoslawien geflogen, da gegeneinander geknallt und da runtergefallen zusammen und da hat das dann so 'n Haufen gegeben. Das muss man sich mal vorstellen, wie fürchterlich das da aussah, und da war 'n nun also auch unsere beiden letzten Überlebenden der Katastrophe, die Mücke und die Fliege. Und die Mücke hatte die Fliege bereits überholt. Sie hatte sich aufreizend zurechtgemacht. Wackelte verheißungsvoll mit dem Arsch. Die Fliege verstand nich recht. Was wollte denn die Mücke von ihr? Die machten sich doch sonst nichts aus Fliegen? Und weil sie aber dumm war, überlegte sie nicht lange, sie hatte eh schon einen dermaßenen …

Oh, das Gewitter is vorbei! Ging ja fix. Na, dann kann ich ja vielleicht doch was Vernünftiges schreiben. Mann, diese Scheiß Seiten! Warum müssen die immer wieder umklappen?! Und jetzt klopfts auch schon wieder! »Nein, ich hab keinen verdammten Besen!« Ach so, is meine Mutti. Hat frischen Kuchen mitgebracht. »Ja, setz dich ruhig, da aufs Bett. Nee, der Stuhl is mir gestern aus Versehen kaputtgegangen. Ja. Nee, ich weiß auch nich, wer den ganzen Dreck hier reingeschippt hat. Bin ja kein Hellseher. Außerdem siehts hier immer noch besser aus als nach der Apokalypse im ehemaligen Jugoslawien. Dis kannste mir ruhig glauben.« Sie fand dann, so schlimm sähe es da auch nich aus, aber sie konnte ja auch nich wissen, welche Apokalypse ich meinte.

Ich bin eine spirituelle Niete

Stehe im Bad vor dem Spiegel. Schaue mir ins Gesicht. Rasieren könnte man sich auch wieder mal. Drehe den Wasserhahn auf und lasse das Wasser laufen. Das Wasser läuft ab. Läuft in den Ausguss. Ich knöpfe mir die Hose auf, ziehe die Hose herunter und gucke wieder in den Spiegel. Mache ein ernstes Gesicht dazu. Sieht lächerlich aus. Is ja jetzt auch wieder Wahlkampf. Schröder gegen Stoiber. Was für ein Elend. Überlege, ob ich mir den Puller wasche. Hab ich heute früh schon. Muss reichen. Zieh mir die Hose wieder hoch und knöpfe sie zu. Was für ein Mann. Im Bad riecht es nach Urin. Kenne jemand, dem das nicht so gefällt. Dieser Jemand ist eine die. Die meint es nur gut, wenn sie mich darauf hinweist. Die meint, das törnt ab. Tut es wahrscheinlich auch. Wird sie ja nicht umsonst sagen. Grüne und PDS haben keinen Spitzenkandidaten aufgestellt. Sie wollen mit einer Mannschaft antreten. Was für ein Elend. Ich ziehe mir die Hose wieder runter und wasche mir nun doch meinen Puller. Es klingelt. Jemand vom Hermes-Versand will ein Paket abgeben. Das Paket ist nicht für mich. Es ist für die über uns. Die bestellen sich öfter mal was, weil sie beide arbeiten gehen. Da ist es für sie günstig, wenn sie nich spätabends nochmal lostuckern müssen, um sich Wunschträume erfüllen zu können. Sie gucken eben in den Katalog und bestellen, was sie ersehnen. Schöner, bunter Katalog. Der Versand-Mann ist ein armer Wicht. Er muss schnell wieder los, denn er ist nur zur Probe angestellt. Ich nehme das Paket an, unterschreibe unleserlich und dann wandert das Paket auf den Stapel mit den anderen Paketen von den anderen Versand-Firmen für die anderen Besteller aus den anderen Stockwerken dieses unseres Hauses. Niemand hat je eines von ihnen abgeholt. Vielleicht reicht es schon sie zu bestellen, vielleicht befriedigt schon das ihre Bedürfnisse. Vielleicht will man sich bloß suggerieren, dass man nich ganz umsonst schuften geht. Was weiß ich. Is nich mein Problem. Noch ist Platz im Flur, und wenn mal irgendwann kein Platz mehr ist, na, dann reiße ich eben die Wände raus. Das ist sowieso das Einzige, was mir auf 'm Bau jemals Spaß gemacht hat. Wände rausreißen. Mit 'nem Vorschlaghammer immer dagegen wuchten, bis es kracht und bröckelt. Aufbauen müssen andere, ich reiße ab. Die, die auch gesagt hat, dass Uringeruch im Bad irgendwie abtörnt, hat mir auch gesagt, ich solle es mal mit Yoga versuchen. Da würden schlummernde Energien freigesetzt. Man geht für 'ne Stunde dahin und hat zwei Stunden gewonnen. Ich habe ihr gesagt, dass ich keine zwei Stunden brauchen würde, und das hat aber gar nicht gestimmt. Natürlich könnte ich zwei Stunden sehr gut gebrauchen. Ich könnte sogar Tage, Jahre brauchen. Nur dass ich sie genauso nutzen würde wie die Stunden, Tage und Jahre, die ich auch so schon habe. Ich würde sie vertrödeln. Ich war sogar einmal beim Yoga. Eine Probestunde. In der Chausseestraße.

Da musste man nichts bezahlen. Im Zimmer roch es nach Räucherstäbchen und ich hasse Räucherstäbchen. Überall an den Wänden hingen bunte Bilder von Leuten mit mehreren Köpfen und dicken Bäuchen, manchmal waren es auch Elefanten. Wir mussten Gymnastik machen und ich konnte meine Beine nicht richtig strecken. Man sollte die Beine gestreckt etwa zehn Zentimeter über den Boden heben, während man auf dem Po saß, und dann den Oberkörper zu den Füßen strecken und mit den Händen die Zehenspitzen umfassen. Alles sollte dabei gestreckt bleiben. Bei mir blieb nichts gestreckt und doch kam ich mit den Händen nur bis zu den Knieen. Der Guru fand das trotzdem super und sprach zu mir wie zu einem Behinderten. Zum Schluss versuchte er uns noch in Trance zu versetzen und vielleicht war ich auch in Trance, ich weiß es nicht mehr. Ich weiß nur, dass ich keinen Bock habe auf so was. Dass ich ungelenk bleiben will und dafür lieber mit einer als wie mit zwei Stunden vorlieb nehme. Kann sein, dass ich 'ne spirituelle Niete bin. Kann schon sein. Ich lass das gerne auf mir sitzen. Dafür mag ich eben laute Musik, und wenn ich Alkohol trinke, dann saufe ich und dann bin ich irgendwann besoffen und dann fehlen mir wesentlich mehr als nur zwei Stunden. Ja, ich kann sogar sagen, dann gehts mir mindestens einen Tag lang richtig schlecht.
Das hab ich der die auch gesagt. Na und! So ist das eben.

Noch 'n Frühlingsgedicht

Draußen auf dem Bürgersteig liegt 'ne halbe Wurst
habe aber keinen Hunger
würde lieber was trinken.

Wie ich mal so jung war, wie ich mich fühlte

Sonnabendnacht. Die Disco beim Surfpoeten-Party-Club läuft auf vollen Touren. Gerade hat die Frauen-Garagen-Punkband SOL ihr Konzert beendet. Irgendwie sympathisch war sie gewesen. Nicht unbedingt hochklassig, aber auch kein Reinfall. Sympathisch eben. Ich stehe am Rand der Tanzfläche und weiß nicht, aus welchem der beiden in meiner Hand befindlichen Biergläser ich als Nächstes trinken soll. Wahrscheinlich aus keinem von beiden, aber nun gut, sie sind nun mal da, hier in meiner Hand, sie sind ja auch bezahlt, wäre doch schade drum die einfach wegzukippen, nö, und da kommt ja auch schon Rolin mit dem nächsten Glas Bier. Warum kann man eigentlich nicht fröhlich feiern ohne zu trinken? Kann man wahrscheinlich schon, gibt ja genug Menschen, die das können. Die Carola kann das und der eine hier aus der Christinenstraße kann das auch und eigentlich, da wollte ich ja auch gar nicht so ausflippen heute. Ich wollt doch nur mal so gucken gehen, wie's so ist, da im Kaffee Burger bei der schnuckligen Disco. Konnt ich denn wissen, dass da so viele Menschen sein würden, die mir unbedingt ein Bier ausgeben wollen? Und dann will man sich ja auch nicht lumpen lassen und was solls, ab morgen wird das doch alles sowieso anders. Also runter mit dem Zeug und rauf auf die Tanzfläche. Man ist nur einmal jung. Oder man war nur einmal jung, oder man ist so jung wie man sich fühlt, pipapo, chachacha, tralala. So, 3 Stunden später. Es ist halb 5 Uhr morgens. Die Tanzfläche bebt noch immer. Der DJ macht den Eindruck, als würde es noch ewig so weitergehen. Zeigt keinerlei Ermüdungserscheinungen. Jedenfalls kommt es mir so vor. Ich fühl mich gut, eigentlich. Zeit zu gehen. Wenns am schönsten ist, sollte man ja immer aufhören. Also Sachen geschnappt, Moment mal, was hatten wir eigentlich dabei? Rucksack, mmh, könnte sein. Jacke, wahrscheinlich schon. Na egal, morgen nochmal vorbeischauen, is ja nicht weit weg, wird schon nichts geklaut, is ja bisher auch immer alles wiedergekommen. Na gut, nich alles, aber das meiste. Wolln ma mal nich so kleinlich sein. Sind schließlich nur Sachen. Wichtig ist doch, was man fühlt und so, die inneren Werte. Die hab ich ja alle in mir drin. Die können ja nicht wegkommen. Was für ein Glück. Prima, ihr seid echt dufte Kumpels, innere Werte. Apropos innen. Ich könnt jetzt was zu essen gebrauchen. Was richtig Handfestes. Nudeln oder so. Zu Hause, die andern, die ham doch bestimmt was gekocht. Die kochen doch immer was. Wär doch gelacht, wenn die ausgerechnet heute nichts gekocht hätten. Also, ab dafür. ›Tschüss, tschüss, tschüss.‹ Ham wa allen tschüss gesagt? Nee, da war doch noch jemand. »Ach so, ja, na gut, ein Bier nehm wa noch. Ja, zum Abschied, ja, tschüss, ja, ich bleib noch was hier.« So, jetzt aber wirklich. Hui, das war aber wirklich ein toller Abend. Nett, diese ganzen Menschen. Schön, wenn man so viele Freunde hat. Man müsste mal für die alle was ganz Großes, ja, gleich morgen setz ich mich hin und ich hab auch schon so 'ne Idee. Was ganz Großes, in der Volksbühne, mit allem, was Rang und Namen hat, wäre ja gelacht, wenn Siegfried & Roy und ihre weißen Tiger, wenn die ›Nein‹ sagen würden. Die Tiger bestimmt nicht. Kommt eben auf die Formulierung drauf an. Boh, hab ich einen Hunger. Huch, hoffentlich sind meine Schlüssel noch da. Ma gucken. Oh, Ausweis is weg, na, kann ma sich später drüber Gedanken machen. Schlüssel sind aber da und sogar noch, sieh an, ein Bonbon. Werd ich Familie Ramm in den Briefkasten werfen. Wern die sich freuen. Jeden Tag eine gute Tat, Ahne, so is brav. Jetzt aber, wolln mal gucken. Na bitte. Nudeln. Geht doch. Mit ein bisschen Fingerspitzengefühl müsste sich daraus eine opulente Mahlzeit zaubern lassen. Ein paar Zwiebeln, Eier, Gurke, Mohrrüben, Broccoli, super! Herz, was willst du mehr. Bloß nicht so viel Krach machen, die andern schlafen bestimmt noch. Is ja grad mal 6. Zwiebeln schön fein geschnitten, Eier rein, oh, der Broccoli, der braucht doch eigentlich bestimmt 'n bisschen länger. Naja, kochen wa eben französisch, da is ja das Gemüse immer schön knackig. Käse? Kann bestimmt auch nich schaden. Gewürze, Sahne, Scheiße, keine Sahne da, na, Joghurt geht auch. Sieh einer an, da is ja sogar noch Tomatenmark. Lecker Tomatenmark, is ja viel besser als wie Ketchup. Da wern die andern sich aber freuen, so 'n tolles Essen und sogar schon zum Frühstück. Wern se zuerst zwar so tun, als ob se lieba Schrippen gegessen hätten, aber zum Schluss, unter Garantie, wird das ratzfatz alle sein. So. 'n bisschen Brot noch toasten. Eieiei, jetzt is hier doch was angebrannt. Na, noch 'n bisschen mehr Käse rein, dann schmeckt man das auch nicht mehr. Noch paar Gewürze. Ach, die Gurke! Fertig. Ich sitze am Tisch. Das Zeug schmeckt irgendwie mehr so mäßig. Mohrrüben, Nudeln und Joghurt und Tomatenmark, scheint doch irgendwie nich so die ideale Mischung zu sein. Und der Broccoli, also, 'n bisschen länger hätt der schon noch. Hab auch gar keinen Hunger mehr. Bäh, irgendwie, wenn ich's mir richtig überlege, na, also stehen lassen könn wa das jetzt so auch nicht. Tapfer sein, Ahne, Essen kippt man nicht weg. Nein, auch nicht in diesem Zustand. Auch nicht wenn, ach du Scheiße, was ist denn das?! Ööh, das hatt ich doch

schon seit Jahren nicht mehr. Was will denn da plötzlich nach oben? Wo ist eigentlich das Clo? Aha, zu weit weg. Warum hilft mir denn niemand zum Waschbecken, warum klappt denn das nicht mit runterschluck ... Scheiße, das ist ja widerlich! Huch, nochmal und nochmal. Gott, so viel hab ich doch gar nicht gegessen. Nein, ist das peinlich. Jetzt könntes aba wirklich mal aufhören. Peinlich! Boh, der ganze Tisch, die Pfanne, die Teller, der Fußboden. Hoffentlich hat das keiner mitge... »Äh, hallo Olli, ja du, nee, nee du, ich, ich mach das echt alles ... oh Mann, wirklich, ich mach das alles weg, ich, oh Scheiße ... schon wieder ..., ja, ja, gute Nacht!«
Sonntagmorgen 7 Uhr früh. Draußen is es immer noch dunkel. Ich versuche so gut es geht die blamablen Ausscheidungen dieser schnuckligen Disco-Nacht aus unserer Küche zu entfernen. Nich ganz einfach mit weiß ich was im Turm. Mache mir im Stillen Hoffnungen, dass unser neuer Schweizer Mitbewohner Olli vielleicht geschlafwandelt hat und alles längst vergessen. Mache mir gleichfalls Hoffnungen, dass er morgen früh ohne die Küche zu betreten einen urplötzlichen Blitzbesuch in der äh Schweiz antreten muss. Und warum sollte er nicht auch unsere anderen WG-Genossen gleich mitnehmen. Besonders Simone, die is immer so geruchsempfindlich. Wär doch ein Abwasch. Ne Woche, oder auch zwei, schön in der Schweiz, in den Bergen, wo die Luft so rein und ... Naja, manche Hoffnungen erweisen sich als trügerisch. Drei Tage lang blieb die Küche fast ausschließlich mein Reich. Ich konnte schalten und walten, wie ich wollte. Oder sagen wir eher, wie ich sollte. Um genau zu sein, müssen trifft es noch besser. Simone hat weiterhin etwas Säuerliches in ihrem Blick und es kommt vor, dass, wenn ich die Küche betrete, augenblick-

lich ein Gelächter erstirbt, was, wie mir glaubhaft versichert wird, aber ganz und gar nichts mit mir zu tun hat. Ich verzieh mich dann lieber in mein Zimmer und gehe ein wenig in mich. Es ist eben nicht immer leicht, so jung zu sein, wie man sich fühlt.

Geschichte ohne Schwäne, dafür mit Taube und Gott

Manchmal, da sitze ich auf einer Bank im Dauerregen an der Spree und fütter Schwäne, die gar nicht da sind. Es ist dies eine lieb gewordene Angewohnheit, die man auch getrost als Schrulle bezeichnen kann, wenn man dazu Lust hat. Bei uns in der Küche bleibt ja oft Brot übrig. Mal ein Kanten oder eine Stulle, mal aber auch ein ganzer Sack voll Krümel oder Wagenladungen gebackener Laiber aus den köstlichsten Sorten Getreides errichtet. Die Leute essen eben am liebsten frisches Brot. Sie haben Angst, dass bei zu hartem, dass da womöglich die Zähne sich drin verklemmen und sodann dazubei herausgebrochen werden, abplauzen von den Kieferknochen, die sie nur unzureichend festgezwirbelt hatten im Mund. Mein Mund sagt oft ›Aua‹, wenn er Geschichten ähnlicher Bauart erfährt aus dem Erfahrungsschatz anderer. Ich putze mir allerdings auch immer ordentlich meine Zähne, jeden Morgen und jeden Abend, wie das viele von denen, die Schadensmeldungen weitergeben, sicher nicht annähernd zu tun pflegen. Da müssen sich selbige nicht wundern. Die Zähne tun das mit dem Abbrechen ja schließlich nicht zum Spaß. Sie wollen gesalbt und gebürstet werden, ähnlich der Seele. Ja, auch unsere Seele braucht Streicheleinheiten. Obwohl sie ganz klein ist, kleiner noch als wie ein Zahn. Viel kleiner. Unsere Seele, die kann man noch nicht mal mit einem Elektronenmikroskop orten. Sie ist höchstens so groß wie ein Punkt. Ein ganz ein kleiner. Ein Minipunkt. Ein Punkt, den man nicht sehen kann. Allerdings ist dieser Punkt unendlich gewaltig komprimiert. Vergleichbar in etwa der Komprimiertheit der Kernfusion oder so. Also der Protonen, die da unter Lichtgeschwindigkeitsdruck laserdigital extremst gestaucht und anschließend nochmal, aber das würde jetzt wohl zu weit führen. Schließlich sitzen hier nicht nur promovierte Atom-Physiker auf surreal virtuellen Sitzbänken vor ... was allerdings hier ebenfalls schon wieder zu weit führt. Denn nur der Künstler begreift die Seele wirklich. Für ihn ist sie der im frühen Tau glitzernde Armreif elfenanmutiger Sinnlichkeit. Der mit den zauberhaftesten Mysterien inniglich geschwängerte Balsam voller Sehnsucht nach Verzweiflung und Wonnigkeit unter der Silhouette der Gunst der Sterne. Ein Vogel baumhafter Stärke. Ein zarter Liebesreizknochen. Ein Quell ungewisser, eulenartiger ... nun gut, wir wolln mal hier nich übertreiben. Aber so ungefähr. Ziemlich komprimiert eben. Und klein. Kleiner noch als Zähne.

Brot. Ich sitze an der Spree im Dauerregen und schmeiße Brotbrocken in den Fluss. Der is schon ganz dickflüssig von dem Brot. Keine Schwäne da. Sind alle zu Hause wahrscheinlich. Bei dem Wetter auch kein Wunder. Ein Wanderer kommt des Wegs. Es ist Gott. Er hat auch 'ne Tüte Brot mit. Will sich neben mich auf die Bank setzen. Ich frage ihn, ob er nicht mehr alle Gurken im Glas hat. Das hier ist meine Bank. Wenn hier doch mal zufällig ein Schwan vorbeigekrochen kommen sollte, will gefälligst ich den füttern. Er ist ja schließlich Gott, er kann auch mal schnell zur Themse oder zum Amazonas fliegen, wenn er unbedingt Brot ins Wasser schmeißen will. Da ist eh das Wetter besser. ›Los, komm, verkrümel dir mal hier. Neue Mitte, so weit kommts noch. Sodom und Gomorrha.‹ Der alte Zausel. Denkt wohl, er könnte sich alles rausnehmen, nur weil er Gott ist. Nich mit mir. Ich will meine Ruhe. Nachher erzählt der noch einen vom Stapel, was mich 'n Vogelschiss interessiert. Bin ich Jesus, oder was?! Sicher hat er auch viel besseres Brot gehabt. Was von dem Laib von seinem Sohn, wie hieß der gleich noch, so 'n Oblatenzeug. Da kann ich mit Mecklenburger Landbrot für 2,80 aus der Kaufhalle schlecht konkurrieren. Ich meine, ich hätt schon nichts dagegen zu reden oder in den Himmel zu kommen. Jeden Tag gebratene Täubchen. Besseres Wetter sowieso. Aber da oben ist bestimmt auch nich mehr alles Butter wie früher. Wird ja überall alles schlechter. Bleibt ja nichts so schön, wie es war. Zum Heulen. Wahrscheinlich haben die jetzt auch schon Margarine und dieselben Tauben wie wir. Flugratten. Sieh an, da kommt ja eine. Mit gebrochenem Flügel. »Hier haste 'n Brocken Brot. Ja. Guck nich so. Kannste essen. Na, is nich grade frisch, aber ›Brot von gestern is nich hart, gar kein Brot, das ist hart‹, wie unser Bäcker in Karlshorst zu DDR-Zeiten immer sagte.« Arme Taube. Machts nich mehr lange. Wird bald von ihren Artgenossen aufgepickt werden. Na, isse immerhin noch zu was nutze. Hoffentlich haben Tauben auch eine Seele. Ach, was rede ich da. Die haben ja nicht mal Zähne. Hau ab, blödes Vieh. Ich will nicht mit angucken müssen, wie du stirbst. Reicht schon, dass es die ganze Zeit regnet. Und mit der Rentenlüge, na, da will ich mal lieber gar nichts zu sagen.

Geschichte, die noch einen Titel braucht

Dienstagabend 21.00 Uhr. Bin in meinem Zimmer. Versuche eine Geschichte zu schreiben. Bin ja jetzt schließlich Schriftsteller. Is ja nun mal mein Beruf Geschichten zu schreiben. Ich habs ja selber so gewollt. Hab mich ja sogar beim Finanzamt angemeldet. Muss ja jetzt Geschichten schreiben. Is ja nun kein Hobby mehr. Is ja jetzt ernst. Mal gucken, wie viel hamma schon geschrieben. Naja, 11 Sätze, kurze noch dazu, das kann man noch nich als Geschichte verkaufen. Is auch bisher eher so 'ne spärliche Handlung. Na, mal überlegen, was ham wa denn heute so gemacht. Hat ja geregnet heute. Viel ham wa eigentlich nich gemacht. Mittag hab ich Nudeln gekocht. Zwei Teller abgewaschen. Dann hab ich gemerkt, dass keine Butter mehr da ist. Dann war ich in der Kaufhalle. Da hab ich dann vergessen Butter zu kaufen. Hab ich in der Zitty gelesen, dass die Berliner Clubkultur mindestens genauso vielfältig ist wie noch vor 4 Jahren. Hab ich dann überlegt Wäsche zu waschen, aber auf der Waschmaschine stand noch so viel dreckiges Geschirr, das klappert dann ja immer so, wenn die Waschmaschine an ist. Besonders nachher beim Schleudern. Hab ich mich geärgert. Kann man denn nicht mal in Ruhe Wäsche waschen? Hab ich dann lieber noch 'n bisschen Kreuzworträtsel gemacht. Hab aber diesen zweiten kirchlichen Sonntag nach Ostern, da hab ich nicht gewusst, wie der heißt. Da hab ich dis dann aufgegeben. Meine Mutter sagt ja immer, man soll nich so früh aufgeben. Ich hab aber trotzdem aufgegeben. Is ja mein Leben. Kann ich mit machen, was ich will. Wenn ich eben aufgeben will, geb ich eben auf, na und. Dafür bin ich kein Nazi. Hab ich dann lieber geguckt, ob was im Fernsehn kommt, aber kam nichts im Fernsehn. Frisst ja auch Strom, die Kiste. Waschmaschine frisst ja auch Strom. Is ja elektrisch. Elektrische Geräte brauchen ja Strom. Tschuldigung, mir sind gerade die Augen zugefallen. Wo warn wir, ah ja, Strom. Strom kann man ja auch für große Flüsse sagen. Und kleine Flüsse heißen Bach. Bach hat ja auch mal Musik gemacht. Früher, als es noch keine Waschmaschinen gab. Also, wenn ich jetzt so weitermache, wird das hier nie eine richtige Geschichte. Das is ja bis jetzt alles voll uninteressant. Das kann man ja keinem anbieten. Ich bin wirklich sehr unzufrieden mit mir. Vielleicht hätt ich doch lieber Straßenbahnfahrer werden sollen. Da fährt man dann seine Straßenbahn bis zum Feierabend und dann is Feierabend. Kann man dann nach Hause fahren. Zu Hause hat man dann Feierabend. Da sitzt man dann schön da, bis man eingeschlafen ist, und träumt was Schönes, bis der Wecker klingelt, und dann steht man auf und fährt wieder Straßenbahn. Bis wieder Feierabend ist. Wochenende hat man, ach nee, dis gibt ja auch am Wochenende Straßenbahnen. Na, das ist ja interessant. Vielleicht sollte ich mal darüber schreiben, dass am Wochenende Straßenbahnen fahren. Ja, am Wochenende, da fahren Straßenbahnen. Irgendwie fällt mir dazu weiter gar nichts ein. Straßenbahnen, schön und gut, was soll man dazu sagen? Die fahrn eben auch am Wochenende. Sind se zu Ost-Zeiten auch schon. Weiß doch jeder. Dass Straßenbahnen auch am Wochenende fahren. Weiß doch jede Klobürste. Ja, wenn da Cowboys und Indianer drin wären in der Straßenbahn und es am Fahrkartenautomaten gefährliche Zeitlöcher gäbe oder zumindestens ein Hochhaus, das grade einstürzt, oder Apokalypse. Gibts ja aber nich. Is ja kein Bus, die Straßenbahn. Blöder Vergleich, was soll das denn?! Die Straßenbahn fährt übrigens auch mit Strom. Bus fährt mit Benzin. So, mal sehn, was für 'ne Zeitung mir jetzt die Geschichte hier abkauft. Bin ja schließlich nicht nur Schriftsteller, sondern auch noch Publizist. Hab ich ja beim Finanzamt so gesagt. So, wird nich ganz billig, die Geschichte, sind ja immerhin … Muss ich jetzt mal die Buchstaben zählen, Moment … ja, 2800 Buchstaben ungefähr. Na, dis müsste reichen.

Tag 22 der neuen Zeitrechnung

3. Oktober, 5.30 Uhr früh. Mein Sohn stürmt mit einer Anmut, die Nadeshda Comaneći, der Schwebebalken-Olympiasiegerin von anno dunnemals, nicht zur Ehre gereichen würde, ins Zimmer und schreit: »Papa, Papa, es ist Nationalfeiertag. Vor 11 Jahren haben sich die beiden souveränen Staaten BRD und DDR zu einem Land vereinigt.« Nein, das schreit er natürlich nicht. Er heult und jammert: »Papa, Papa. Ich kann nicht mehr schlafen. Der Alpdruck der Terroranschläge auf die freie Welt in New York lastet tonnenschwer auf meiner Brust.« Nein, Quatsch. Er sagt in ruhigem Ton: »Papa. Da is 'ne Mücke in meinem Zimmer. Die surrt immer so. Können wir aufstehen und frühstücken?« Ich bin noch total müde. Musste ja schließlich gestern Nacht Armeen von Frauen befriedigen und gleichzeitig das Palästinaproblem lösen, hab ich zumindestens geträumt. Ich gebe meinem Willen den Befehl die Augen zu öffnen, hebe meinen Oberkörper, schiele ungläubig zur Uhr und sage: »Aha.« Mehr fällt mir in dem Moment nich ein. »Aha«, sage ich und versuche Zeit zu gewinnen. »Soso«, sage ich und das hat immerhin 30 Sekunden ge-

bracht. In der Zwischenzeit haben wahrscheinlich dutzende Bäcker der Stadt auf Ofenblechen drapierte knusprige Schrippen ans Tageslicht befördert. Das heißt, so viel Tageslicht is ja noch gar nicht da. Is ja praktisch noch Nacht. Und Feiertag zudem. Da arbeitet ja gar kein Bäcker. Das wird mir nun auch bewusst. »Wat solln dit!«, herrsche ich ihn an. »Mücke, so'n Quatsch. Mücken gibts doch gar nich. Leg dich wieder hin.« Doch der Quälgeist macht keine Anstalten. Sieht mich an wie ein äthiopisches Kind aus den 80er Jahren und sagt: »Ich hab Hunger.« Mir bleibt nichts weiter übrig als den sicheren Hort der Pupsmulde zu verlassen. Aufstehen, frisch, froh, frei. Das wollen sie ja grade, die Terroristen, dass wir unser normales Leben nicht mehr weiterleben. Naja, was ist schon normal. Liegestütze, Zähneputzen, Frühstück machen. Feiertag. Was machen wir nur heute? Man könnte rausfahren in die Pilze. Es ist Herbst. Es ist feucht. Es ist warm. Es ist früh. Pilze. Nach Strausberg-Nord mit der S-Bahn. Schön, Henkelkörbchen in der einen Hand. Messer in der anderen. Ob sie jetzt in der S-Bahn auch Waffenkontrollen machen? Ich weiß nicht. Die ersten Sonnenstrahlen schleichen sich durch das Wolkengebüsch. Habe vergessen die kochenden Eier pünktlich vom Herd zu nehmen. Sind jetzt wohl keine Weicheier mehr. 15 Minuten, na, was solls. Feiertag. Alle andern schlafen noch. Im Radio machen sie schon wieder Halligalli Programm. Müssen denn immer erst irgendwo 'n paar Türme einstürzen, damit man die Typen der diversen Sender mal ertragen kann? Sind denn alle umsonst gestorben? Seit heute vor 11 Jahren sind wir nun also ein großes Deutschland. Na toll. Davon wern die Eier auch nich wieder weich. »Papa, ich mag keine hart gekochten Eier.« Der nu wieder. »Trink die Milch dazu, die is flüssig.« Keine

Schrippen da. Schön ist es in einer Wohngemeinschaft zu leben. Da is man nich immer so allein. Mit ohne Schrippen und wenn man mal ein Problem hat, kann man an die Tür nebenan klopfen und dann hat man da immer ein offenes Ohr. Iiieh, offenes Ohr, klingt nich gut. Und das beim Essen. Offenes Bein, offenes Ohr, nein, das klingt gar nicht gut. Schnell das Radio abstellen, das klingt auch gar nicht gut. »So, wir gehen heute in die Pilze. Weißt du, was Pilze sind?« Oskar macht ein angewidertes Gesicht. »Ich ess keine Pilze.« »Du sollst sie auch nicht essen, sondern suchen.« »Und wenn wir die gesucht haben, was machen wir dann mit denen?« »Dann essen wir die.« »Ich ess aber keine Pilze.« »Und ich werde nicht gerne um halb 6 früh geweckt. Ab heute gibts nur noch Pilze.« Das hätten wir geklärt. Einmal muss ja jemand Tacheles reden. Die Kinder heutzutage sind viel zu verwöhnt. Wird Zeit, dass die zur Armee kommen und das wahre Leben kennen lernen. Is eben nicht alles nur Friede, Freude, Eierkuchen, auch wenn Dr. Motte das gerne so hätte. Is nich jeden Tag Weihnachten. »Papa, wann is eigentlich Weihnachten?!«
3. Oktober, 8.07, Uhr. Kaffee übergekocht. Eier hart. Keine Schrippen da. Der Sohn nervt und jetzt fängts auch noch an zu regnen. Was gibt es da eigentlich zu feiern?

Rock 'n' Rollleben

In der Innentasche Zugfahrkarten
Ostbahnhof am Bahnsteig warten
guck zum Himmel, Gott nich da
Zug fährt ein, ich fahr

Spaßgesellschaft ade
Anschwellender Klopsgesang

Muss sofort einen Text schreiben, der voll gepackt ist mit Schwermut, Nachdenklichkeit, Ernst und 1000 Kilo Bedeutung. Habe nämlich gerade in allen Zeitungen gelesen, dass die Spaßgesellschaft am Ende sei, mitsamt ihrer locker flockigen Literatur. Habe auf allen Radiosendern gehört, dass viele Schriftsteller jetzt ihre Bücher vom Markt zurückziehen würden, weil diese nicht mehr so recht in die neue Zeit passten. Habe im ganzen Fernsehn zum Quadrat gesehen, dass jetzt wieder mehr Gewicht auf Gewichtiges gesetzt wird, die Leute wollen nicht mehr lachen, jedenfalls nich mehr über alles und jeden Quatsch. Wollten die Leute jemals über alles und jeden Quatsch lachen?
Auf 'm Spielplatz is es wie immer. Die Kinder spielen, schreien und kreischen, lachen und weinen. Ein paar von ihnen sind böse, nehmen den anderen das Spielzeug weg und treten es irgendwo unbeobachtet kaputt. Es sind die bösen Kinder, deren Eltern an den Tischtennisplatten rumlungern und dort Alkohol aus Dosen und Flaschen konsumieren und denen es letzten Endes egal ist, was die Blagen so veranstalten. Hauptsache, sie nerven nicht mit Fragen nach der Zukunft oder ähnlichem Scheiß. Die Eltern der guten Kinder schütteln ob solcher Zustände nur verständnislos die Köpfe. Einige wollen natürlich etwas ändern, doch sie scheitern in regelmäßigen Abständen. Alles is wie immer. Die Sonne scheint oder es regnet und Parkplatzmangel herrscht auch weiterhin. Doofe Regierung! Wir sitzen auf der Lottumstraße auf einer Bank und neben uns bauen Bauarbeiter an einem Haus. Ab und zu weht der Wind eine Wolke Staub zu uns herüber. Zum

wiederholten Male erzählt mir eine Frau, dass der Osama bin Laden eigentlich ganz süß rüberkommt. Der hätte so was Weiches in seinem Gesichtsausdruck. Und der würde irgendwie so einfühlsam reden. Sie könne sich gar nicht vorstellen, dass der wirklich so böse sei, wie die Medien uns immer weismachen wollen. Ich entgegne, dass er doch aber sage, man solle Menschen töten, nur weil sie einem anderen oder gar keinem Glauben anhängen, doch das kann sie nicht verstören. Ob ich denn Arabisch könne, meint sie, und dass doch womöglich alles falsch übersetzt sei. Den Medien dürfe man nicht mehr trauen, das müsse ich doch selbst am besten wissen. Und damit hat sie ja auch ein Stück weit Recht. Schließlich war ich schon mal Protagonist bei einer Sendung namens ›Liebe Sünde‹, wo ich für 400 Mark zu der Aussage stehen sollte, ich liebe alte Frauen. Und wo ich als damals 28-Jähriger 22 Jahre alt sein sollte und eine Freundin hatte, die angeblich 40 Jahre alt war und die ich zwar noch nie gesehen hatte, aber mit der ich nun schon seit 3 Jahren glücklich eine Zweierbeziehung veranstaltete. Alles sollte möglichst natürlich wirken. Auf meine Frage, warum sie nicht wirkliche Pärchen mit großem Altersunterschied nähmen, antwortete die Managerin der Sendung: Die Typen, die ohne finanzielles Interesse ehrlich Auskunft geben wollten, das seien alles bildschirmuntaugliche Vollidioten. Nein, man nähme lieber Leute, die man bezahle, da wüsste man, wo man dran sei. Da gäbe es weniger unliebsame Überraschungen. Schwierig an dieser Unternehmung war nicht allein das Zungenküssen einer völlig unbekannten Person, nein, zu allem Überfluss durfte die Moderatorin der Sendung nicht erfahren, dass es sich nur um einen Schwindel handelte.

Das sagte man mir 3 Minuten bevor selbige in der Wohnung meiner angeblichen Freundin eintraf. Peinlich, dass ich nach 3 Jahren immer noch nicht wusste, wo in der Wohnung meiner Partnerin das Clo war. »Ich muss fast nie auf Toilette.« Mit dieser Ausrede parierte ich gekonnt eventuell aufkeimende Zweifel. Wir sollten dann auch noch zusammen kochen. Doch allen Hindernissen aus dem Weg gehend, »Schatz, wo war'n gleich nochmal die Messer?«, nahm ich mir eine Flasche Bier aus dem Kühlschrank und setzte mich vor den Fernseher. Schließlich war ich der Mann und sie die Frau und ich noch dazu aus dem Osten. Bei uns, da war eben alles noch etwas rustikaler.

Die Medien also wieder die wahren Bösen und Osama bin Laden nur ein Opfer ihrer allumfassenden Realitätsverklitterung. Ein Opfer genau wie Che Guevara, Elvis Presley oder Adolf Hitler. Huch, schon wieder so große Namen. Große Namen, große Zusammenhänge. Dabei müsste doch, nachdem endlich herausgefunden wurde, dass Adolf Hitler schwul war, nicht bin Laden, sondern Klaus Wowereit der neue Hitler sein. Oder war Osama letzten Endes auch schwul? War das Böse nur in der Welt, weil Männer ihre homosexuellen Neigungen unterdrückten? Und was ist dann mit Margaret Thatcher? Lesbisch? Ihr Leben lang unbefriedigt? Sind wir eigentlich noch zu retten? Haben wir sie noch alle?

Muss sofort einen Text schreiben, der mit dem allem hier vollständig bricht. Etwas Endgültiges, Wahres. Die Zeichen der Zeit. Dumpf und schwülstig. Eben absoluten Dreck. Spaßgesellschaft ade.

Is so!

Weihnachtszeit, fröhliche Zeit. Eine beschwingte Stimmung breitet sich in der Stadt aus. In einer Spandauer Kita sind zwei kleine Kinderlein in Flammen aufgegangen. 21 andere sahen zu, wie die Schäfchen-Kostüme von Tobias und Justin Feuer fingen. Tobias und Justin liegen jetzt in der Unfallklinik Marzahn im künstlichen Koma. Schade, aber vielleicht sind sie ja am Heiligen Abend wieder fit, rechtzeitig zum Geschenkeauspacken. Ansonsten aber ist alles in Butter. Die Fenster sind festlich beleuchtet. Mit so Schwibbögen und anderem Brimborium. Tannenbäume werden geschlagen und mit Kerzen beschraubt. Die Läden sind voller Menschen, die noch schnell was kaufen, was man noch wie verschenken kann, irgendwie. Säckeweise Nüsse und Plätzchen und Computer und Kranautos wandern über den Ladentisch. Die Armen kaufen Nüsse, die Reichen Kranautos, für jeden ist etwas dabei. Die Wirtschaft ist flexibel auf alle Einkommensschichten eingerichtet. Jedem soll am Heiligen Abend ein Freudefunken in die Augen gepflanzt werden. Keiner kommt zu kurz. Auch nicht die Obdachlosen. Denn zum Glück gibt es ja Frank Zander. Der verschenkt Enten und Rotkohl. So können auch sie mit gefülltem Magen und Hoffnung in ihren Herzen volle Kanne ins Jahr 2000 durchstarten. Mit Elan auf Wohnungssuche gehen. Bis zu einem schnuckligen Zweitwagen ist es dann nur noch ein kleiner Schritt.

Weihnachtszeit, Zeit der süßen Düfte. Schmorroulade und Apfelspeck. Lauchcretins und Basisboulletten. Bratenpaste aus der Magarineschachtel und mit heiligem Weihnachtsschmalz beschmierte Schrippen. Fest der Sinne. Das Wasser läuft einem im Mund zusammen. Man denkt an unterernährte Kinder in Afrika und freut sich, dass es einem besser geht. Dass man zum Beispiel auch was Vegetarisches kriegt in der Kaufhalle, wenn man Vegetarier ist. Fischstäbchen eventuell. Die hat jeder gern. Frisch aus dem Wasser auf den Teller. Fertig. Kann man essen. Warm oder kalt. Jedem nach seiner Fasson. Das Gold der Meere, brutzlig, schnurpsig. Nam, nam, nam. Weg sind die Stäbchen, im Bauch drin. Könn die Organe mit Mikado spielen. Ha, ha, ha. Wenn die noch ganz wären, natürlich bloß. Nicht die Organe, sondern die Stäbchen. Sind se aber nicht, selbstverständlich, sie sind ja schließlich zerkaut worden von den Zähnen, die im Mund drin sind. Oder wer keine Zähne mehr hat, benutzt eben die Kieferknochen. Die Teile haben ja zum Glück keine Gräten, muss man nicht aufpassen. Lecker Fischstäbchen!

Traumhafte Adventszeit. Heimlichtuerei allerorten. Die Mutti hat was für den Vati, der Vati hat noch nichts, aber geht Freitag früh nochmal los. Die Kinder haben auch schon was, Keuchhusten oder Tripper. Sie werden ja jetzt immer früher erwachsen. Damit muss man umgehen können. Nicht immer gleich schimpfen. Auch mal zum Beispiel Verständnis. Das ist wichtig, schließlich sollen die lieben Kleinen ja mal später die eigene Rente erwirtschaften. Wer weiß, ob sie das machen, wenn man immer nur schimpft. Nein, die Weihnachtszeit ist keine Zeit für Konflikte. Über alles sollte sich ein warmer Pelz von Zufriedenheit und Gemeinsinn legen, der den Streit brutal im Keim erstickt. Statt drüber zu reden, wie man sich den Tripper eingefangen hat, sollte der liebe Sohn einfach mal in den Arm genommen werden und Papi könnte ihm auf die Schulter klopfen und sagen, dass der süße Spross ganz nach ihm komme. Zwei, drei Papppäckchen Glühwein vom Spätkauf sorgen für die wohlige innere Wärme und der Haussegen hängt wieder gerade. Zwar versucht sich die Tochter zur selben Zeit in der Speisekammer aufzuhängen, aber das ist auch mehr so pubertär, und irgendwann siegt schließlich doch die Neugierde über den Willen zum Suizid. Vielleicht kriegt sie ja die gelben Tennissocken, die sie sich immer so gewünscht hat? Könnte sein. Wenn sie erst mal tot ist, wird sie es nie erfahren und sich hinterher womöglich ärgern. Sie steigt also von der Leiter. Den Strick kann sie Mutti schenken, die hat ja auch immer so viele Probleme. Siehe da, zwar keine gelben Tennissocken, dafür aber ein hellgrünes Deo. Naja. Sie geht mal eben noch was aus der Speisekammer holen.

Weihnachtszeit. Zeit der Sehnsüchte. Zeit der Besinnung. Zeit der von Herzen kommenden Reden. Zeit der menschlichen Nähe. Der Geborgenheit. Der Lieder. Der Träume. Weihnachtszeit, schöne Zeit. Ich war heute bei einer Magenspiegelung. Zur Überraschung der blondierten Schwester ließ ich's ohne Betäubung machen. Der Schlauch, den man schlucken muss, ist nicht mehr so dick wie zu DDR-Zeiten. Ich wollte mal sehen, ob es trotzdem immer noch so grauenhaft ist wie damals. Tja, was soll ich sagen, is noch so.

Der Typ hinter mir, so ein Bauarbeiter, der hatte so was Ähnliches vor, nur dass er den Schlauch nich durch den Hals geschoben kriegte, sondern mehr so von hinten, durch das Popoloch. Er schien nicht sonderlich erfreut über die Behandlung. Lief irgendwie so breitbeinig, hinterher. Richtige Männer sind eben doch nur die Schwulen. Ja, so verlebt jeder das Weihnachtsfest auf seine Art und Weise und niemand kann mir erzählen, dass er sich nicht schon jetzt auf's nächste Mal freuen würde. Is so!

Sag mir, wo die Blumen blühn

Berlin im Frühling. An den Currywurstständen herrscht Gedrängel. Die Menschen haben Hunger. Monatelang verbrachten sie darbend in ihren Schlafkasematten, jetzt ist's genug. Sie müssen raus an die frische Luft, denn sie sind verliebt. Das ist immer so im Frühling. Im Frühling sind alle verliebt, und wer verliebt ist, hat Appetit auf Currywurst und Geld hat er auch. Klar, im Frühling, da haben sie alle wieder Geld. Frühlingsgeld. Die Portemonnaies platzen aus den Nähten. Jetzt kommt die große Zeit des Überflusses. Manche haben so viel Geld, dass sie bündelweise Scheine in die Spree schmeißen oder sich gleich aufhängen. Frühjahrsdepressionen, die gibts natürlich auch. Weil man jetzt auch sieht, wie sinnlos alles ist, in der Kunst gehts nicht vorwärts, die Natur blüht scheinheilig, das kann ja wohl nicht wahr sein, dabei ist sie doch kaputt, bestimmt alles nur Plastik, wo soll das nur hinführen, ist die Erde noch zu retten, nein, ganz klar, da muss man sterben, manche jedenfalls. Ich steck mir eine Flanellflocke ans Hemd und wander durch den Volkspark Friedrichshain. Hier tummelt sich ein drolliges Völkchen. Ausgeschlafene Pennbrüder, verlebte Lolitas, ausgebuffte Kinderschurken und Hunde, die an die Macht wollen. Ätsche, bätsche, könn se aba nich. Könn ja noch nich ma sprechen.
Der Frühling ist ein lustiger Gesell. Er kommt im März und geht, wenn der Sommer kommt. Dazwischen ist er da. Lustig, oder?! Der Frühling hat zeitlebens Künstler inspiriert irgendwas zu machen. Gedichte dichten, Opern komponieren, Bilder malen, wo Sonnenblumen drauf sind oder abgeschnittene Ohren. Die Phantasie wird auf Touren gebracht. Sie ist unberechenbar. Keiner kann sich ihr

entziehen. Einige habens mit Einmauern versucht. Vergebens. Ein Frühlingssonnenstrahl zerbricht jede Mauer. Kein Stein bleibt auf dem anderen. Hiroshima oder Grosny können ein Lied davon singen. Genau wie die Vögel im ausschlagenden Gestrüpp. Sie singen, bis sie von den Ästen fallen. Hühnereigroße Fasane schreien sich die Seele aus dem Leib. Tirilieren bis zum Erbrechen. Omas, die sich genervt fühlen, hauen wütend mit ihren Krückstöcken dazwischen, treffen aber nichts, da sie blind sind. Gerade wer blind ist, fühlt sich durch das absurde Geplärre der gefiederten Freunde empfindlich gestört. Denn wer blind ist, sieht nichts, aber deswegen ist er noch lange nicht taub. Im Gegenteil. Er hört 7-mal besser, als wie Hunde alt werden. Fast unvorstellbar gut hören blinde Omas also. Sie hören es selbst schon, wenn ein Vogel nur darüber nachdenkt jetzt mal gleich zu piepen. Es ist dann wie ein schneidender Schmerz. Das Wissen um den folgenden Terroranschlag. Es ist oft schlimmer als das eigentliche Inferno dann. Verständlich also, wenn sie dafür sind, Vögel vollkommen auszurotten und durch Vanille-Duftbäumchen zu ersetzen. Die hört man wenigstens nich und riechen tuts immerhin besser als Kacke.

Im Frühling, da lernen die Kinder, was es heißt lieb zueinander zu sein. Sie klauen sich auf den Spielplätzen nicht mehr gegenseitig die Buddelschippen, sondern geben einander ab. Einwegspritzen und gebrauchte Kondome übrigens gehören nicht in Sandkästen, sondern in die von lustig summenden Bienchen umschwärmten Papierkörbchen. Da warten sie, bis jemand kommt, der so was braucht. Alles wird gebraucht, im Frühling ist nichts verloren. Vögel wollen Nester bauen. Bauarbeiter Häuschen. Kiffer Tütchen, die Liga für Kampf und Freizeit ein besseres Weltchen. Da wird jedes geknickte Hälmchen gebraucht, jedes angebissene Pinienkernchen, jedes Müskelchen, jedes Frätzchen, jedes Kniffchen, jedes Püffchen, jedes Päffchen. Piffpaff, haha, so lustig ist der Frühling.

Mamma mia, was muss ich sehen! Ein Weidenkätzchen verlangt nach einer Schale Milch. Ein süßes Wortspielkätzchen mit einem Latz aus Schokolade. Ich mach dir gleich Beine, du freches Ding! Wortspiele haben im Frühling nichts zu suchen. Geh zu Otto Waalkes in seinen neuen Film! Hopp, hopp, sonst kommen die bösen türkischen Jugendbanden und singen Hip-Hop mit deutschen Texten, bis du platzt.

Na, sieh an. Hat's mit der Angst gekricht. Dabei war's gar nicht so gemeint. War nur Spaß gewesen. Würd doch niemanden in echt zum Otto-Film schicken. Bin doch kein Nazi.

Ach Frühling. Lustiger Frühling. Zum Kaputtlachen lustiger Frühling. Anstrengend bist du, Frühling, anstrengend wie sonstewas.

Das böse Pferd fraß gerne alles, alles auf.

Verrücktes Hamburg, Jesus liebt dich oder so

Hamburg Hauptbahnhof. Ich bin da. In Hamburg. Ich soll hier auftreten in einem Club auf der Reeperbahn. Ich soll um 7 hier auf dem Bahnsteig abgeholt werden, von einem Verantwortlichen. Es ist um 7. Ich seh keinen Verantwortlichen. Das heißt, für irgendetwas werden die Gestalten, die sich hier auf dem Bahnsteig tummeln, sicher verantwortlich sein. Für uneheliche Kinder womöglich, Drogenkriminalität oder den Niedergang des Abendlandes. Aber ganz sicher nicht für meinen Abtransport Richtung Sündenmeile. Ich schließe die Augen und stelle mir vor, ich wäre noch im Bauch von meiner Mutti. Schön warm isses da und ich muss mich nicht rasieren. Als ich die Augen wieder öffne, hat sich meine Situation nicht gerade grundlegend verändert. Bis auf vielleicht, dass jemand einen Zigarettenstummel direkt neben meine Füße geworfen hat. Hamburg is irgendwie ganz schön am Rotten. Überall stehen Heroinsüchtige herum. Sehen nich gut aus. Viele Pickel im Gesicht. Dicke blaue Ringe unter den Augen. Einer erinnert mich an Tube. Ich will schon sagen: »Hallo Tube«, doch dann bemerke ich, der hat ja einen Vollbart und trägt so ’ne komische USA-Baseballmütze verkehrt herum auf dem Kopf. Tube würde ja niemals nie eine Baseballmütze verkehrt herum aufsetzen. Außerdem sitzt der ja bestimmt zu Hause in Berlin vor seinem Computer und bietet nicht seinen Körper auf einem Bahnsteig des Hamburger Hauptbahnhofes feil. Also unterdrücke ich meine Anrede und wende mich lieber wieder meinen eigenen Problemen zu. Zum Beispiel, wie sitzt eigentlich die Frisur und wie komm ich hier von diesem Bahnsteig runter. Ah, da is ja ’ne Rolltreppe. Die werde ich mal hochrollen.

Rolle also die Rolltreppe hoch. Oben stehen noch mehr Heroinsüchtige. Eine Frau mit langen fettigen Haaren sagt: »Hotel« zu mir. Ich denke: ›Ach, da gehts ja jemandem ähnlich wie mir. Ich hab vorhin einen irrtümlich für Tube gehalten und sie verwechselt mich mit einem Hotel. Nein, das ist ja lustig. Verwandt im Geiste.‹ Doch im Prinzip weiß ich natürlich, dass die vermutlich junge Frau etwas ganz, ganz anderes meinte. Deshalb antworte ich nur kurz angebunden: »Später«, was ja sogar auch stimmt, denn später werde ich mit an Sicherheit grenzender Wahrscheinlichkeit ein Hotel aufsuchen. Nur bestimmt nicht mit der fettigen Frau zusammen. Ach ja, man kann sich nicht um alles kümmern. Soziale Brennpunkte, deren gibt es viele, da freut es einen doch, wenn man kurz nach Verlassen des Hamburger Hauptbahnhofes auf einem nahe gelegenen Stückchen Rasen einen guten, alten Maulwurfshügel zu Gesicht bekommt. Ein bisschen heile Natur inmitten dieses trostlosen Umfeldes. Ich verweile einen Moment lang vor diesem Wunder der Evolution und sinniere, ob es sich dabei wirklich um ein Wunder handelt. Komme zu dem Schluss, dass es wahrscheinlich doch kein Wunder ist, sondern eher normal. Ein Wunder wäre vielleicht, wenn es sich auf diesem Maulwurfshügel ein Arien singender Koalabär bequem gemacht hätte. Ja, das wär ein Wunder. Aber dem ist nicht so. Kein Koalabär, nirgends. Muss jetzt aber doch mal weiter. Will ja schließlich zu meinem Auftrittsort. Muss ja auftreten. Krieg ich ja Geld für. Also vielleicht mal mit einer S-Bahn fahren. Da kommt man ja schneller vorwärts als wie zu Fuß. Winke zum Abschied noch einmal zurück zum Maulwurfshügel und siehe da, da haben doch tatsächlich die Zeugen Jehovas gedacht, das Gewinke gelte ihnen. Gleich drei Omas stürzen Wachtturm-bewährt in meine

Richtung. Nun aber hurtig, schließlich will ich in meinem Leben noch diversen Lastern frönen, und ein schlechtes Gewissen wäre mir dabei nur ein lästiger Weggefährte. Wetze also behänden Schrittes irgendeinem Tunneleingang zu. Stürze mich hinab in den Untergrund. Verschwende keinen Gedanken an das Kaufen einer Fahrkarte. Man hat schließlich Prinzipien. Keinen Groschen fürs System. Geld für ihre Atomraketen müssen sie sich schon woanders herholen. Ich bin da radikal. Mit mir nich, da sehe ich mich total in einer Linie mit zum Beispiel Karl Liebknecht oder Peter Pan. Peter Pan wird ja heute eher so niedlich dargestellt. Aber der war gar nicht so. Der war ja einer der Ersten, der damals in Griechenland schwarzgefahren ist. Dis wird ja heutzutage in den Geschichtsbüchern ziemlich zerknittert wiedergegeben. Da wird seine Rolle reduziert. Auf null reduziert, was ich hier mal anprangern möchte. Vielleicht auch ein Thema für heute Abend. Hamburg, Bildungsmisere, da könnte man Pluspunkte sammeln. Hartes Brot vielleicht, aber ich sage immer: ›Hartes Brot is nich hart, gar kein Brot, das is hart.‹ Und da solln sich die Hamburger mal nich so haben. Apropos Hamburg Reeperbahn, wo is die eigentlich? Sitze in der S-Bahn und weiß gar nich, wo ich aussteigen soll. Altona, klingt gut, da könnte ich es mal probieren mit Aussteigen. Is sowieso Endstation. Da bleibt mir eh nichts Walter Ulbricht. Oh Gott, diese Wortspiele bringen mich nochmal um den Verstand. Also: »Hallo Reeperbahn, wo bist du?« Na, keine Antwort is auch 'ne Antwort. Wollen wohl kein Tourismus, die Fischköppe. Frage eine Frau, die so aussieht, als ob sie Mutter wär, nach meinem Ziel. Mütter gelten ja allgemein als verarschungsuntauglich, zumindestens höflichen Menschen gegenüber. Doch kann sein, dass auch da die Geschichte neu geschrieben werden muss. Oder ich hab mich geirrt und sie is gar keine Mutter. Jedenfalls entgegnet sie ohne mit der Wimper zu zucken: »Reeperbahn, die kenn ich nicht.« Ja, wo gibts denn so was, Reeperbahn, die kennt doch jeder, bestimmt selbst in Amerika. Da wissen se vielleicht nicht die Hauptstadt von Russland oder dass Berlin in Europa liegt, aber die Reeperbahn kennen se unter Garantie. Da hat die jetzt aber Glück, dass ich so friedfertig bin. Die gute Mutter. O. K., ich mach das auch, wenn mich in Berlin jemand nach der Kollwitzstraße fragt, da schick ich den auch nach Hohenschönhausen. »Hier steigen Se in die Straßenbahnlinie 8 und dann immer schön durch bis zur Endstation. Dürfen Se sich nich täuschen lassen von den vielen Hochhäusern, dis ham wer der Stasi zu verdanken, einfach geradeaus laufen und dann links und dann, ja, dann sind Se eigentlich schon da.« Aber ich bin ja auch keine Mutter. Ich hab ja noch nich mal Eierstöcke. Gut, ich hab dann jedenfalls 'n Taxi genommen. Dis hat mich dann dahin gebracht. Und an den Rest vom Abend kann ich mich schon gar nich mehr erinnern, is eh zu lang, die Geschichte hier. Erwähnenswert vielleicht höchstens noch, dass die Huren, die mich auf der Reeperbahn ansprachen und wissen wollten, woher ich käme, alle zufälligerweise auch aus Ost-Berlin waren. Aber ich mach ja so was nicht.

Frühlingsgedicht römisch 4

Draußen unter 'm Apfelbaum fault ein tumber Weißkohl
wenn ich den jetzt essen tät
wär mir sicher unwohl

Überall blühen Rosen

(Inspiriert von Hortkind Konrad und Gilbert Bécaud)

Nachts um halb 3 mit einer Rose in der Hand auf der Oranienburger Straße, die man zum Glück nicht O-Straße nennen kann, eildiweil sich den Begriff O-Straße schon die Kreuzberger Schwaben für ihre Oranienstraße gesichert haben. Nachts um halb 3 mit einer Rose in der Hand auf der Oranienburger Straße. Die Straßenbahn rumpelt nicht mehr, denn es ist nachts. Es ist Sonnabendnacht. Eigentlich schon Sonntagnacht, denn halb 3 ist ja schon nach 0 Uhr und um 0 Uhr endet ja ein Tag, in diesem Fall der Sonnabend. Es ist Sonntagnacht, der Vollmond scheint nicht, weil es kein Vollmond gibt, zumindestens nicht in dieser Nacht. Die Rose in der Hand ist rot. Es ist eine Rose der Liebe. Sie ist in meiner Hand, ich kann sie dort sehen, wie sie in der Hand drinsteckt. Sie ist Realität. Auch noch da ist Regen. Er tropft vom Himmel hinunter auf mich und meine Rose in der Hand. In meiner Hand. Die Hand ist an meinem Arm, der Arm an meinem Oberkörper, an dem dran auch ein Hals und an dem ein Kopf ist. Auf dem Kopf Haare und die werden nass vom Regen. Der Regen tropft. Er macht alles nass. Es ist Herbst auf der Oranienburger Straße. Auf der Oranienburger Straße ist es Herbst. Eine Prostituierte steht am Bordstein und guckt zu mir und meiner Rose herüber. Sie denkt tief in sich drinnen wohl, dass es heute ein ziemliches Scheiß-Wetter ist, um so am Bordstein herumzustehen. Ich lauf an ihr vorbei, in meiner Hand eine Rose. Eine Rose der Liebe. Ein Zeichen nur, aber immerhin. Autos fahren langsam auf der Oranienburger Straße. Eines hält bei der Prostituierten. Kurzes Gespräch, sie steigt ein. Der Insasse ist aufgeregt. Wie wird es wohl werden? Er macht es zum ersten Mal. Will sie einladen bei sich zu Hause zu einem Kaffee. Er hat Zeit, hat keine Frau und keine Kinder. Sie hat Zeit, Hauptsache, er bezahlt. Von ihr aus Kaffee trinken, is besser als Beine breit machen. Das Auto fährt wieder los. Die Rücklichter leuchten rot. Irgendwo klirrt eine Bierflasche. Jemand muss sie fallen gelassen haben, vielleicht mit Absicht. Gott allein weiß, warum. Vielleicht ist dieser Jemand ja einsam, hat weder Freunde, Frau noch Kinder und außerdem auch kein Auto, von Geld ganz zu schweigen, um damit eine Prostituierte zu sich nach Hause einladen zu können zum Kaffeetrinken. Da hebt er eben eine am Straßenrand liegende Bierflasche auf und schmeißt sie irgendwo hin. Diese zerklirrt. Scherben bringen Glück. Doch darauf scheißt dieser Jemand, nicht wirklich, nur in Gedanken. Möglicherweise. Vielleicht ist ihm die Flasche auch nur versehentlich aus der Hand gerutscht. Er is noch etwas zittrig. Braucht noch was Alkohol um richtig sicher und so. Braucht noch bisschen Promille um, na, braucht er eben, warum is ja egal. Braucht er eben. Is ja auch nich leicht, das Leben. Wenn man dazu überhaupt Leben sagen kann. Leben, ha ha, da muss er mal kurz lachen, wenn das gestattet ist. Is ja auch egal, ob das gestattet ist. Is ihm total egal. Solln se ihn doch verhaften, dis is ihm auch egal, er lacht eben einfach. So, und, bitteschön, er hat gelacht. Na und. Ihm doch egal, ob er Alkoholiker ist. Immer noch besser als wie ohne Alkohol. Nur schade um das Bier. Grüne Flasche. Soll man ja eigentlich nicht trinken, Bier aus grünen Flaschen, wegen dem Licht, das bricht sich in dem Bier und macht das schlecht. Besser aus braunen Flaschen trinken. Is besser. Trotzdem schade. Ne Frau wär auch nich schlecht. Na, zu spät. Der Zug is wohl abgefahren. Is eigentlich auch nie angekommen. Obwohl, einmal, aber da isser dann gleich wieder abgefahren. Und dann, danach, hatter den Bahnsteig immer gemieden. Also er selber jetzt diesen Bahnsteig. Diesen speziellen. Ansonsten Bahnsteige, ja sicher, ab und zu. Hin und wieder. Lässt ja mal jemand was liegen. Klauen nich, nur wenn was liegen bleibt. Kümmert sich ja sonst keiner, wär doch schade drum. »Aber, bitteschön, was geht Sie das eigentlich an.« Nachts um halb 3 auf der Oranienburger Straße mit einer Rose in der Hand. Es regnet und eine verwirrte Touristengruppe sucht ihr Nachtlager. Den Stadtplan in der Hand, aufgeregt sich streitend haben sie keinen Blick übrig, keinen Blick für Bierflaschen am Straßenrand, Prostituierte, den Regen, die Rose, die Stadt.

Die Ballade von Torsten und Irina und Karsten undsoweiter

Im Wald, da ist es ruhig, und in der Ruhe, da liegt die Kraft, und Kraft durch Freude und Freude, schöner Götterfunken. Funken stieben durch die Dunkelheit. Es ist ruhig am Rande des Lagerfeuers. Bis auf das Knistern und Knastern der das Holz zersetzenden Flammen. Und ein Käuzchen, das hört man auch noch. Kuwitt-Kuwitt ruft es. Ansonsten aber ist es ruhig. Selbst das UFO, das gerade auf einer nahe gelegenen Lichtung landet, hört man kaum. Sanft, fast lautlos setzt es auf. Der Beginn der Invasion.

Nichts ahnend bauen Torsten und Irina am Rande ihres Lagerfeuers einen Joint. Gras aus Holland, wo, wie Torsten meint, das beste Gras wächst, jedenfalls könne man es da kaufen. Irina weiß nich so genau, is ihr eigentlich auch egal. Sie mag Torsten, aber manchmal erzählt er auch einen vom Stapel, naja, dafür hat er sanfte Augen und Irina mag sanfte Augen. Wer sanfte Augen hat, der kann kein schlechter Kerl sein. Karsten, der war ein Arschloch. Karsten, wenn man ihn brauchte, war er nie da gewesen. Letzten Montag zum Beispiel. Zwei Wochen hat er Bescheid gewusst. Sie hatte es ihm sogar auf einen Zettel geschrieben und dann nochmal auf den Anrufbeantworter gesprochen. »Montag um 12 bei mir, nich vergessen, deine dich ewig liebende Irina.« Und was war Montag 12 Uhr? Kein Karsten. Noch nich mal ein Kärstchen. Er hatte es einfach vergessen. Da is sie dann eben alleine los zu Ikea. Und da hat sie im Bus dann Torsten getroffen. Eigentlich war Torsten gar nicht ihr Typ. Die speckigen Jeans, Rollkragenpullover, braune Löckchen, Schnauzbart. Aber diese Augen. Kein Karsten da und dann diese Augen. Der hatte selber Schuld, wenn sie jetzt eben auf Torsten abfuhr.

Wenn der nich da war? Hatte sie ihm ja extra nochmal auf 'n Anrufbeantworter gesprochen. Aber sie kannte das schon zur Genüge. Erbärmliche Ausreden würde er haben. Was nich wieder. Er war ja schon auf 'm Weg, aber dann, da hatte er doch tatsächlich sein Geld vergessen und dann Schlüssel auch. Die Tür, war ja keiner da mehr zu Hause, und das Telefon, Akku alle, und dann auch wegen dem Krieg in Afghanistan, da habe er plötzlich solche Depressionen, da is ihm auch eingefallen, seine Mutter, die hatte doch neulich so komische Schmerzen im Unterleib, wenn die jetzt Gebärmutterkrebs, dis sei ihm alles plötzlich so sinnlos vorgekommen. Ikea, warn dis nich auch alles Nazis früher? »Und da stand dann wie aus dem Boden gestampft Peter, du weißt, Peter, von dem hab ich dir doch erzählt, Peter, mit dem ich mal in Roskilde, als es mir so schlecht ging, wo der mir die Aspirin und, genau, der Peter, der mir dann die 100 Mark nich wiedergegeben hat, der, na jedenfalls hat der die Prüfung in dieser Foto-Schule, da is der, durchgefallen. Der war echt am Ende. Du weißt ja, dass ich schon mal jemanden verloren habe, genau, Sebastian, na, jedenfalls sind wir dann erst mal in so 'n Café und dann kam dann auch noch …«
So in etwa. Erbärmlich. Der kann ihr gestohlen bleiben. Da war Torsten von ganz anderem Kaliber. Alleine diese Augen. Diese sanften Augen. Der würde niemals sein Geld vergessen und seine Mutter hatte bestimmt auch keine Unterleibsschmerzen. Der würde da sein, wenn man ihn bräuchte. So wie er im Bus da war und als sie ihn ansah und wie er da guckte. Der guckte so, dass ihr ganz weich wurde in den Knien. Wie der guckte. Da war das mit dem Schnauzbart, das war ihr da schon lange völlig egal. Da is sie fast umgefallen, so hat der geguckt. Karsten, der hatte

ja keine Ahnung, wie man guckt. Der guckte immer so wie, so normal. Oder noch nich mal. Noch weniger als normal. Wenn der sie anguckte, dann kam sie sich manchmal vor, als wenn sie so 'n Hochhaus, ja, wie 'n Hochhaus hat der sie immer angeguckt. Wie so 'n Hochhaus, was man jeden Tag sieht. Als wenn man selber in 'nem Hochhaus wohnen würde und sie wär eben dis andere Hochhaus auf der anderen Seite. Torsten dagegen, na, dis kann man nich beschreiben. Butterweich waren ihre Knie gewesen, und hätte nich der eine Opa ihr da seinen Platz angeboten, sie wäre einfach hingeflogen. Und da saß sie dann also direkt neben Torsten. Und da war Karsten dann einfach weg. Nich nur so weg, weil er nich da war, sondern auch so weg, aus ihrem Kopf weg. Und der Rest, dis ging dann alles ganz schnell. Torsten is mit zu Ikea gekommen, weil er auch sowieso zu Ikea wollte und, dis war lustig, der hatte nämlich sein Geld vergessen, und da hat sie ihm dann, er ist übrigens Künstler, spielt Gitarre bei 'ner Band, hat sie ihm dann was geborgt und dann is sie noch, dann haben sie zusammen, dis war auch lustig, mit dem Gütertaxi, na, der Spiegel is jedenfalls kaputtgegangen und bei Torsten zu Hause, der wohnt in so 'ner WG, naja, er will da auch bald mal ausziehen, wenn man dis so sieht, na, verstehen kann mans, aber dis war ganz lustig. Torsten, der is schon, alleine die Augen, und dis war dann auch noch ganz lustig, dis Kondom wollte einfach nich so richtig, na, er hat dann aufgepasst. War auch ganz gut. Karsten hat ja manchmal Probleme. Paar Probleme zu viel für ihren Geschmack. Und wann haben sie schon mal 'n Ausflug gemacht. Schön in 'n Wald, mit Lagerfeuer. Dis hätte Karsten nie draufgehabt. Da wär garantiert wieder irgend so 'n Krieg im Fernsehen gewesen oder weiß der Truthahn. Na, Torsten jedenfalls, na, kiffen war nich so ihr Fall, aber bei Torsten, der war ja mal, früher hat der Shiatsu gemacht, da soll mal jemand kommen, nee, bei Torsten, da fühlt sie sich sicher. Der is schon in Ordnung. Ganz anders als wie Karsten, denkt sie und kuschelt sich, nachdem sie nun doch mal, probieren schadet ja nichts, von der Tüte gezogen hatte, noch etwas enger an ihren, na, wie soll man sagen, soll man neuen Freund sagen, ich glaub ja, an ihren neuen Freund und zusammen schlafen die beiden Turteltäubchen ein. Währenddessen landen überall rund um den Erdball Millionen von unbekannten Flugobjekten ähnlich demjenigen, was paar Meter entfernt auf der Lichtung aufsetzte. Milliarden von dem Menschen weit überlegenen, kampferprobten außerirdischen Wesen beginnen ein heilloses Gemetzel. Wie Unkraut werden die Menschen von ihrem Heimatplaneten getilgt. Niemand überlebt. Auch nicht Irina und Torsten. Noch nich mal Karsten. Nur das Käuzchen ruft weiterhin Kuwitt-Kuwitt. Aber eine Antwort auf das ›Warum‹ kann es auch nicht geben. Wem auch, is ja keiner mehr da.

Erfahrung

Knittrige Worte
zittriger Blick
trampliges Tasten
als wir uns anfassten
Worte gebügelt
Gliedmaßen im Takt
Blick gradeheraus
Dann war es aus

Gemeine Welt

Mittwoch, 4. Oktober. Sirenen tröten durch die Straßen. Ein Feuerwehrauto will was löschen, findet aber den Weg nich. Ich habe Durst, großen Durst. Die Trinkflasche ist leer und ich bin zu faul ins Bad zu gehen, um sie mit Wasser aufzufüllen. Ich spiele lieber Verstecken unter der Bettdecke. Die Welt ist so gemein zu mir. Gestern haben wir für eine halbe Stunde DDR-Musik bei der Russendisco aufgelegt. Ein bisschen die schöne Stimmung zum Tag der deutschen Einheit verdorben. Die Leute wollten lieber ausgelassen tanzen. Da passte der Marsch der Salzwedeler Bauarbeiter irgendwie nicht ins Konzept. Auch die Cola-Wodka-Ballade eines Holger Bieges oder der Kracher ›Die freie deutsche Jugend stürmt Berlin‹ der Gruppe Einsatz ernteten eher Schulterzucken als Ekstase auszulösen. Nach etwa 20 Minuten enterte eine junge Frau die Bühne, umfasste mit ihren beiden Händen meinen Hals und drückte zu. Sie würgte und würgte. Dazu schrie sie: ›Wir sollten endlich die deutsche Scheiße ausmachen und die Russen wieder ranlassen.‹ Ich wollte ihr entgegnen, dass das nun mal unsere Geschichte sei und man auch den Mut haben müsste sich ihr zu stellen, doch es kroch nur ein bröchiges Röcheln aus meinem Schlund mir entfuhr. Irgendwann war ich dann tot und die Frau ließ los und dann war ich aber gar nicht tot, weil ich nur so getan hatte, als ob ich tot wäre. In Wirklichkeit war ich nämlich gar nicht tot. Das brachte die Frau einer riesigen Enttäuschung ziemlich nahe. Sie wollte nochmal würgen, aber ich hatte geschickt meinen Kopf auf die Brust gesenkt und die Schultern hochgezogen, sodass praktisch gar kein Hals mehr da war. Sie suchte noch eine Weile nach dem Hals und gab dann schließlich entnervt auf.

Unten brüllte die Menge inzwischen: »Nazis raus«, und: »Kommunistenschweine«. Das störte uns sehr. Wir waren doch gar keine Nazis und Kommunisten auch nicht, schon gar keine Schweine. Wir waren doch Menschen mit Händen, die Arbeit verrichten konnten, und Füßen, die in Schuhen steckten. Wo kam nur so viel Hass her? Die gleichen Leute, die hier Pogromstimmung verbreiteten, regten sich wahrscheinlich über brennende Asylbewerberheime auf, und dass Kinder auf Spielplätzen verprügelt werden, finden sie womöglich auch nicht gut. Sie sollten sich mal fragen, woher das kommt, und bei Fehlersuche auf Spuren bei sich auch mal darüber nachdenken. Oder nochmal neu studieren. Jawohl! Das hat jetzt gar nichts mit Verbitterung bei mir zu tun. Ich bin nur maßlos enttäuscht. Enttäuscht und verbittert. Da spielt man mal irgendwelche Musik und niemand will sie hören. Obwohl diese Schallplatten ja da sind. Das muss man sich mal vorstellen. In Afrika wären sie froh, wenn sie überhaupt Schallplatten hätten. Es ist, darüber sollte sich jeder im Klaren sein, ein Luxus genau die Schallplatten zu hören, die man auch hören will. Ein Wohlstandsluxus genau wie Windeln oder Rotwein aus der Umgebung von Beaujolais. Wir waren jedenfalls echt verbittert und auch traurig und wir spielten einfach weiter. Barbara Thalheim und die vier Brummer und: »Soldaten sind vorbeimarschiert im gleichen Schritt und Tritt, wir Pioniere kennen sie und laufen fröhlich mit Juchhe.« Danach hat man schließlich früher auch getanzt. Nur dass sich heute keiner mehr dran erinnern will. Ich glaube, wir haben die halbe Stunde sogar etwas überzogen, und als wir den Staffelstab dann unserem DJ-Kollegen Wladimir Kaminer* zum zweiten Teil der Russendisco übergaben, sagte der sogar: »Na, herzlichen Glückwunsch, das war ja allererste

Sahne« auf Russisch, jedenfalls glaube ich so was Ähnliches verstanden zu haben, wenn ihr versteht, was ich meine. Wir sind dann noch Dosenbier trinken gegangen beim Döner und deswegen habe ich jetzt auch diesen blöden Durst. Gemeine Welt, gemeine!

Die Hitparade der Unfälle, die, wo ich mal mit dabei war

(geklaute Idee von Andreas Gläser)

Platz 8

Der Olaf, der war mit mir in einer Klasse. Unter anderem in der 5. Er war Einzelkind und hatte eine Oma, die immer in den Westen reiste und ihm von dort leckere Süßigkeiten und tolle Anziehsachen mitbrachte. Deshalb musste Olaf auch nie Sachen aus der DDR anziehen, die nämlich allesamt Scheiße aussahen. Sie kochte auch immer für ihn, obwohl er sie ständig ärgerte. Olaf besaß auch einen Vogel, der nie piepste und fast keine Federn mehr hatte, und er spielte Fußball bei Union*.

Einmal, als wir ganz schnell zur großen Pause auf den Hof wollten, war er der Erste an der Treppe. Was er genau falsch machte, weiß ich nicht, jedenfalls bretterte er sie kopfüber hinunter. Es hat dann auch geblutet und sein überdimensional großer Schneidezahn war in der Mitte durchgebrochen. Alles halb so schlimm. Nur konnte ihm die Oma leider keine zur Farbe der anderen Zähne passende Krone aus dem Westen mitbringen. Das Ding, das ihm die DDR-Zahnindustrie verpasste, sah blendend weiß, sogar noch etwas größer als das Original und irgendwie lustig aus.

Platz 7
Die Sanierungsarbeiten an unserem Haus in der Lottumstraße waren in vollem Gange. Gerade hatten wir bei der Entfernung der Dielen in unserer Küche mit Schrecken bemerkt, dass die Balken teilweise nur noch streichholzdick in den Wänden verankert waren, als nebenan ein lautes Splittern und Krachen einsetzte. Bald darauf konnte man von weiter unten ein Wimmern vernehmen. Auf unserm Clo musste es wohl noch etwas schlimmer um die Stabilität des Bodens bestellt gewesen sein. Jedenfalls war Heidi gerade volle Kanne mit der Toilette in den Keller durchgerauscht. Heute hat sie trotzdem zwei süße Kinder.

Platz 6
Eines Abends im Café Freudenhaus. Spiderman, den man Spiderman nannte, weil sein gesamtes Gesicht eine Spinnennetztätowierung zierte, war mal wieder aus dem Knast draußen. Betrunken wie immer und erhobenen Zeigefingers verkündete er brubbelnd irgendwelche Weisheiten, doch niemand hörte ihm zu. Das störte Spiderman normalerweise nicht sonderlich, doch diesmal irgendwie schon. Er drängelte sich zum Tresen durch und fragte jeden, den er erwischen konnte, ob der ihm mal 'ne Schermaschine jetzt hier ausborgen könne. Zufällig hatte niemand gerade eine Schermaschine dabei. Er schien sich damit abzufinden, aber wir hätten es eigentlich besser wissen müssen. Ein paar Sekunden später nämlich stand sein Kopf in hellen Flammen. Nur der Geistesgegenwart eines Gastes war es zu verdanken, dass es bei einer Brandrodung der Haare und dem Verlust einer Jacke blieb. Mit neuer Frisur wanderte Spiderman dann bald wieder in den Bau.

Platz 5

Ich war 3, meine Schwester 6 Monate oder so. Sie lag im Kinderwagen schön eingekuschelt und schlief. Sie war ein echter Sonnenschein. Ich schon nicht mehr ganz so niedlich. Ich sollte sogar schon meine Spielsachen alleine wegräumen. Aus Versehn ist es dann passiert, dass ich ihr die Bettdecke über das ganze Gesicht gezogen habe. Weil meine Mutter eine Frau ist, die schon mal ab und an nach ihren Kindern sieht, hat sie es gerade so überlebt.

Platz 4

Der kleine Zwieg fand Narben im Gesicht sexy. Deswegen hatte er sich auch Frankensteins Monster auf den Oberarm tätowieren lassen. Eines Tages musste er mal auf unserm Hof in der Lottumstraße Metall mit einer Flex zersägen. Durch merkwürdige Umstände löste sich die in vollem Betrieb rotierende Scheibe vom Gerät und traf Zwieg vertikal zwischen Kinn und Mund, der dadurch ungleich größer wurde. Die ganze Unterlippe baumelte jetzt so runter. Weshalb er nach diesem Erfolgserlebnis ausgerechnet an meiner Tür klingelte und mich bat den Notarzt zu rufen, bleibt sein Geheimnis. Jedenfalls konnte ich meine kurz zuvor eingenommene Mahlzeit nicht auf die gewünschte Art und Weise verdauen.

Platz 3

Meine Cousine Steffi wohnte in Dessau und fuhr gerne Fahrrad. Wir spielten auf der Straße vor ihrem Haus Völkerball. Steffi kam vom Einkaufen geradelt. Sie hatte leckere Milch und wohl auch Käse im am Lenker baumelnden Nylonbeutel. Als sie uns auf der Straße Völkerball spielen sah, kannte ihre Vorfreude keine Grenzen, denn auch sie spielte sehr gerne Völkerball. Sie trat kräftig in die Pedale und winkte uns aufgeregt zu. Dabei muss sie den riesigen Kohlenberg, der direkt vor ihr auf den Bürgersteig gekippt worden war, übersehen haben. Heute lebt Steffi in Berlin und hat Zentralheizung.

Platz 2
Traditionell fuhr ich mit ein paar Freunden jedes Jahr um die Weihnachtszeit herum zum Felsenklettern in die Sächsische Schweiz. Das ist zwar Quatsch, aber einmal haben wir's, Tatsache, gemacht. Weil es kalt war, hatten wir viel Glühwein dabei, sowohl in uns selber als auch noch im Gepäck. An einem der vielen Felsen der Sächsischen Schweiz machten wir halt und beschlossen da oben raufzuklettern. Dieser, jener, welchiger war etwa 10 Meter hoch, es war dunkel, wir waren betrunken, was sollte da schon schief gehen. Halsbrecherisch versuchten wir das Plateau zu erklimmen, nur der Riesenschnauzerhund Kolja, weil zu schwer und zu widerborstig, musste unten bleiben. Manchmal ging es nur noch weiter empor, wenn man sich links und rechts mit Händen und Füßen gegen die Seitenwände stemmte und Stück für Stück so, naja, hochdrückte oder so, da fällt mir jetzt irgendwie kein Wort für ein für diese Tätigkeit. Wenn man runterguckte, war's jedenfalls dunkel, was uns merkwürdigerweise beruhigte. Wir schafften es auch alle bis nach oben, nur bemerkten wir dort, dass ja gar kein Holz da war, wo wir doch so gerne ein Feuerchen anmachen wollten. Doch kein Problem, Zitrone, den man wegen früher Zitrone nannte, war ja ein Mann und nicht nur ein Mann, sondern noch dazu ein Held. Er also wieder nach unten und mit einem Arm voller Holz wieder hoch. Nochmal, nochmal

und nochmal. Es sah nicht gut aus, wie er das machte, es sah gefährlich aus, doch man musste ja nicht hingucken und außerdem schmeckte der Billigwein aus den leckeren Tetra-Paks wirklich gut.
Christian musste davon pullern. Er ging dahin, wo er dachte, dass man ihn nicht sehen kann. Konnte man auch wirklich nicht. Erst dachten wir uns kaum was, als so unterdrückte Schreie sich langsam räumlich zu entfernen schienen. Spaßvogel der! Als dann aber, nach 'ner Weile, nur noch ein klägliches Wimmern zu vernehmen war, schauten wir doch mal rüber zur Pissecke. Christian war beim Wasserlassen in eine Felsspalte gefallen und langsam Richtung Erdboden gerutscht. Die Spalte war nämlich so eng, dass er, von seiner Körperdicke her, gerade so da reinpasste. So war er unten auch nicht tot, sondern lediglich von vorne und hinten völlig blutig gerieben.

Platz 1
passierte keine 2 Minuten später. Während sich Bert & Bert noch um Christian kümmerten, war Zitrone schon wieder unterwegs um Holz zu holen. Diesmal hatte er besonders viel dabei. Wenn wir schon einen Verletzten haben, sollte der wenigstens nicht frieren. Ich betete, dass er es mit dem ganzen Gerümpel auch diesmal schafft, doch die Sorge war unbegründet. Locker und leicht kam er oben an.
Das Geräusch, das dann erklang, werde ich wohl so schnell nicht vergessen. Ich habe dieses Geräusch mal ›rasitschen‹ genannt. Es stammte von einem Stück Holz, auf das Zitrone gerade getreten war und das nun auf der steinigen Fläche wegrutschte. Dabei muss er zu Fall gekommen sein. Und der Fall dauerte lange. Sehr lange. Genau 10 Meter lang. Zwischen dem Rasitschen und dem

dumpfen Aufprall hätte man getrost auf die Uhr schauen können. ›So ist das nun also, wenn jemand stirbt‹, dachte ich und war urplötzlich nüchtern.

Ich guckte über den Rand herunter und sah Zitrone auf dem Rücken liegen. Um ihn herum überall Steine. Er war genau zwischen sie gefallen und er lebte noch. Ein Wunder! Er stand auf, rief: »Ich komm gleich wieder hoch«, ging dann allerdings in die entgegengesetzte Richtung. Eine deftige Gehirnerschütterung plus gebrochener Arm und gebrochene Rippe, wie sich später herausstellte. Heute nennt sich Zitrone übrigens wieder Jens.

Im Eilzugtempo durchs Gehirn

Mittwoch, 15. November. Noch 2 Stunden bis zum Auftritt. Ich muss unbedingt noch eine Geschichte schreiben. Was sollen die Leute denn denken, wenn man sie immer nur mit alten Geschichten nervt. Die denken doch garantiert, einem würde nichts mehr einfallen. Dabei stimmt das ja gar nicht. Ständig fällt einem was ein. Jede Sekunde geistert einem wieder eine neue umwerfende Story in Blitzesschnelle durchs Gehirn. Leider oftmals so schnell, dass man sie selber gar nicht mitgekriegt hat. Dann bleiben meist nur Fetzen, zum Beispiel Wörter oder auch nur Silben, manchmal sogar nur einzelne Buchstaben übrig. Ich hab mir von der letzten umwerfenden Story, die so im Eilzugtempo durchs Gehirn rauschte, zum Beispiel nur die Buchstaben A und F sowie die Silbe a gemerkt. Ihr werdet euch jetzt bestimmt fragen, warum ich A einmal als Buchstaben und einmal mir als Silbe gemerkt habe. Na, ehrlich gesagt weiß ich das auch nicht. Es war eben so. So wie das manchmal bei Zeugen von Verbrechen ja auch nicht anders ist. Die merken sich auch manchmal Sachen, die sind auf den ersten Blick irgendwie merkwürdig, scheinen unwichtig oder sogar gelogen. Da muss man dann einen Psychiater zu Rate ziehen, der den Zeugen irgendwie ausfragt und wenn nötig in die Klapper steckt. Is bei mir aber nich nötig. Ich weiß schon was. Ich glaube, dass bei der Silbe a, dass es sich da um die Silbe a von eventuell dem Wort aber handelt, a-ber. 2 Silben. Zweite Silbe ber, erste Silbe a. Aber. Logisch. 2 Silben und eine davon ist die Silbe a. Aber, werden sich jetzt manche Leute fragen, warum habe ich mir dann nicht gleich das ganze Wort aber gemerkt, sondern nur die erste Silbe, wenn ich doch gleichzeitig weiß, dass die von dem Wort ist. Eine gute Frage. Knifflig, knifflig. Da raucht der Kopf. Ich will da mal so antworten. Der Mensch ist ein Wesen. Gut, fangen wir von ganz von vorne an. Also, bevor das Weltall existierte, da war ja erst mal noch nich so viel da. Also materialistisch gesehen. Sonst natürlich schon. Also, kommt jetzt auf den Standpunkt drauf an. So 'ne Sachen kann man ja auch im Prinzip nicht beweisen. Eine Antwort birgt wieder 1000 neue Fragen. Wir kennen das aus dem Astronomie-Unterricht. Später dann gabs den Urknall, dann war'n die Sterne da, darunter auch die Erde, erst noch so kochend, später dann nur noch warm und dann so lau, zumindestens an der Oberfläche. Und Wolken gabs jede Menge. Stark bewölkt bis bedeckt war die Erde in der Atmosphäre zumindestens über einigen Ortschaften, die selber noch nich da waren, aber da, wo später mal Ortschaften hingebaut wurden. Aus ihnen rann Regen. In dem Regen drin Einzeller. Einzeller, ich kürz das jetzt mal ab, man kann das übrigens auch in wissenschaftlichen Werken nachstudieren in der Bibliothek, wer kein Geld hat, ein Tipp, Bibliothek, da kann man für sehr wenig Geld die gesamten wissenschaftlichen Ausführungen im Prinzip durchlesen, es lohnt sich, Pferde, Dinos, Echsen, Affe. Der gesamte Quantensprung der Entwicklung, natürlich stark verkürzt und auch etwas vereinfacht. Mit den Fischen, die hab ich hier mal weggelassen, auch die Vögel, aber die spielen eh nich so 'ne besondere Rolle. Vögel sind blöd. Wer schon mal Hühner oder Tauben gesehen hat, wird mir da zweifelsohne zustimmen. Ein Seitenarm der Entwicklung.

Also beim Affen dann wird das Ganze natürlich kompliziert. Es gibt da verschiedene Theorien. Der Mensch stammt vom Affen ab, der Mensch stammt von jemand ab, der nur so ähnlich aussah wie ein Affe, oder aber Mensch und Affe haben sich zwar ziemlich gut verstanden, im Prinzip aber eigentlich nichts miteinander zu tun. So. Den ganzen Quatsch mit Gott und so lass ich hier mal einfach aus Platzgründen weg. Wie dem auch sei, wurde natürlich von den Chinesen unter den Menschen die Sprache erfunden. Es gibt zwar einige, die sagen, dass das gar nicht stimmt, allerdings sind unter diesen Zweiflern nur ganz wenige Chinesen selbst, was die seriöse Wissenschaft aufhorchen lassen sollte. So, den Rest kennt ja eigentlich jeder. Römisches Reich, die Pest kommt und verschwindet wieder, Amerika wird aufgebaut, dann Stalin, Hitler, die Mauer fällt und Stephen Hawking als klügster Mensch der Welt mit unerklärlichen Verletzungen beim Arzt, will einfach nich sagen, wie es dazu kommen konnte. Dann schließlich 15. November, 18.40 Uhr.

So, so viel zur Geschichte. Einige, die Klugen unter euch, es gibt ja welche, glaub ich zumindestens, die sind noch klüger als selbst Stephen Hawking, nur dass die damit nich so angeben, also jedenfalls die, die werden bemerkt haben, dass da jetzt hier in dem ganzen Zeug, von um was das jetzt ging, dass da so ganz nebenbei die Buchstaben A und F genauso wie die Silbe a drin vorgekommen ist. Sogar mehrmals. Mysteriös, oder?

Für alle anderen, die noch nich so weit sind und auch nie so weit kommen wollen, denen rate ich Nazi oder Christ zu werden. Da ist das alles weniger kompliziert.

Nur bitte seid dann nicht immer so verdammt rechthaberisch.

Wichtige Möbelstücke in meinem Zimmer (I)
Der Stuhl

Mitten im Raum, beide Beine auf dem Teppich, eins darüber hinaus auf einem wichtigen Zettel und eins noch dazu auf den unverständlicherweise abgeschliffenen Holzdielen, steht er herum, das einzige Sitzmöbel meines Zimmers, der Stuhl. Sieht aus, als wäre er erst gestern gekauft worden, in einem dieser Gerümpelläden, der Stuhl. So was Ähnliches wie ein Preisschild klebt noch an der unteren Querverstrebung zwischen dem linken und dem rechten Stuhlbein oder zwischen dem vorderen und dem hinteren oder, je nachdem, von wo aus man ihn betrachtet. Mein Stuhl. Ich hab ihn selbst mal umgetauscht. Der Stuhl, den ich vorher hatte, der war so wackelig. Und oben bei uns auf 'm Dachboden, da war ein Stuhl, der war nich so wackelig, und da oben auf 'm Dachboden, da sitzen ja meistens sowieso nur Leute, denen das egal ist, wenn's wackelt, glaub ich zumindestens, und da hab ich die dann heimlich, nachts, als eine Katze so jämmerlich schrie wie ein zum Süß-sauer-eingelegte-Rote-Bete-Essen gezwungenes Kleinkind und wo der Mond schien, als wollte er sagen: »Hallo, seht mal, wie ich scheine«, und wo die Zeiger der Uhr unaufhaltsam tickten, da in dieser Nacht, in der auch, glaube ich, das Käuzchen »Kuwitt, kuwitt« rief, da hab ich die heimlich ausgetauscht. Die beiden Stühle. Meinen alten Wackelstuhl gegen meinen nigelnagelneuen, aus dem Gerümpelladen stammenden, schön fest zusammengeleimten Stuhl. Er ist übrigens braun. Braun und aus Holz mit einer gepolsterten Sitzfläche. Wenn man sich da draufsetzt, dann sinkt man so 'n bisschen ein. Nicht zu tief, also, is schon noch so, dass man was sehen kann, is jetzt nicht so, dass man da völlig drin einversinkt, dass man da nachher rufen muss um Hilfe, dass einen da dann jemand rauszieht, nee, nur so 'n bisschen. Genau richtig. So, dass einem zumindestens zu Anfang der Po nich so wehtut und man bequem sitzt und sich umgucken kann und auch noch alles sieht im Zimmer. Die ganze Unordnung. Mein chicer Stuhl ist wie ein Leuchtturm, bloß ohne Leuchten. Wenn man vor lauter Müll die einzelnen Gegenstände nicht mehr gesondert ausmachen kann, den Stuhl, den erkennt man immer. Einmal is er allerdings auch schon umgefallen. Das war eine Katastrophe. Ich wusste gar nich mehr, ob das jetzt auch wirklich mein Zimmer sei oder ob ich beim Heimweg die Etage, das Haus, den Staat verwechselt hatte. Hab ich dann nochmal geguckt, ob mein Wohnungsschlüssel auch wirklich passte zu der Tür von meiner Wohnung, aber war wohl so, sonst wär ich ja nich schon drin gewesen. Hab ich aber trotzdem nochmal nachgeguckt und bin dann dabei natürlich gestolpert und ausgerutscht und umgeknickt, schließlich hängen geblieben und eingeschlafen im Hausflur. Und da hat dann nachts eine Katze auf mich raufgepullert. Das riecht ja sehr streng, das kriegt man ja nich mehr raus aus den Sachen, da sind dann auch am nächsten Tag, als die andern zur Arbeit mussten, die haben sich alle die Nase zugehalten und konnten dadurch nich richtig hingucken und sind deshalb immer wieder auf meinem Kopf rumgesprungen, sodass mir irgendwann total schlecht davon wurde und ich auch nicht grade gute Träume hatte. Eine Woche später kam jedenfalls meine Mutter zu Besuch. Eine Katastrophe war das. Nur weil mal der Stuhl umgefallen is. Mein wichtigstes Möbelstück. Mein Stuhl. Ich liebe ihn. Weiß auch nicht, wer das gewesen sein kann. Früher hätt ich sofort gesagt: »Stasi!«, aber heute gibts die ja nich mehr. Ich hab auch eine Belohnung ausgeschrieben. Mein armer Stuhl. Wer weiß, wozu die noch fähig sind. Mein geliebter Stuhl. Er is seitdem nich mehr derselbe. Vielleicht werd ich ihn demnächst mal wieder austauschen. Ich hab da schon auf dem Dachboden, da steht so einer, wackelt zwar 'n bisschen, aber sonst praktisch nigelnagelneu und sogar ohne Preisschild.

Traurigkeitskräftemessen

Was ist schon trauriger als ein verloren gegangener einsamer Kinderhandschuh aus 20 % Baumwolle, auf einem pfützenbedeckten Bürgersteig, im bleiernen Nieselregen, sonntagmorgens, in der ehemaligen Zonenrandgebietsstadt Bad Hersfeld.
Höchstens, wenn Fernsehmoderator Ingo Dubinski erklärt, warum er damals in den 70er Jahren bei der Armee nicht anders konnte, als für die Stasi Berichte über seinen katholischen Zimmergenossen anzufertigen.

Wichtige Möbelstücke in meinem Zimmer (III)
(Der Computer)

Er steht auf meinem Schreibtisch. Auf meinem zugemüllten, mit allerlei Krempel eingedeckten Stasiholzschreibtisch. Der Computer. Ein Modell, glaub ich, aus den späten siebziger Jahren, als die Friedensfahrt uns noch begeistern konnte, ohne Firmenaufdruck, grau, riesig und vor allem bedrohlich. Der Computer. Mein Computer. Geschenkt habe ich ihn gekriegt. Nich mal eine symbolische Mark bezahlt, vor einem ¾ Jahr, und jetz isser also da. Ragt aus dem Haufen Zeug, aus Bastei-Lübbe-Romanen, Rasierpinseln, Holzpokalen, Schoko-Osterhasenbruchstücken, leeren Coladosen, alten Zeitungen und Tupperware mit undefinierbarem Inhalt. Der Computer. Mein Freund. Mein unberechenbarer, hinterhältiger Freund. Einmal hab ich ihn sogar schon angemacht. Aus Versehen. Es war dies einer jener seltenen Momente, in denen mir der Sinn danach trachtete Staub zu wischen. Ich wischte also mit einem eigens dazu hergestellten Speziallappen über die Flächen, die in meinem Zimmer die Grundlage des Staubes bilden. Den Plattenspieler, den Anziehsachenschrank, die Boxen, die Nachttischlampe, das Bett, den Fußboden, die Gemüsebeete, Straße, Fernsehturm, Weltall, die ganzen Sachen eben, naja, manche Sachen auch nicht, bei manchen hab ich jetzt gelogen, manche passen ja gar nicht rein in mein Zimmer. Der Computer aber, der passt rein. Gerade so. Den hab ich zuletzt bewischt mit dem Staublappen. Weil ich Respekt habe vor ihm. Er ist ein Wunderwerk der Technik. Aus Schrauben, Muttern und Digitaldrähten hergestellt. Fast wie ein Fernseher mit Bildschirm, aber ohne ARD und Antenne. Funktioniert auch ohne Antenne. Dafür mit so 'nem Buchstabenbrett aus Plastik. Wo die Buchstaben nich nach dem Alphabet geordnet sind, sondern nach so 'nem speziellen Computerprinzip. Auch mit Sternchen und Komma und so 4 Strichen, wo zwei davon jeweils parallel sind und sich so 45 Grad kreuzen. Ein wunderliches Zeichen, das ich nie wagen würde zu drücken, es sei denn, mir is eh alles egal. Wenn ich mich mal umbringen werde, dann werd ich vorher schnell mal noch das Zeichen drücken. Vielleicht sogar zweimal hintereinander. Kann schon sein. Is ja dann sowieso alles egal. Was solls? Das ist Schnee von morgen. Ich also ganz zum Schluss auch dieses Plastikzahlenbrett bewischt und da geschah es. Es kam ein Ton. So ein Plink-Ton. So ein spezieller Computerton. Wie ihn, glaub ich, die Gruppe Kraftwerk auch schon mal in dem einen Lied verwendet hat. Es machte plink und plötzlich ward der Bildschirm von dem Computer, da ging plötzlich das Licht an. Er ward hell. Und da stand dann auch noch irgendwas geschrieben. Eine geheimnisvolle Botschaft. Ich wusste nicht, was es bedeutete. Die Buchstaben ergaben keinen Sinn. Vielleicht war es rückwärts. Eine Information vom Satan. Ich bin damals nicht auf die Idee gekommen, es rückwärts zu lesen. Ich stand total unter Schock. Dabei konnte ich sehr wohl rückwärts lesen. Wir hatten das geübt früher in der Schule mit unseren Namen, Torsten hieß zum Beispiel Nestrot und Sabine Enibas und Anna Anna. Ja, so was gibts auch. Etwas, das rückwärts genauso heißt wie vorwärts. Verrückt, oder? Noch ein Beispiel gefällig? Otto, da is das genauso. Müsst ihr mal probieren. Otto, vorne O, hinten O, in der Mitte zwei T. Von vorne und von hinten gelesen identisch. Ich hab da auch gleich ein Prinzip dahinter vermutet und es hat sich bestätigt. Wenn man Wörter von vorne wie von hinten genauso lesen kann, dann müssen die Buchstaben vorne und hinten gleich sein und auch der zweite und der vorletzte und der dritte und der drittletzte undsoweiter. Eigentlich ein einfaches Prinzip. Muss man bloß draufkommen. Ich könnte das jetzt auf dem Patentamt anmelden, aber mir trachtet der Sinn nicht nach Berühmtheit und Geld. Ich stelle diese Entdeckung großzügig der Allgemeinheit zur Verfügung. Der Weltbevölkerung. Für Frieden, gegen Hunger und Unterdrückung. Helft einander. Klingelt ruhig auch mal beim Nachbarn und fragt, ob er zum Beispiel ein Tässchen Zucker braucht. Manchmal trauen sich die Leute ja bloß nicht zu fragen.

Na, jedenfalls stand da so 'ne Botschaft auf dem hell erleuchteten Bildschirm und ich total Panik gekriegt. Scheiße, dacht ich, hoffentlich geht der jetzt nich kaputt. Und der ganze Strom. Was das alles jetzt wieder kostet. Und Kinderpornografie gibts doch auch im Internet. Hab ich sofort aus 'm Fenster geguckt, aber Polizei war noch nich da. Ich dann einfach schnell die beiden Stecker aus der Steckdose gezogen und siehe da, alles wieder heile. Hab ich vor Freude gleich den Staublappen ausgeschüttelt. Aus 'm Fenster raus. Wahnsinn! Nochmal Glück gehabt. Der Computer. Ein Stück moderne Welt mitten in meinem kleinen Zimmer. Ein Stück Zukunft in der Gegenwart. Man muss ja auch mit der Zeit gehen. Wer den Anschluss verpasst, der kommt ja dann irgendwann auch nicht mehr mit. Ohne Computer kann man ja bald auch nicht mal mehr zum Arzt gehen. Und was sagen dann die Kinder, wenn man ein Raucherbein nach dem andern kriegt und ganz voll Krebs is und überall Pickel und den Kopf so unterm Arm trägt. Das is ja auch blöd. Da finden die Kinder dich ja auch nich mehr cool. So ganz ohne Computer.

Hab ich nich, dieses Problem. Ich bin komplett mit diesem grauen Ungetüm. Und ich weiß auch schon, wie er mir nichts tun kann. Die Stecker, die bleiben draußen. Vor allem beim Staubwischen. Alter Schwede. Wir bleiben Freunde. Täglich ein Stückchen mehr. Distanz schafft Verbundenheit. Mein Computer und ich. Hab auch schon einen Namen für ihn. Er heißt ›Grauer zahnloser Wolf, der einsam ist und traurig guckt‹. Das ist zwar ein ganz schön langer Name. Aber ich muss ihn auch nicht oft sagen. Wir sprechen nicht viel miteinander.

Das lustige Dreieck und sein Schwager, das traurige Parallelogramm an der Straßenbahnhaltestelle

Manchmal gibts sogar Hitzefrei

Mittwoch, 15.00 Uhr. Meine Nase läuft. Ich hab gerade kein Taschentuch zur Hand und wisch mir die Rotze am Arm ab. Is ja warm. Wird schon verdunsten, das Zeug. Hab heute früh einen Bauarbeiter im Union-T-Shirt gesehen. War aber zu stark für mich. Wahrscheinlich mit Anabolika voll gepumpt. Das Schwein. Nichts ist mehr natürlich heutzutage. Die Tomaten schmecken ja auch nicht mehr und auf der Straße lag neulich ein toter Igel. Überfahren worden von einem Transportlaster mit Schweinehälften, denk ich mal. Wir essen ja viel zu viel Fleisch. Manchmal grillen wir sogar. Das ist ja auch gesundheitsschädlich. Beim Grillen entsteht ja Holzkohlendampf. Davon kriegt man ja Krebs. Aber Raketen sind noch viel schlimmer. Jede Rakete, die in das Weltall hinausgeschossen wird, macht unser Ozonloch größer. Und am meisten Raketen schießt die USA hoch, die haben ja auch so viele große Autos und die Leute dort essen total viel Fleisch und die Frauen machen sich die Brüste größer mit Silikon. Das is ja auch nich gut. Wenn das ausläuft in die Brust rein, dann is das ja nich gut. Das is ja keine Körperflüssigkeit wie Urin zum Beispiel oder Blut oder Wundsekret. Es gibt ja auch Frauen, die mussten sich schon ihre Brust abnehmen lassen. Es gibt ja auch Menschen ohne Beine. Die müssen im Rollstuhl sitzen, wenn es welche gibt. Es gibt ja auch Länder, die haben gar nicht so viele Rollstühle. Aber viele denken nich nach darüber. Sie gehen ins Pornokino oder sie sitzen im Schaukelstuhl und lesen ein gutes Buch. Dann schaukeln sie und seufzen, denn das Buch ist gar nicht mal so gut, wie sie gedacht hatten. Sie ahnen ja nicht mal, dass sie aus Versehen im Bücherregal genau ein Buch danebengegriffen haben, neben das gute Buch. Neben dem guten Buch, da stand ja nämlich ein schlechtes Buch. Jetzt denken sie, es ist ein gutes Buch, dabei ist es gar kein gutes Buch, sondern ein schlechtes Buch. Sie sind enttäuscht und vielleicht haben sie sogar Krebs. Kann man nie wissen. Hodenkrebs, bei Männern eine schlimme Sache. Es gibt ja Männer, die haben gar keine Hoden mehr oder nur noch einen wie Adolf Hitler. Es gibt ja auch Neonazis. Die haben anscheinend gar nichts begriffen. Da haben die Eltern versagt und natürlich auch unser Schulsystem. Die Lehrer haben ja so viel Ferien und manchmal gibts sogar Hitzefrei. Trotzdem kriegen sie das mit den Neonazis einfach nicht in den Griff. Sind sie womöglich alle selber Neonazis? Nun, ich möchte das nicht behaupten, wer lehnt sich schon gerne freiwillig zu weit aus dem Fenster. Man macht sich eben nur Gedanken. Das wird ja wohl erlaubt sein. Die Gedanken sind schließlich frei. Wie viele Menschen dagegen sitzen unschuldig im Gefängnis. Oder wegen Kaugummiausspucken. Da kommt man in Singapur in den Knast dafür. In den USA gibts sogar die Todesstrafe, für Mord. Früher warens die Hexen, heute die Mörder. Die Hexen wurden wegen ihrer roten Haare umgebracht, die Mörder wegen Mord. Es gibt ja welche, die bringen ihren Schwager nur deswegen um, weil der mal beim Kochen zu viel Salz in die Suppe gemacht hat. Und dass Männer am Kochherd stehen, ist ja beileibe keine Seltenheit mehr. Frauen boxen ja sogar schon. Die dürfen sich ja nicht auf die Brüste hauen, auch wenn die kein Silikon darin haben. Wär lustig, wenn man das so kurz vor dem Boxen so einfach rausnehmen könnte und danach wieder reinstopfen, wie bei den Zähnen. Da fällt mir ein, Karies und Parodontose, aber vorher erst mal, die dürfen sich ja nicht auf die Brüste boxen, deshalb gehts da immer auf den Kopf. Noch mehr als bei den Männern. Die haben ja jetzt auch schon ganz schön Muckis. Viele nehmen ja Anabolika. Frauen gehn ja nicht so oft zum Fußball. Aber immer auf den Kopf. Es gibt ja Menschen, die noch nich mal lesen und schreiben können. Sie verständigen sich durch Reden. Aber gerade Ehepartner reden immer weniger miteinander. Dafür läuft der Fernseher. Die Medien geben ja ein völlig verzerrtes Bild von unserer Gesellschaft wieder. Da muss man sich doch die Frage stellen dürfen, wer verdient eigentlich daran. Von den Tante-Emma-Läden existiert ja kaum einer mehr. Und Familienbande sind auch nich mehr das, was sie mal waren. Hör mir bloß auf mit Vertrauen und jetzt läuft die Nase schon wieder. Wo sind nur diese Scheiß-Taschentücher?

Damals wars

Habe mich grade mit Simone unterhalten. Es ging um die heutige Jugend und dass die gar nich mehr weiß, wie man so eine richtige Party feiert. Haben beschlossen mal wieder eine richtige Party zu feiern. So ab nachmittags schon. Alle sollen um halb 4 nachmittags eingeladen werden und dann gehts erst mal los zu Kaufhalle. Einkaufen, was man so braucht, und dann nach Hause und dann Party. So richtig, mit ohne Kartoffelsalat und eben was man so braucht. Ein Recorder zum Beispiel. Ich hab ja noch Kassetten, wo ich gar nich mehr weiß, was da so drauf ist. Noch aus der Zeit, wo man die Lieder vom Radio aufgenommen hat. Die so abrupt anfangen und genauso aufhören. Und Simone hat ja ihre Lache. Mehr braucht man eigentlich gar nich. Dann ham ma uns so 'n Schreibblock geholt und überlegt, wen wa denn einladen. Die ham ma dann aufgeschrieben. Ham ma gesagt, ohne Kompromisse. Den ja und die nee und dann noch den undsoweiter. Und wie wa so die Leute aufgeschrieben haben, hamma uns so vorgestellt, was die dann alle so machen bei der Party. Was haben wir gelacht. Dis is schon lustig sich so 'ne Party zu überlegen. Eigentlich is dis viel lustiger als die Party selber. Eigentlich, wenn ich's mir richtig überlege, war'n dis eigentlich immer die besten Partys, da, wenn man sich die so ausgedacht hat. Was hamma da immer gelacht. Da ging so manches kaputt und schlecht war einem immer hinterher. Mit Abstand war'n dis die besten Partys, die Partyausdenkpartys. Hat Simone auch gesagt. Schade, dass die Jugend von heute, dass die irgendwie so, irgendwie, bei denen is das so, ich weiß auch nich, warum, vielleicht weil die Gesellschaft allgemein, kann auch sein, weil jetz alles so teuer, oder die BVG, geht ja keiner mehr zu Fuß, ham ja auch viele 'n Auto, und die könn ja auch praktisch gar kein Alkohol mehr vertragen. Also wenn ich da an früher. Also, schlecht war mir eigentlich immer. Mann, ham wir gekotzt. Aber dis war nich nur der Alkohol. Mann, ham wir gesoffen. Einmal lag einer mitten auf der Lottumstraße, am helllichten Tag, also im Prinzip einen Tag später, und hat so getan, also, der hat dis ja wirklich geglaubt, dass der so Hubschrauber abschießt. Mitten auf der Straße. Und mir war so schlecht, ich konnt dem gar nich sagen, dass da gar keine Hubschrauber sind, und selbst wenn, dass er gar kein Gewehr inner Hand hat, so schlecht war mir. Ich wusst da auch gar nich mehr, wo ich überhaupt schlafen sollte, weil, überall lag da jemand rum und dis warn noch Partys und laut war dis. Da brauchten die Nachbarn gar keine Polizei holen, die ham dis schon so selber gehört auf ihrer, da, wo die immer sind. Die warn manchmal schon da, bevor dis überhaupt losging so richtig. Wasserwerfer, die ganze Palette. Dis warn noch Partys. Da hat auch gar keiner, jetz Sex zum Beispiel, dis war gar nich mehr möglich. Ging schon ziemlich viel kaputt damals, nich nur wegen Alkohol. Manchmal schon früh, bevor man überhaupt dran gedacht hat sich 'ne Party auszudenken. Warn andere Zeiten. Lustig wars. Sind ja viele schon tot. Sind ja einige gestorben. Dis kann sich von der heutigen Jugend gar keiner mehr vorstellen. Die tun so, als ob, dis war ja auch nich alles nur lustig damals. Hat Simone, die meint dis genauso. Hamma eben mal drüba geredet. Alt sind wir geworden. Verdammt alt!

Felix is leider schon vergeben

Im Zug

Im Zug. Bin müde. Habe Hunger. Kann nicht schlafen. Gucke aus dem Fenster. Auf der Wiese steht ein Reh. Zug fährt an ihm vorbei. An dem Haus auch. Neben mir hört jemand Musik. Fragt mich, ob ich auch Musik hören will. Er hat zwei Paar Kopfhörer dabei. Ich will keine Musik hören. Mir ist der Fuß eingeschlafen. Leider nich der Rest vom Körper. Ich will nach Hause. Muss um 16.00 Uhr schon wieder auftreten am Rosenthaler Platz. Jetzt isses schon nach 3. Und wir rauschen gerade mal am Dorf Gardelegen vorbei. Werde es wohl nicht schaffen bis um 4 da zu sein. Hatte mal einen Cousin, der in Gardelegen gelebt hat. Weiß gar nich, vielleicht wohnt der ja noch dort. Der hat so 'n bisschen gestottert. Weiß gar nich, vielleicht stottert der ja immer noch. Hat aber nur 'n bisschen gestottert. 3 Kinder hat er gehabt. Vielleicht sinds jetzt schon vier. Klaus hieß er. Heißt er bestimmt auch noch. Da, schon wieder 'n Reh! Schmittse hat sich ja mal vor 'nen ICE geworfen. Aus Liebeskummer. Ist dabei gestorben. Arme Freundin. Blöder Schmittse. Regnet gar nich, dabei hamse Regen angesagt. Von mir aus hätts ruhig regnen können. Aber Sonne is auch schön. Wenn ich bloß nich so 'n Hunger hätte. Na sieh einer an, Windräder. Mindestens zwanzig. 'n paar drehen sich, 'n paar nich. Was es alles gibt. Sehen gar nich mal schlecht aus. Der Typ neben mir is eingeschlafen. Der hats gut. Könnte jetzt aus Spaß die Musik bei ihm auf volle Pulle drehen. Würd er sich bestimmt erschrecken. Müsst ich dann sagen, dass ich's nich gewesen bin. Schade, dass grad keine Rehe zu sehen sind. Gerade hat ich Lust mir mal wieder 'n Reh anzugucken. Naja, soll eben nich sein. Jetzt sagt eine Frau, dass wir in wenigen

Minuten Berlin-Spandau erreichen. Ich kann sie nicht sehen. Sie sagt es durch unsichtbar angebrachte Lautsprecher. Sie sagt, man hätte hier Anschluss an den Regionalexpress nach Wittstock-Dosse. Der Typ neben mir schläft immer noch. Vielleicht hätte er gerne Anschluss nach Wittstock-Dosse. Ich versuch mal sein Unterbewusstsein anzusprechen. Muss ich mich konzentrieren. Muss ich mich finden. Alle inneren Kräfte sammeln. Bündeln. Mich ganz bewusst konzentrieren. Konzentrieren und los! »Hallo, wir sind in Berlin-Spandau. Hier gibts Anschluss nach Wittstock-Dosse. Muss man dazu umsteigen in einen Regional-Express. Willst du umsteigen? Hallo!« Sein Unterbewusstsein scheint auch zu schlafen. Er hört mich nich. Schade. Vielleicht hätte ich vorher OM sagen sollen. Hätte bestimmt OM sagen sollen. Aber vielleicht schläft er auch gar nich. Vielleicht tut er ja nur so, als ob. Vielleicht isser Schauspieler und übt für seine Rolle. Vielleicht soll er einen Schlafenden im Zug spielen und versucht sich jetzt in die Lage eines Schlafenden im Zug hineinzuversetzen. Schnarcht ganz schön. Sicher Probleme mit der Nasenscheidewand. Viele Ärzte empfehlen da ja eine Operation. Naja, die wollen auch nur verdienen. Jetzt sind ma sowieso schon wieder losgefahren. Kann er jetzt vergessen, Wittstock-Dosse. Pech gehabt, mein Freund. Bin gar nicht mehr müde. Hungrig pur, sozusagen. Rehe wer'n jetzt auch nich mehr kommen. Sind ja schon in Berlin. Gibts ja keine Rehe in Berlin. Füchse. Vielleicht sieht man ja Füchse. Nee, Füchse sieht man auch nich.

Flug LH-2231 nach Dortmund

14.00. Zeit wirds. Fahre mit der U-Bahn vom Rosa-Luxemburg-Platz los. Is das nun der letzte Tag? Muss endlich anfangen Tagebuch zu schreiben. Vielleicht wird es ja genauso unversehrt aus dem Flugzeug geschleudert wie der Pass eines der Entführer von diesen Linienmaschinen in New York. Vielleicht wird ja sogar bis zu einem eventuellen Absturz hier eine neue Geschichte fertig. Beide Gegebenheiten vorausgesetzt, könnte diese dann ja von jemand anders am Sonntag bei der Reformbühne vorgetragen werden. Vielleicht von Bov, der hat eh meistens nur eine dabei. Das Geld, das ich dadurch posthum verdiene, soll man dann bitteschön meinem Sohn überstellen, bei dem hab ich nämlich noch 6 Mark Taschengeldschulden. Da kann er sich dann meinetwegen neue Pokémon-Karten kaufen. U-Bahnhof Stadtmitte. Muss umsteigen. Laufe durch den langen Gang, der früher links und rechts von Esperanto-Schildern eingesäumt war. Darauf standen die Namen internationaler Hauptstädte. Kabul war meines Wissens nach nicht dabei. New York auch nicht, aber is ja streng genommen auch keine Hauptstadt, obwohl jetzt im Fernsehn ja immer wieder berichtet wird, dass New York nun praktisch die Hauptstadt der freien Welt sei. Oder, austauschbar, die Hauptstadt der Herzen.

In meinem Waggon verkauft jemand die Obdachlosenzeitung ›Die Stütze‹. Er ist ganz freundlich, aber das waren die Flugzeugentführer vielleicht auch. Man kann niemand mehr trauen heutzutage. ’n 500-Markschein kann er jedenfalls nich wechseln. Will wohl nüscht verkaufen. Verdächtig! Wenn der plötzlich im Flugzeug auch ›Die Stütze‹ verkauft, dann werd ich das noch etwas ver-

dächtiger finden. Sieht gar nich aus wie'n Araber. Na, man steckt nich drin.
Flughafen Tempelhof. War ich noch nie. Riesensaal, vorne 'ne Imbissbude. Hol mir da erst mal 'ne Bulette. Warm natürlich, kalt is draußen!! Schmeckt nich. Stell mir vor, mit so'm Geschmack sterben zu müssen. Ekelhaft. Hebe mir deswegen zum Schluss 'n Stück trockene Schrippe auf und schaufel da jede Menge Senf drauf. Trotzdem Scheiße. Bulettengeschmack dominiert. Beobachte die Leute, die alle auch fliegen wollen. Verdächtig. Ham sie nich im Fernsehn gesagt, dass keiner mehr fliegen will? Sind das jetzt alles Entführer oder wissen die nur noch nichts? Versuche eine Frau anzusprechen. »Sagen Sie, haben Sie schon gehört, in New York, die Flugzeuge, dis mit dem Terror?« Sie schüttelt den Kopf und geht schnell weiter. Guckt sich nach 'n paar Metern nochmal um und schüttelt wieder den Kopf. Vielleicht is sie blind und taub, aber warum hat sie sich dann nochmal umgeguckt? Verdächtig. Man muss wachsam sein. Kriege vom Kaffee Herzflattern. Muss mich bewegen. Geh in dem riesigen Wartesaal hin und her. Ständig ertönt eine Durchsage, man solle darauf achten sein Gepäck nicht irgendwo unbeaufsichtigt stehen zu lassen. Das Sicherheitspersonal müsse dieses sonst sprengen. Richtig so! Zum Glück bin ich nicht der Einzige, der die Augen offen hält. Is das da nich der Stütze-Verkäufer? Sieht jetzt doch so aus wie ein Araber. Nervös isser auch irgendwie. ›Na, wohl Muffensausen. Zweifelst wohl, dass de auch wirklich die Jungfrauen bekommst. Wenn ich dir mal 'n Tipp geben darf, lies mal nach bei dem ›Dialektischen Materialismus‹, da steht, dass de keine Jungfrauen bekommst. Ätsche, bätsche!‹ Na, is ja nich jeder Araber gleich 'n Flugzeugentführer. Trotzdem, dieser Blick. Teuf-

lisch. Oh, vielleicht sollte ich mal mein Ticket abholen? Am Flughafenschalter. Wo is denn nur der Flughafenschalter? Ja, wo isser denn nur? Ah, da sind ja gleich 50 Stück davon. »Ja, Ahne, ja, mit H, ja, Künstlername. Ja, ich bin ein Künstler. Stört Sie das!? Natürlich könne man mal fragen. Aber Sie sollten sich lieber darum kümmern, dass nich ständig so viele Flugzeuge abstürzen. Ja, schönen Tag, ebenfalls.« Frechheit! Dumme Tusse! In dieser Zeit. Da haben wir doch wirklich andere Probleme. Wir müssen doch jetzt zusammenstehn. Gibt gar keine B. Z. fürs Flugzeug. Ob das mit Gregor Gysi schon gemachte Sache ist? Der hat ja auch so'n leicht arabischen Einschlag. Ja, sympathisch ist der schon, aber ... Ich sag nur aber. Die Terroristen warn bestimmt auch alle sympathisch. So, jetzt muss ich aber mal einchecken. ›Nur Handgepäck. Aber sicher. Is doch sicher, oder? Ja, schönen Tag auch, selber.‹ Sitze im Warteraum A 2. Schreibe in ein kleines Heftchen A6. 2–6 macht –4. Bisschen rechnen zwischendurch kann nich schaden. Das Leben muss ja schließlich weitergehn. Wir lassen uns unsere freiheitlich demokratische Grundordnung nich kaputtmachen. Dafür bin ich '89 nich auf die Straße gegangen. 89–(–4) macht 93. Na, geht doch. War doch nich alles schlecht im Osten. Rechnen könn wa zumindestens. Dortmund wird aufgerufen. Bin scheinbar der einzigste Passagier unter 30. Seh zumindestens so aus wie unter 30. Weiß ja keiner, dass ich schon über 30 bin. Fitness heißt das Zauberwort. Jeden Morgen am offenen Fenster paar Liegestütze. Frisch und froh. Mann, jetzt geht mir doch die Pumpe. Das Flugzeug ist sehr, sehr klein. Und 20 der 25 Mitreisenden könnten theoretisch Araber sein. Gibt ja auch Araber mit blonden Haaren. Gibt ja sogar Araber mit blauen Augen. Bin ich nachher gar selbst

Araber? Wussten die Terroristen eigentlich vorher, dass sie Terroristen sind? Waren doch Schläfer. Ich schlaf ja auch gerne. Bin ich wach? Na, zumindestens tuts weh, wenn ich mir in den Arm kneife. Aua, das gibt ’n blauen Fleck. Sollte ich nochmal zu Hause anrufen? ›Hallo, mir gehts soweit ganz gut. Hab nur so ’n blöden Nachgeschmack von Flughafenbulette im Mund. Nee, noch bin ich nich losgeflogen. Ach, Mutti, könntest du nochmal in der Geburtsurkunde nachgucken? Berlin, ah ja, und Vati? Auch Berlin. Nee, nur mal so. Du weißt ja, wir müssen wachsam sein.‹ Die eine Stewardess hat Schnupfen. Sieht auch nich aus, als ob sie Luftpiraten die Stirn bieten könnte. Karate kann die bestimmt nich. Vielleicht, mal gucken, ob die Tür zum Cockpit wirklich abgeschlossen ist. »Wieso, wo ich hin will. Man wird doch wohl mal gucken dürfen, ob man hier sicher ist. Ja, zur Toilette wollt ich auch. Ja, gut, wenn wir in der Luft sind. Ja, selber auch ’n schönen Flug.« Muss gar nicht auf Toilette. Hab ich die total angeschwindelt. Huch, jetzt sind wa in der Luft. Zu spät. Mann, is das hoch. Ob die andern auch das gleiche denken wie ich? Na, der da hinten bestimmt nich. Der is doch voll auf Koks. Der denkt doch, dass er selber fliegen kann. Hallelujah, auf was hab ich mich da nur eingelassen.
Jetzt muss ich aber doch mal auf Toilette. Ach, besetzt! Na, schöne Scheiße auch. »Ej, du da, auf’m Lokus, komm sofort da runter. Ich hab hier ’ne …« Nee, mit so was macht man keine Scherze. Hab ich ja auch nur gedacht, nich gesagt. Nein, sieh an, der Friedrich Merz von der CDU will auch auf Toilette. Na, da kannste aber lange warten, ich muss nämlich groß. Ja, Pech gehabt. Hab ich dir eigentlich schon gesagt, dass ich dich unter Garantie nich wählen werde? Nee?! Na, wirste ja merken, wenn die

Wahlen vorbei sind. Zünglein an der Waage, wenn ich mir die Bemerkung erlauben darf. Hoffentlich weiß die RAF nich, wer bei uns hier an Bord ist. Obwohl, kann mir eigentlich nich vorstellen, dass die dem irgendwie an 'n Kragen wollen. Der macht seine Sache doch gut. Vielleicht 'n alter SED-Schläfer. Nur dass dis denen jetzt auch nichts mehr nützt. '89, sag ich nur. So, mit Kacken bin ich fertig. Rund ums Clo, der Rest der Maschine is noch dran. Na prima. Und jetzt landen wir auch schon wieder. Wer sagts denn, wenn wir alle wachsam zusammenstehn, ham die keine Chance. Nanu, was hält der denn da … Warum … Was … Ach so, Stütze, nee, will ich nich. Kannst ja sowieso nich wechseln.

Weiß jemand die Telefonnummer von Sir Bald Diddley, dann kann er sie mir mal geben

Mitten in der Großstadt Berlin. Das Freudenhaus. Eine kleine Bar in der Lottumstraße am Rande des Stadtbezirks Prenzlauer Berg. Um kurz vor 21.00 Uhr. Ein neuer Arbeitstag beginnt. Ich stehe hinterm Tresen und popel in der Nase. Das kann ich tun, is ja noch niemand da, den das stören könnte. Vom Plattenspieler tönt Rock-'n'-Roll-Musik herüber. Feiner Sound, der die Ohrläppchen wackeln lässt. Der Samowar brodelt, die Kaffeemaschine köchelt, die Würstchen könnten bereits warm sein, wenn ich nicht vergessen hätte sie einzukaufen. Schade eigentlich, nun gut, dann gibts eben nur Senf mit Brot, hat zumindestens Seltenheitswert. 10 nach 9, der erste Gast betritt die Kneipe. Er ist ein Django, das sieht man sofort, ein Freak, ein Pistolero, ein echter Impossible Hero, ganz klar, er trägt einen Föhn am Gürtel. Ich bin auf alles gefasst. Er setzt sich an den Tresen, guckt faul herüber und bestellt sich ’nen Eierdrink mit Milch. Seine schwarzen Stumpen, die zwischen den Zahnlücken hervorlugen, lassen vermuten, dass er es mit dem Zähneputzen nicht so genau nimmt. Bitteschön, man kann sich seine Gäste nicht aussuchen. Das Los eines Barkeepers. Hätte ich früher in der Schule bloß besser aufgepasst. Die andern aus der Klasse sind jetzt Ingenieure, beim Film oder beim Büro angestellt. Sie habens gut und eine Frau samt einigen Kindern dazu. Oder sie lassen wie Angela Merkel die Puppen tanzen.

Der Django trinkt den Eier-Milchshake-Drink in einem Zug weg. Man möchte ihn nicht zum Feind haben. Der Föhn sitzt ihm bestimmt ganz schön locker. Oh, ich muss noch die Schokoriegelkiste auffüllen. Schokoriegel, Schokoriegel, wo sind denn nur die Schokoriegel?! Erst mal ’n Bier köpfen. Halb zehn. Die Tür knarzt. Ein neuer Gast. Fein. Jetzt gehts wohl los. Es is die Frau von gegenüber, die schon mal in unseren Hausflur gepinkelt hat. Sie will nur sagen, dass sie bereits bei den Bullen angerufen hat wegen ruhestörenden Lärms. Ihre Kinder können nicht schlafen. Das sagt sie jedes Mal. Ich frage: »Wie immer?«, und stell ihr ein Bier und ’n doppelten Korn hin. Mit einer Geste, die man als ›Tja, was solls‹ deuten könnte, lässt sie sich auf den Barhocker neben Django plumpsen. Dabei mustert sie ihn genau. Wünscht sich wohl insgeheim noch ein Kind. Aber der Impossible Hero hat keinen Bock auf schnellen Sex. Er lässt ihre visuellen Annäherungsversuche kühl an seiner Schulter abprallen. 10 Uhr. Die Kneipe ist proppenvoll, könnte man meinen, wenn man blind und taub zugleich wäre. Kein Wort zerreißt die Stille, die ent-

steht, beim Wechsel von einer schwarzen Schallplatte auf die andere. »Will jemand Brot mit Senf?«, frage ich um mal irgendwas zu sagen. Die beiden gucken mich an, als hätte ich ›Heil Hitler‹ geschrien und sie wären die modernen Geschwister Scholl. »War nur so 'ne Idee«, milder ich die Situation ein wenig. Dann kommt Falko aus dem zweiten Stock. Er ist pleite, hat aber seinen Laptop dabei und will den gegen Bier eintauschen. Ich spendier ihm eins. Diese Schriftsteller sind schon verrückte Typen. Sie saufen, bis sie sterben, und dann kommen sie groß raus. Ich hab da mal so 'n Dokumentarfilm drüber gesehen. Übel, übel. Die Welt ist nicht gerecht. Wenn ich da an Milli Vanilli denke, na, Schwamm drüber. Kurz vor 11. Eine Horde Motorradrocker betritt die Szenerie. Sie wollen irgendwas von Iron Maiden hören und verlangen einen unaussprechlichen Drink, bei dem man mit 'ner Maschine total laut Eis zerreiben muss. Iron Maiden hab ich nicht und Eis zerreiben mach ich grundsätzlich nich. Will ja nich meine Stammgäste verprellen, aber wie bring ich denen das bei ohne auf die Fresse zu kriegen? Die Sitten sind rau im Gastrobusiness. »Bin gleich wieder da!«, rufe ich und verstecke mich erst mal in der Küche. Oh, Scheiße, hab vergessen die Kasse abzuschließen. Geld is ja nich viel drin, aber die ganzen Schuldscheine. »Hallo!«, ruft es von draußen. Es sind Willy und seine Freundin Elke. Willy tut immer so, als würde er alkoholfreies Bier trinken, und Elke freut sich darüber, dass ihr Freund nichts trinkt. Irgendwann ist dann Willy meist betrunken und Elke staunt über dieses Phänomen. Ich nehme all meinen Mut zusammen und verlasse den Schutzraum. Die Motorradrocker entpuppen sich als echte Scherzbolde. Sie sind in Wirklichkeit gar keine
 Motorradrocker, sondern Mofapopper, die sich nur mal

verkleidet hatten. Jetzt freuen sie sich und lachen über den gelungenen Gag. Die Frau von gegenüber flucht leise. Sie ist sauer über die Unfähigkeit der Beamten in Uniform. Die hätten eigentlich längst hier sein müssen. Eigentlich, wenn sie nich peinlicherweise wieder mal von einem Plastikkindertelefon aus angerufen hätte. Bald wird ihr aber auch das egal sein. Der Schriftsteller Falko tippt einen neuen Roman in seinen Laptop, Django schläft am Tresen und Elke fragt ihn vergebens, ob sie mal seinen Föhn benutzen könnte, weils nämlich draußen geregnet hätte und ihre Haare nass seien. Willy trinkt das Bier mit dem falschen Etikett und die verkleideten Mofapopper bestellen Senf mit Brot für alle. Kurz nach 12 brummt der Laden wirklich. Gelbsucht-Rainer und der Döner-Mann aus der Fettluke sind gekommen. Und auch die Clique aus dem Frauencafé mit ihren Heckenscheren. Und Patricia. Und Udo. Und eine Frau mit Kind, welches erschreckenderweise auch Schnaps bestellt. Ein Typ, der aussieht wie aus dem Wachsfigurenkabinett, meine Ghostwriterin Simone, die heute aber höchstens zwei Campari-O-Saft trinken will. Und Dr. Flasche. Und die Zwillingsschwester von der Frau von gegenüber. Und das Brot ist dann auch um 1 alle. Jetzt gibts nur noch Senf pur. Und das macht aber gar keinem was aus, denn nun wird sogar getanzt und ein Schuldschein nach dem andern wandert in die Kasse. Da wird sich die Chefin aber freuen und zum Schluss kommt wirklich auch noch die Polizei. Ruhestörender Lärm, na bitte. Wer sagts denn. Ein Abend wie immer. Wie ein Märchen aus tausendundeiner Nacht, wo Sir Bald Diddley die Musik zu geschrieben hat. Und man könnte sicher noch viel erzählen, schließlich hat man ja schon einige Jährchen auf dem Buckel, aber leider, wie ihr seht und hört, ist das

Buch voll geschrieben und somit die Geschichte auch endlich zu Ende.

PS: Django gibt es wirklich, aber er hat natürlich keinen Föhn an seinem Gürtel zu hängen, sondern einen Tauchsieder.
PPS: Wer das nicht glaubt, ist doof!

Zu viel Zeit gehabt (Warum kein Abi nur nich geschafft)

Kommunikative Identifikation
Intersugsessive Fäkalamputation
neokontempläre Kausaleruption?
wer kennt die schon!?

spasmokorrektive Objektzivilstation
vitalintuitive Spezialabsolution
fakultativ anale Antiattraktion?
wer braucht die schon!?

pseudodivergente Mentalinfiltration
ultraakzeptable Senilkalkulation
tendenziell devote Oralinfektion?
wer hat das schon!?

Dezentral bigotte Psychosensation
geokompatible Antikoperation
sozialreaktionäre Konterkastration?
wer macht das schon!?

Real integrative Schizomutation
dezident stabile Multierektion

genial informative Manipulation?
wer will die schon!?

Paranukleare Kosmodepression
neuronationale Personifikation
bizarr konventionelle Kulturnaturaktion
extraordinäre Totalsimulation
pauschal humanitäre Dentalspekulation
semihomophile Basisdiskretion
destruktiv partielle Intimtradition oder was
Biokongruente Gerontodiskussion
nekromuskulöse Revolutionsauktion
grazil industrielle Rationalsubtraktion
chronologisierte Thermoimportmission
punktuell irreparable Sensitivration
adduktiv klassifizierte Digitalexpedition
privat analysiert in Subordination
wird schon

Legende

Nataša – Nataša Drakula (berühmte Grafik-Designerin & Künstlerin, aus Zagreb/Berlin)
Stuckrad-Barre – Benjamin von Stuckrad-Barre (berühmter Schriftsteller und is jetzt auch immer im Fernsehn, glaub ich)
Plunndor – auf Hochdeutsch Plunder oder Plunderstück (Blätterteigbackwerk, krümelt ziemlich)
Erich Mielke – tot, früher Minister für Staatssicherheit der DDR und damit praktisch auch Chef des legendären Fußballclubs BFC Dynamo
Fit – billiges Spülmittel, hauptsächliches Verbreitungsgebiet: tja, wie sagt man jetzt am besten dazu
Ische – anderer Name für Freundin
Kassierern – Die Kassierer (Radauband)
Verlorene Unschuld – Berliner Punkband (NDW?), Anfang der 80er
Lenin – Wladimir Iljitsch Uljanow, tot (›ein hutzliger, kleiner Mann, der die Welt verändern sollte‹, hat in etwa mal die Schriftstellerin Claire Goll über ihn geschrieben)
Hildegard Knef – berühmte Chansonsängerin, tot
Daniela Böhle – berühmte Schriftstellerin (Reformbühne Heim & Welt)
Ostzone – hauptsächliches Verbreitungsgebiet des Spülmittels Fit
Claudia Pechstein – berühmte Schlittschuhläuferin (mit der Mutter von ihr hab ich mal in so 'ner Scheinarbeitsfirma zusammengearbeitet, wahrscheinlich nur deshalb hier den Namen eingebaut)
Fröbelstraße – Sitz des Sozialamts Prenzlauer Berg

Walter Ulbricht – richtiger Name übrigens Weiter Übrig (lustig, oder?)
Futschiyama – eigentlich Fuji-san, heiliger Berg in Japan (steht hier für ›Schluss, aus, vorbei‹)
ATAK – berühmter Comiczeichner aus Berlin (von uns zusammen erschienen das Buch Atak vs. Ahne beim Avant-Verlag, soll sehr gut sein)
Spider – berühmter Schriftsteller (Die Surf-Poeten, L.S.D.)
Tube – berühmter Schriftsteller (Die Surf-Poeten, L.S.D.)
Adolf Hennecke – Bergbauarbeiter, tot (nicht zu verwechseln mit Adolf Hitler oder Erich Honecker)
Wladimir Kaminer – berühmter Schriftsteller (Reformbühne Heim & Welt)
Union – 1. FC Union Berlin (Fußballverein, dessen Daseinsberechtigung einzig und allein auf den Derbys gegen den BFC Dynamo beruht)

Ahne grüßt: Oskar, Katja, Sasha die ganze Familie, alle Lesebühnen, den BFC Dynamo, Galina Green, ATAK, die Gruppe ›Einsatz‹, die Lottumstraße, den Bürgermeister von der Fettluke + Frau, die immer winkt, Kerstin Gleba (auch wegen der Geduld), sowie jeden und alle, die sich Gedanken machen zwecks Abschaffung des Zwangs zur Lohnarbeit.

Ahne grüßt ausdrücklich nicht: die dumme Schnepfe Rita Kuczynski.

Ahne
Wie ich einmal die Welt rettete

KiWi 609
Originalausgabe

Aus der literarischen Subkultur der Berliner Clubs und Bars: Eine phantastische Mischung aus Helge Schneider und Thomas Brussig – das erste Buch des »Surfpoeten« Ahne.

»Avanti Dilettanti!« *FAZ*

»Eine neue und vergleichsweise anspruchsvolle Form der Unterhaltung jenseits von RTL – und ein sichtbarer Aufstand des Echten, Absurden, Hässlichen gegen die leer drehende Hochglanzwelt der Medienvirtualität.« *Der Spiegel*